读懂投资 先知未来

www.duoshou108.com

大咖智慧
THE GREAT WISDOM IN TRADING

成长陪跑
THE PERMANENT SUPPORTS FROM US

复合增长
COMPOUND GROWTH IN WEALTH

一站式视频学习训练平台

高胜算操盘
成功交易员完全教程

（美）林克 / 著

李鹏 / 译

山西出版传媒集团
山西人民出版社

图书在版编目（CIP）数据

高胜算操盘：成功交易员完全教程／（美）林克著；李鹏译. —太原：山西人民出版社，2013.6
（2025.10重印）
ISBN 978-7-203-08184-5

Ⅰ. ①高… Ⅱ. ①林… ②李… Ⅲ. ①股票交易-基本知识 ②期货交易-基本知识 Ⅳ. ①F830.9

中国版本图书馆CIP数据核字（2013）第110295号

著作权合同登记号　图字：04-2013-008

Marcel Link
High Probability Trading
ISBN：978-0071381567
Copyright © 2003 by McGraw-Hill

All Rights reserved. No part of this publication may be reproduced or transmitted in any form or by any means, electronic or mechanical, including without limitation photocopying, recording, taping, or any database, information or retrieval system, without the prior written permission of the publisher.

This authorized Chinese translation edition is jointly published by McGraw-Hill Education (Asia) and Shanxi People's Publishing House & Beijing Wenyuan Culture Development Co., Ltd. This edition is authorized for sale in the People's Republic of China only, excluding Hong Kong, Macao SAR and Taiwan.

Copyright © 2013 by The McGraw-Hill Education (Singapore) PTE.LTD and Shanxi People's Publishing House & Beijing Wenyuan Culture Development Co., Ltd.

版权所有。未经出版人事先书面许可，对本出版物的任何部分不得以任何方式或途径复制或传播，包括但不限于复印、录制、录音，或通过任何数据库、信息或可检索的系统。

本授权中文简体字翻译版由麦格劳-希尔（亚洲）教育出版公司和山西人民出版社合作出版，此版本经授权仅限在华人民共和国境内（不包括香港特别行政区、澳门特别行政区和台湾）销售。

版权©2013由麦格劳-希尔（亚洲）教育出版公司与山西人民出版社所有。

本书封面贴有 McGraw-Hill Education 公司防伪标签，无标签者不得销售。

高胜算操盘：成功交易员完全教程

著　　者：	（美）林克
译　　者：	李　鹏
责任编辑：	贺　权
装帧设计：	兆天书装
出　版　者：	山西出版传媒集团·山西人民出版社
地　　址：	太原市建设南路21号
邮　　编：	030012
发行营销：	0351-4922220　　4955996　　4956039
	0351-4922127　（传真）　4956038（邮购）
E-mail：	sxskcb@163.com　发行部
	sxskcb@126.com　总编室
网　　址：	www.sxskcb.com
经　销　者：	山西出版传媒集团·山西人民出版社
承　印　者：	廊坊市祥丰印刷有限公司
开　　本：	710mm×1000mm　1/16
印　　张：	24.75
字　　数：	500千字
版　　次：	2013年9月第1版
印　　次：	2025年10月第4次印刷
书　　号：	ISBN 978-7-203-08184-5
定　　价：	98.00元

如有印装质量问题请与本社联系调换

前　言

金融交易非常简单，任何人只要手中有几千块钱就可以开始做。然而，若要靠此赚钱则要另当别论。一个基本的事实是：几乎90%的商品交易员和从事超短线证券交易的人员都是亏损的。相反，股票投资则被视为一种安全长远的投资活动。但是在我编写此书的时候，这种说法恐怕不再成立了。那么，为什么有那么多的交易者出现亏损呢？这些失败的交易者是否都具有某些导致他们持续失败的共同之处？当大部分人都在赔钱的时候，为什么总有一小部分人在赚钱？成功的交易者是否拥有某些共同的特性？输家能否变为赢家？输家都做了哪些赢家尽量避免的事情？更重要的是，赢家都做了哪些与众不同的事情。

交易失败的比例如此之高，一定存在某些导致失败的共同因素。通过此书，我将解答上述问题并详细解释成功交易者与众不同的地方，以及他们为什么能够通过高胜算交易持续地赚钱。了解成功交易的方法，也要学会如何避免亏损，两者同等重要。不懂得这一点，就难以成为真正的赢家。我不单单只是指出交易者的弱点，还会帮助读者去克服这些弱点，同时也会说明成功的交易者在类似的情形下会如何做出判断。本书的目的，就是让读者拥有与成功交易者相同的思维方式。

要想成为一名成功的交易者，除了努力工作、经验、资本与纪律规范，没有什么捷径可走。虽然大部分人都会赔钱，但是如果学会如何掌握胜算，我相信一般的交易者都可以成为赢家。很多最优秀的交易者在刚开始从事交易的时候也是表现得惨不忍睹，但是最后都可以摆脱困境，走向成功。当然也有些交易者在开始的时候比较走运，不过，交易是一项需要经过多年磨炼才能够熟练掌握的技巧。在磨炼的过程中，交易者必须学会如何判断胜算的高低，从而可以筛除胜算不高的机会，将精力集中于高胜算交易。

我读过的很多关于交易的书籍都把交易看作小菜一碟，认为任何人只要读过这些书就可以从事这一行业。但情况并非如此。阅读确实有所帮助，然而经验才是更好的老师。在我看来，获得进步的一个最有效方式就是改正过去的错误。你可以轻松地教给人们如何进行交易并告诉他们挑选低风险高回报的交易最可能获得成功。然而通过真正品尝亏损的滋味而得到的教训胜过任何书籍。这些书都不能告诉你处理亏损时的正确心态，以及心理情绪会如何影响交易活动。唯有投入真金白银你才会切实体验到赔钱的痛苦，并因此出现一些不正常的交易活动。模拟交易确实有一些帮助，但只有承担真正的资金风险才能学会如何处理情绪和应对风险。很多人在模拟交易中都表现得有板有眼。但是一旦投入真正的资金，人们就会变得没有纪律原则了。

一个交易者在入行的头几年都会犯各种各样的错误。这些错误都很重要，因为只有在意识到犯错的时候才会去避免再犯同样的错误。剔除不当的交易，整体的绩效就会变得更好。有些交易如果承担了很高的风险，尽管最终的回报不错，但这些交易仍然属于不当的交易。也就是说，这些交易机会的风险太高，不值得冒险。要成为一名成功的交易者，就需要坚持选择那些相对于回报来说风险较低的机会。

在阅读本书过程中，读者可能会发现，我经常重复强调一些主要观点。这不是因为编辑希望扩大篇幅，而是因为这些观点都非常重要，重复强调可以让读者铭记在心。本书可以帮助读者区分各种不同类型的交易机会并采取最佳的交易方法。如果你现在正因为交易亏损而烦恼，本书可以帮助你弄清亏损的原因，并帮你克服导致亏损的缺陷。本书可以帮助你判断什么时候应该交易，什么时候不应该交易。本书还可以告诉你如何制定交易和资金管理计划，以及这些计划的重要性。交易计划不需要特别详尽，但每位交易者都应该有一套自己的交易计划，这是进行交易的必要条件。

本书经过内容扩张，既适用于商品交易者也适用于股票交易者。所以，本书中所提到的"市场"一词泛指大宗商品和股票市场。交易就是交易，不管对象是IBM、雅虎股票，或是猪肉、S&P500期货指数，原理都是相通的。当然不同交易对象之间也存在一些差别，比如保证金、杠杆、交易软件、合约到期时间以及涨/跌停板等。但只要你擅长其中的某一种交易，就很容易触类旁通。虽然本书有些倾向于短线交易，但基本宗旨是帮助各种类型的交易者，不管是初学者还是经验老到的交易者，无论是从当日冲销者还是长期投资人。

什么是高胜算操盘？

所谓高胜算操盘，我将之定义为风险相对于回报的比率较低的交易。这些交易具有预先设定好的资金管理参数，经实践检验能够提供盈利的预期回报。最优秀的交易者之所以进行交易，是因为他们掌握很好的胜算，而不是出于单纯的交易冲动。他们进行交易只有一个目的——赚钱，而不是消遣娱乐。高胜算操盘一般都是顺应市场的主要趋势。如果市场处于涨势，交易者应该等待行情拉回，并成功测试下部支撑之后进场买入。在上升大势的拉回走势中，做空也可以获利，但这属于胜算较低的机会，应该尽量避免。高胜算交易者知道什么时候应该认赔，也知道什么时候应该继续持有获利部分。交易者不应该太急着获利了结。如果你损失了500美元的时候才退出，而赚了200美元的时候就急着获利了结，那么你是不会赚大钱的。除了让成功交易继续获利之外，知道什么时候应该获利了结也很重要。很多糟糕的交易者经常转胜为败，因为他们不知道什么时候应该获利了结或者根本没有一套如何退出的规则。要知道，退场的重要性往往胜过入场，因为退场才最终决定交易的成败。如果一个交易者知道适当的退场规则，哪怕是很随意地建立头寸，他也可能成为一名成功的交易者。

虽然顺着趋势方向进行交易的胜算较高，但尝试猜测行情顶部或底部的交易也可能获得不错的回报，但前提是，交易者必须精通价格形态判断，而且知道什么时候应该退场。如果你打算猜测现有趋势将在什么时间结束，判断错误的情况总是很多，所以你必须果敢地承认错误。一旦能够成功地判断行情的顶部或底部，回报通常会很可观，这种交易积累起来，获得成功的胜算就会很高。每个人的交易风格如何并不十分重要，交易者只要具备严格的纪律规范，制定明确的交易策略与资金管理计划，就能够赚钱。

想成为高胜算的交易者，就必须有一套交易计划。这套计划应包括交易策略以及如何管理风险，这一点尤其重要。本书会帮助交易者掌握必需的技能和工具来制定适当的交易计划。由于每个人的交易风格各有不同，所以不可能有一套适用于每个人的完美交易计划。每个人都应该根据自己的习惯与个性，制定一套最适合自己的交易计划。完成计划的制定，其实也就完成了大部分艰难的工作。然而大部分交易者都没有花时间去制定计划，就直接进行交易。

成功交易者的特点

简单地说，能够赚钱的交易者不只是在市场开盘期间努力工作，开盘期前后的工作也同样重要。实际进行交易之前，他们已经知道自己将对哪些市场进行交易，而且清楚每种市场的应对策略。他们耐心等待市场提供的机会，然后立即入场，一旦察觉自己的判断错误，就立即出场。他们挑选一些趋势明显的市场或个股，耐心等待折返走势提供的入场机会。他们不会认为自己的判断比市场高明，他们只是接受市场提供的机会。他们能够很好地控制自己的情绪，永远都聚精会神，不会同时进行过多交易，也不会过于频繁地交易。

成功交易者具备如下特点：
- 资本结构恰当
- 把交易当作事业经营
- 对风险的容忍度很低

- 只有在市场提供机会时才进行交易
- 能够控制情绪
- 有明确的交易计划
- 有明确的风险管理计划
- 严格遵守纪律规范
- 能够专心致志地进行交易
- 交易方法经过实践检验

失败的交易者可能具备下列某种特点：
- 资本不足
- 缺乏纪律规范
- 交易过度频繁
- 不理解市场行情
- 交易草率鲁莽
- 盲目追逐市场行情
- 害怕错失机会
- 固执，过于坚持某一头寸或想法
- 错误理解消息面
- 总是希望大获全胜
- 不能及时止损
- 过早获利退出
- 交易态度不够严肃
- 过于冒险
- 不能控制情绪

关于本书

本书将介绍很多我个人的亲身经历，以及我所熟识的交易者的真实经历。这些交易者当中，有些在开始的时候表现的非常糟糕，但最后却能够突破困境，另一些人则永远都无法从错误中学到东西。我希望通过这些例子来突出我的论点，让读者更容易判断哪些事该做，哪些事不该做。当然我不会透露这些交易者的真实身份以避免让某些人尴尬。我从来不隐瞒自己曾经是个很糟的交易者。我将详细阐述那些造成交易损失的不良习惯。我一直以来都能够很好地判断市场走势，但是总会有太多其他的因素阻碍我交易的成功。然而，当我逐渐克服各种缺点，慢慢学会掌握胜算之后，情况就全面改善了。这种形势的转变主要来自于观察其他成功与失败交易者的行为，然后想办法改正自己与其他失败交易者之间的共同点。除此之外，我也分析了自己的失败交易，并从错误中学习。就如同小孩子一样，被炉子烫过一次后就不敢再去碰炉子，痛苦是很好的老师。我曾经坐在一个糟糕的交易者的隔壁，他不断犯着同样的错误。我发现了我们两人在交易方面的一些共同之处，于是决定自己必须做出一些改变。看着他进行交易，我能够更清楚地了解自己的错误。

《高胜算操盘》将向读者展示作为一名成功交易者应具备的最重要的因素。本书涵盖了交易的方方面面，从交易员的必备条件开始，到纪律规范和情绪因素结束。这其中还详细讨论了技术和基本面分析、交易计划与风险管理计划的制定与应用以及交易系统的设计与检验。本书将帮助读者学会掌握胜算并避免错误。本书每章的最后一节"成为更优秀的交易者"，作为该章内容的总结摘要，列举了交易者该做和不该做的事情，以及交易者应该时刻提醒自己的问题。这可以帮助读者识别自己的一些长项和劣势，从而踏上通往成功的道路。

关于我自己

我就是一个经历了各种各样赔钱交易的活生生的负面例子。自从1990年开始从事交易以来，我经历了连续7年的亏损，而后才迎来关键性的转变。我有足够的决心与意志去追求并实现我的目标。在这14年的交易生涯里，我曾经担任过交易公司的办事员、场内交易员、零售业务经纪人以及职业交易者。整个过程中，我亲历了一个交易者可能出现的各种错误。由于我随时都在接触一些成功与不成功的职业交易者，所以非常清楚这些交易者的各种素质。我发现，即使这些交易者都建立完全相同的头寸，优秀的交易者就会赚钱，而另一些似乎总是在赔钱。在我担任经纪人期间，通过持续观察客户的各种表现，慢慢发现了一般交易者之所以持续亏损的原因。更重要的是，这段经历让我看到自己与失败交易者之间存在某些共同的特征。于是我意识到：要想成功就必须改变自己的交易风格。举例来说，交易过度频繁就是我自己最大的毛病之一，因为我发现其他交易过度频繁的交易者都免不了失败的结局，而那些谨慎挑选机会的交易者总是能成功。本书将详细介绍我个人通过哪些方式取得进步。只要读者有决心，绝对也可以按照我的方式逐渐成为一名成功的交易者。改变坏习惯并不容易，但如果你希望成为更优秀的交易者，就必须这么做。

职业经历

1987年我曾经短暂担任股票经纪人，不久后到纽约商品交易所担任场内原油期权产品办事员。几年之后，我筹措了3万美元，取得纽约金融交易所的席位，开始从事美元指数期货的交易。由于资金不足，我只坚持了几个月，然后就因为一个错误而亏损半数资本。由于没有足够的资金继续在场内进行交易，我只好与另一位交易者合伙进行操作。我们利用一家经纪公司的场地进行交易，一起工作的几位同事是过去的场内交易员，经验非常老道。我也是在那个时候学会了如何阅读价格走势图，并开始编写交易系统。

1995—1997年之间，我暂停了交易活动去大学攻读硕士学位。获得学位之后，我决定成立一家折扣经纪公司——林克期货。当时，网络交易才刚起步，提供这方面服务的期货公司并不多。我的公司收取很低的佣金，并为客户提供交易场所。不幸的是，随着网络交易日益普及，大型经纪商开始通过价格战吞噬这块业务。由于没有充裕的广告经费吸引客户，资本不足再次成为我的一个致命伤。不过这段经历对我也有好处，让我有机会观察客户如何犯错，我自己的交易水平也因此有不少的进步。

2003年3月，我有机会从事股票交易，并很快就决定接受这份工作。我觉得自己作为一名交易者的潜力要远远大于在经纪公司的工作。于是我决定成为一名专职股票交易者。很少有人敢说热爱自己的工作，但我却真正热爱这份工作。

最后一点说明：当本书提到交易者时，都采用男性代词"他"，这完全没有性别歧视的意思，只是为了方便而已。虽然交易从业人员是以男性为主，但也有不少优秀的女性交易员。我在林克期货的合伙人就是一位女性，她是非常优秀的交易者。

祝各位读者能从本书中体会交易的乐趣。

目 录

第一篇　建立基础

第一章　学费 …………2
学习阶段…………3
模拟交易有所帮助，但模拟毕竟是模拟…………4
交易学费…………5
从错误中学习…………8
不要强化错误行为…………9
过早盈利的诅咒…………10
保障珍贵的资本…………11
玩得小一点…………12
破产…………13
坚定持久…………13
记录交易日志…………14
交易日志的内容…………15
重新温习交易日志…………18
专业交易员…………19
培训计划…………20
个人的一些感想…………21
成为更优秀的交易者…………22

第二章　设定现实可行的目标…………25
设定现实可行的目标…………27
设定合理目标…………29
不要忘记亏损的日子…………30
最低账户额度…………30
不同等级的目标…………31
市场目标…………31

个人目标……………………37
保持务实的态度………………38
把金融交易当成自己的事业……………40
制定商业计划书………………41
我的经验………………43
成为更优秀的交易者………………44

第三章 与专业人士同场竞技………………47

与高手过招………………47
同场竞技………………48
网络与在线交易………………49
当日冲销变得更加简单………………49
在线交易………………50
交易工具………………52
新闻………………53
专业交易者 VS 普通散户………………55
成为更优秀的交易者………………56

第二篇 运用消息面

第四章 解读时事………………60

基本面分析派与技术分析派………………60
新闻不新………………62
谣言传播时买入，消息成真时卖出………………65
价格该跌而未跌，则会上涨………………65
究竟是好消息还是坏消息？………………67
市场经常会走自己的路………………67
预料之外与预料之中………………67
充分利用基本面消息………………69
改变看法………………72
学会保持客观………………72
成为更优秀的交易者………………73

第三篇 技术分析

第五章 运用多重分析周期增添胜算……76
同时留意多种分析周期……78
短期观点VS长期观点……79
多重分析周期:从各种不同角度的观察……80
掌握大局……81
追踪头寸发展:支撑、阻力与止损点……84
寻找最适合自己风格的分析周期……85
增长分析周期的好处……86
在不同分析周期上,运用不同指标或系统进行确认……87
在不同分析周期上,分批进场……89
尝试了解市场在各种不同分析周期的行为……89
成为更优秀的交易者……90

第六章 顺着趋势方向进行交易……93
什么是行情趋势?……93
趋势……94
趋势线……95
趋势通道……96
观察较长期的行情发展……98
趋势线突破……98
千万不要追价……99
不要与市场抗衡……101
趋势跟踪指标……102
移动平均线……103
平均趋向指数……108
折返走势……112
衡量趋势……114
成为更优秀的交易者……117

第七章 运用摆荡指标……120
摆荡指标……120

功能……………………122

摆荡指标基本概念………………122

相对强弱指数（RSI）……………129

移动平均线收敛发散指标（MACD）……………132

运用摆荡指标掌握交易时效………………135

摆荡指标的实际运用………………137

背离现象……………138

顺着趋势发展方向进行交易………………141

采用多重分析周期………………142

成为更优秀的交易者………………143

第八章　突破与反转……………147

突破：顺着动能方向进行交易………………147

什么因素促成行情突破………………148

突破形态……………149

突破走势的交易策略………………152

突破走势的高胜算策略………………154

通过成交量确认突破走势………………158

逆向走势的突破………………159

先前高点的突破………………160

反转……………160

发生反转的理由………………161

衡量走势价格目标………………166

进场时机……………167

区别高胜算与低胜算的突破………………169

典型的突破系统………………169

成为更优秀的交易者………………171

第九章　退场与止损单……………174

控制亏损与发展获利………………174

过早出场……………175

让获利持续发展………………176

退场策略…………………177
处理亏损头寸的重要性远远超过获利头寸…………180
止损的功能…………………181
止损并非万无一失…………………182
错误的止损…………………184
止损类型…………………188
在不同的分析周期下对退场点进行微调…………193
止损引发的理由…………………199
止损并反转…………………200
止损与价格波动程度…………………200
运用标准差…………………201
成为更优秀的交易者…………………203

第十章　高胜算操盘…………………207

苏菲猫…………………207
成为一名高胜算的交易者…………………208
制定计划…………………209
典型的高胜算操盘范例…………………210
每笔交易都要有合理的理由…………………213
不要做得太过分…………………214
耐心等待更好的交易机会…………………215
风险与回报…………………216
头寸规模…………………217
了解市场的运行规律…………………218
低胜算交易…………………219
成为更优秀的交易者…………………222

第四篇　交易计划

第十一章　交易计划与行动计划…………………226

什么是交易计划？…………………226
制定交易计划…………………227

为什么要有计划？…………………228
交易计划组成要素…………………229
行动计划…………………234
纪律规范…………………235
成为更优秀的交易者…………………236

第十二章　系统交易…………………239

何谓系统？…………………239
为什么要采用交易系统？…………………240
购买或编写交易系统…………………242
交易系统应具备的特质…………………244
了解自己是哪种类型的交易者…………………246
不同类型的交易风格与交易系统…………………247
根据市况调整策略…………………253
止损与退出…………………254
同时使用多套系统…………………256
系统性交易与主观性交易…………………257
常见的错误…………………258
一个系统例子…………………259
成为更优秀的交易者…………………261

第十三章　系统回归测试…………………264

为什么要进行回归测试？…………………264
回归测试中的常见错误…………………265
回归测试入门…………………268
对系统进行评估…………………272
佣金和移动价差…………………278
成为更优秀的交易者…………………279

第十四章　资金管理计划…………………283

赌徒…………………283
资金管理计划的重要性…………………285

资金管理：所有成功交易者的共同之处……286
资金管理的目的……287
保障珍贵的交易资本……287
资金管理计划的内容……288
风险水平……288
了解自己可以承担多少风险……289
不要受到上一笔交易结果的影响……290
准备充裕的交易资本……291
小额账户……291
交易策略能够带来盈利预期……292
成为更优秀的交易者……293

第十五章 设定风险参数与制定资金……295

要有充足的交易资本……295
管理计划……295
在资金允许的范围内进行交易……296
防守第一……296
设定风险和资金管理参数……297
资金管理计划的主要内容……307
制定资金管理计划……310
资金管理计划的要点……311
成为更优秀的交易者……312

第五篇 自律

第十六章 纪律：成功的关键……316

成功必须依赖纪律规范……316
耐心等待时机……317
不要过度交易……318
开发、测试并遵循交易系统……319
制定和遵守交易规则……319
制定并遵守交易计划与行动计划……321

做好交易前的准备工作……………322

遵守资金管理参数……………322

设定亏损限度……………323

严格遵守退场规则……………323

避免过早获利了结……………324

检讨错误……………325

控制情绪……………325

培养纪律规范……………325

成为更优秀的交易者……………327

第十七章　过度交易的危险……………330

谨慎筛选……………330

不要忽略交易成本……………331

保持专注……………335

过度交易的原因……………336

情绪化的过度交易……………337

环境因素造成的过度交易……………347

成为更优秀的交易者……………352

第十八章　保持清醒头脑……………356

保持一颗清醒的头脑……………357

内心的矛盾……………358

稍事休整……………360

超脱自我……………361

不良交易心理……………362

回归正轨……………373

成为更优秀的交易者……………374

第一篇
建立基础

第一章　学费

当人们阅读《如何利用家用工具进行血管外科手术》这本书时，我想很少人期待能够在自家后院成立一家诊所，进行心脏外科手术。可是一些没有经验的人却希望通过阅读一两本交易书籍就能够在金融市场大展身手。

医生、律师与工程师都必须经过多年的正规学校教育才能凭借其专业知识进行谋生。棒球手必须在小联盟呆上一阵子才能被选入大联盟。橄榄球与篮球选手通常都需要经历四年的大学生联赛，只有表现出色的大学生选手才有机会成为职业选手。水电工和焊接工也必须从学徒做起。人们在某个领域取得成绩并不是一朝一夕的事情，都需要一步步地积累和磨炼。

既然如此，难道金融交易的情况会有所不同吗？他们毕竟只不过是一些新手，尝试踏入一个最困难的行业，至少我认为如此，却期待能够立即获得成功。与外科医生一样，金融交易者也需要通过长时间的积累和训练，然后才能期待成功。金融交易者与其他行业的专业人员一样都需要正规的教育。然而不幸的是，连最好的大学都没有金融交易这样的学位。交易者需要通过自身经历获得"学位"，而交易中发生的亏损我们不妨将其比作"学费"。只有交了学费，才能获得相应的教育。

学习阶段

我们应该把从事交易的最初几年当作"学习阶段"。在这个阶段,不要期待重大的获利,而是应该把精力集中于资金安全和自我学习。换句话说,刚入行的新手应该把自己看作是学校的学生。刚开始交易时,因为茫然无知,很可能犯下数不清的错误。产生一些亏损是正常的,初学者应该有接受这一点的心理准备。你不应该把你的钱当作"交易资本",而应该看成是"学习资本"。最初只需要拿出一小部分钱进行交易,只要足以让你通过实际操作获得经验就可以了。有太多的初学者从一开始就大张旗鼓,打算大捞一笔,却完全没有想到要把自己训练成一名出色的交易者。要知道,很多成功的交易者在开始的时候都曾遭受过重大亏损。即使在交易大师理查德·丹尼斯调教下的"忍者龟"团队成员,最初也难免亏损,而后才有一部分人成长为最杰出的交易者。如果各位曾经读过《金融怪杰》,你会发现其中的每位主角似乎都曾经有过严重的亏损经历,然后才会从失败中汲取经验。不论是股票投资还是债券当日冲销,要想做好,都需要大量的艰苦工作和丰富的经验。虽然大部分初学者都无法度过这段艰苦的学习过程,但那些坚持学习毫不气馁的人是有很大成功机会的。

交易者应该学习的东西:
- 填写交易指令
- 阅读价格走势图
- 进行技术分析
- 了解不同的市场交易规则
- 进行消息面交易
- 编写交易系统
- 测试交易系统
- 培养严格的纪律规范

- 制定资金管理计划
- 管理风险
- 学会如何接受损失
- 知道何时应该交易，何时不该交易
- 制定交易计划
- 控制情绪

同样重要的是，交易者必须克制一些不该有的行为。例如：

- 盲目追逐市场行情
- 资本不足却勉强交易
- 过度频繁交易
- 不能及时控制损失
- 固执坚持自己的头寸
- 过早获利了结
- 承担过高风险
- 为了追求刺激而进行交易
- 态度顽固

交易是一个持续不断的学习过程，不是阅读一两本书或参加一个研讨会就能精通的。任何人都可以阅读几本有关网球的书籍，上几堂网球课，但如果你想成为真正的网球选手，就必须通过在场上不断的练习。金融交易也同样如此，只有不断练习才能慢慢摸索出其中的门道。网球与金融交易之间或许还是有些差异：如果网球打不好，起码还能达到锻炼的目的，保持身材苗条。当然交易亏损也可以让你减掉几斤赘肉，不过，是因为没钱吃饭。

模拟交易有所帮助，但模拟毕竟是模拟

不论你从书上学到了什么，也无论你花了多少时间从事模拟交易，而一旦真正进场交易，一切就不再相同——从未想像过的错误会不断地

冒出来。避免犯错的最好方式就是去犯错，去赔钱，并学会辨别错误以便在以后类似的情形下不再犯同样的错误。真正的亏损会带给你模拟交易难以达到的痛苦感受。最后，当你损失得足够多，就能学会不再犯相同的错误。模拟交易是必要的学习程序，初学者应该在入场之前通过适当程度的模拟交易进行训练。但模拟交易毕竟不能反映实际情况。在模拟交易中，你很快就能忘掉1000美元的亏损；可是，1000美元的实际亏损往往会让你心里出血，发生在星期五的亏损基本上会毁了你的整个周末。类似的情绪困扰通常不会发生在模拟交易中。在模拟交易中，你不会接到保证金催缴通知，你不需要清算头寸，每个人都能享受最优惠价格。然而当你拿着真金白银进场交易时，整个情况都不同了。模拟交易中不会发生的很多事情，现在都发生了：风险容忍程度降低、过早了结获利头寸、听任亏损持续扩大、滑动价差和佣金成为关键考虑因素。还有很多事情是模拟交易不能模拟的。不过话说回来，实际经验虽然重要，但真正进场之前，仍然应该有充分的模拟交易训练。另外，我也建议各位尽可能地广泛阅读。踏入金融交易圈15年来，我一直都在努力地学习，因为进步永无止境。

交易学费

学习成本

根据我的所见所闻，交易者大概需要三至五年的时间才能度过学习阶段。在这段学习和磨炼技能的时期内，交易者也要缴纳学费，就如同律师、厨师或医生每年要支付2.5万美元的学费一样。不同的是，"新手"交易者的学费是交给那些经验丰富的"老手"。"老手"负责教育或提供教训。经过一段时间的学习，"新手"将升格为"老手"，然后开始回收过去支付的学费。一般来说，初学者最起码要有支付5万美元学费的心理准备。通过每笔不当的交易，初学者可以汲取一些知识，并避免日后犯类似的错误。毫无疑问，金融交易是最困难的职业之一，必须积累很多实际经验才能达到精通。经验是最好的老师，所以不要因为亏损而沮丧，不妨把亏损视为你必须缴纳的学费。

起始资本

没有几个人能像希拉里·克林顿一样"幸运"，可以通过活牛期货交易在一年的时间内将1000美元变成10万美元。所以，我们普通人恐怕要多筹措一些起始资本。我认为，准备两万五到五万美元的起始资本以及三年的学习期是比较切合实际的，同时还需要有一位善解人意的妻子（丈夫）。很多人认为5000美元就很充裕，可以进行交易了，因为这些钱可以支付保证金或购买股票。他们从没考虑到亏损的可能，相反，他们期望马上就可以开始赚钱。但实际情况却很少如此。绝大多数的初学者在开始的时候都会赔钱，百分之八十到九十的新手在第一年里都是输家。起始资本越充裕，熬过第一年的可能性也就越高。如果你想进入金融交易行业，但手头只有几千美元，那我劝你还是把钱存在银行或投资于共同基金。因为你没有多少犯错的本钱，几次错误就能让你赔得一干二净。

大账户与小账户

在我们林克期货公司，一般散户的开户资本大约介于3000到5000美元之间。有意思的是，这些规模较小的账户反而愿意承担较大的风险，但存活期只有短短几个月。而开户资本超过2.5万美元的账户，态度则比较保守，存活期也更长，并不是因为这些人有更高超的交易技巧，而是因为他们有更大的犯错空间。

运营资本

金融交易所需要的资金规模往往超过一般人所预算的水平。除了要安全度过学习阶段，你还要确保始终有足够的资金可供交易。机会来了，钱却没了，是最令人沮丧的事情。我就经历过几次这种情况：当我期待已久的绝佳行情终于出现，我却已经赔光了有限的资金。好像大好的赚钱机会都发生在我没钱入场的时候。我记得曾经好几次在场外咬牙切齿，面对自己期待已久的大行情，却因为缺少运营资本而叹息。现在，我已经不再受资金的限制，没有必要再担心这个：我非常确定的一点是，下一个大行情出现时，我必定会在场内。这并不代表我可以有丝毫松懈，因为我不希望亏损太多而忙于弥补亏空。但至少不再需要担心自己两手空空而急着到处凑钱。现在我可以专注于交易本身。

你不能抱着"输不起"的心态从事交易，而且要有心理准备，最初几年恐怕无法仅靠交易赚取生活费用。你所筹措的交易资本必须能够应付头几年的时间，不能只是应付最初的几笔交易。如果你准备了2.5万到5万美元的起始资本，并且保守操作，就能够获得很大的成功几率，即便不是马上成功，那也只是时候未到而已。初学者不要因为亏损而沮丧灰心。不妨把亏损视为交纳"学费"，让每一块钱"学费"都充分发挥效益。就我个人来说，在最初的七年时间里，虽然偶尔也有顺风顺水的时候，但大部分时候都是在持续亏损。总共亏了7.5万美元以后我才慢慢进入状态，转败为胜。我可能是个比较迟钝的学生吧。

享受人生乐趣

除了交易资本以外，你还必须有足够的钞票支付日常费用，享受人生乐趣。所以，拥有充裕的资金是非常重要的条件，这样你才不会在进行交易时为支付房租、吃饭、看电影这些事情忧心。如果因为这些事情而分心，交易成绩肯定会受到影响。想要靠交易获利来维持生计，这恐怕是最糟糕的想法。你的交易账户中的每一块钱都非常重要，如果你从中拨钱出来支付水电费，结果就如同交易亏损一样。我认识很多尝试做全职的交易者，结果是，在最初的几年里只好搬回家里与父母同住，或者靠妻子（丈夫）的收入养家糊口。这些人的生活与那些资本充裕的交易者比起来就太辛苦了。

你需要享受人生的乐趣。如果你把计划买车或度假的钱挪去进行金融交易，那你就属于资本不足的交易者。金钱的压力会明显影响交易时的心态，拥有一个放松的交易心态是非常重要的。在最开始进行场内交易的时候，我是通过借来的钱获得交易席位的，因此需要立刻赚钱还债。这让我从一开始就处于非常被动的财务状况。我必须没日没夜地工作，周末也不例外，这样才能勉强糊口，根本不能专注于交易。周末无法与朋友们一起外出，因为我必须工作。这种感觉令人沮丧，沮丧的心态也会反映在交易中。

必备工具

要做好金融交易这一行，除了要拥有充足的资本金，还要具备适当的工具。像其他行业的专业人员一样，金融交易者也需要一套完整的工具，包括走势图、报价系统、交易软件、实时新闻以及一部性能优良的计算机。这套工具可能并不便宜，但对于真正的交易者来说是绝对值得的。必须要舍得花钱购买这些工具，以备不时之需。在我刚开始用自己的账户进行交易时，我并未投资于这些应该拥有的工具。而后我决定每个月花1000美元购买这些工具，交易绩效明显进步。我们会在第三章（整平竞技场）中进一步讨论这些非常重要的必备工具。

从错误中学习

每位交易者都免不了因犯错而发生亏损。而成功交易者和失败交易者的差别就在于他们对待错误的态度。优秀的交易者会觉察自己的错误并从中汲取经验，而糟糕的交易者会不断重复相同的错误。假设你经常追价买进那些在10分钟之内大涨2美元的股票并因此亏损，如果你是一个精明的交易者，就会意识到这种追涨的方式并不是一个高胜算的交易策略。持续追价无异于不断地以头撞门，他们之所以这么做，是因为不知道哪一下会把门撞开。他们不在乎胜算的高低，当发生类似的行情时，他们认为是不错的机会，所以不希望错过。每当你感觉犯了错时，要停下来想一想：自己究竟做错了什么，将来如何避免重复发生，当初为什么决定这么做，怎样可以做得更好。即使没有犯错，也应该做类似的检讨。像这样心理上的训练会让你受益匪浅。

误判行情方向未必就是错误，因为交易者大约有半数时间会误判行情。纵使结果都是亏损，仍然有正确与错误的区别，关键在于处理亏损时的态度。一旦觉察误判行情，及时脱身，这就是明智的决策；相反，如果抱着侥幸心理，希望行情扭转，这就是错误。即使结果是获利，也可能发生错误。不管赚钱与否，追价就是一种错误行为。

犯错，然后从错误中汲取教训，这是金融交易及其学习过程的一部分。这也是为什么拥有充足资本的交易者更容易获得成功的原因，因为他们有足够的犯错与学习的本钱。如果资金不足，交易者还没来得及从市场中获得足够的经验和教训就已经被迫出局了。

> **昂贵的教训**
>
> 一次与期权相关的交易让我第一次蒙受重大损失，我亏掉了1.2万美元，占我总资本的一半。那天我做了很多错事——贪婪、急躁、进入频繁、资本不足、缺乏风险管理。现在回头看来，很容发现这些错误，可是当时却认为自己不可能会犯错。你可以读上20本关于交易的书籍，但只有实际经历才能教会你如何应对类似情况。尽管开端很糟，但我把所有这些经历和亏损当作学习的一部分，并希望所犯的每项错误与每一块钱亏损都能让我的交易技巧有所提高。

不要强化错误行为

除了要从错误中汲取教训，交易者还应该了解自己都做对了什么，然后继续去做。但有些时候即使犯了严重错误，我们仍然能够因为行情发展而安全脱身。比如对于某个亏损的头寸，交易者迟迟不愿认赔，期待行情反转而解套，而结果也正如他所愿，且最终获利。这样的经历很可能让交易者在将来付出惨重代价。因为他在以后的交易中可能都不愿意认赔。如果你对一支亏损三美元的股票持有不放，最后却因为获利几分钱而将其卖出，这显然不是恰当的操作方式。风险和回报之间显然不平衡。这笔交易最后仍然获利，几分钱的利润毕竟胜过几块钱的亏损，但是，这是一套错误的交易模式，因为它可能会强化错误行为。一只股票亏损到0.8美元时，就应该及时退出了，根本不应该让亏损累积到3美元。更糟糕的事情是交易者因错误的行为而获得回报。最理想的情况就是损失10块钱，然后交易者就可以从中受到教训，不至于重蹈覆辙。

我每天都会检讨自己的交易，并将任何不当的交易记录在"不能重复发生"的资料夹内。强化负面行为的害处无异于重复犯错。我宁愿正确的交易发生亏损，也不愿鲁莽的交易出现获利。及时认赔退场，然后看着行情继续恶化，这种感觉很好，我认为这属于正确的交易。亏损是金融交易的必要组成部分，而适当的亏损则可以让交易者的水平逐渐提升。

过早盈利的诅咒

大多数交易者都有着非常糟糕的开端，他们通常都是连续亏损好几年然后才转败为胜。任何新手如果期望从第一天就开始赚钱，那么实际情况可能会让他失望。实际上，从一开始就马上赚钱对新手来说是一件很坏的事情。因为交易者从一开始就感觉良好的原因可能只是运气，却没有机会对市场有任何了解。这种良好的感觉可能会诱使他更激进地进行交易。一旦手气逆转，他为错误所付出的代价要比早些犯错的代价昂贵得多。不妨看看在1999到2000年初的纳斯达克泡沫，几乎每个人都在赚钱。这些人根本算不上是交易者，不管买什么都会上涨。即使他们追价买进已经上涨10美元或20美元的股票，通常也没有关系，因为股价仍然继续上涨。这些人可能都曾经认为自己是伟大的交易者，可是当泡沫破灭，大多数人都没有幸免于难，很多人输得一无所有。

赚钱过早也对我造成过伤害。刚开始在纽约金融交易所交易的时候，我给自己设定了每天赚200美元的目标，但是在第二个星期里，我有一天赚了1000美元。这样一来，200美元看起来太微不足道了。事实上这只是幸运而已。可是，这也是我碰到的最糟糕的情况之一，因为在那之后我就给自己设定了每天赚1000美元的目标。于是我开始过度频繁地进行交易，并同时操作多个合约。当我开始犯错时，这些错误造成的伤害就大大超过了本应有的程度。实际上作为一名初学者，不论我有多少钱，都应该操作单个合约，然后从中学习，并保证资金量。而我当时却只在乎能赚多少钱。

保障珍贵的资本

在我过于频繁交易的时候，一位同事曾提醒我说："保障珍贵的资本。"他用醒目的字体在座位上写着这几个字，不时提醒自己保障珍贵的资本。他说："不要考虑赚钱的问题，只要尽可能地努力不赔钱就可以了。每一块钱对你来说都很重要，务必想办法把它们留在自己的口袋里，或从别人的口袋里掏出来。"

只要能够持续进行合理的交易，保障资本，你就能比别人走得更远，就能有更大的获胜机会。成为赢家的关键是，在亏损的时候不要亏得太多。如果能够及时止损，获利的交易自然就会到来。这让我回想起我的大学网球教练的教导：如果你可以连续四次击球过网，就有80%的几率赢得该点。他说："不要在意赢得点数，你只要不断地回球过网，就能让你的对手输掉点数。把注意力从'得分'转移到'不丢分'，就比较容易获胜。不要期望每个球都可以击垮对手，否则很容易击球出界。只要把球回击到对方不容易处理的位置，你就不会吃亏。"

> **支付20美元现钞**
>
> 　　当我刚开始从事场内交易时，某位有经验的交易员告诉我，不妨设想自己拿着一叠20美元的现钞，每当发生亏损时，就必须立即付现买单。不要把亏损想成是账面的损失，如果价格每下跌一档，你就必须立即支付钞票，或许有助于更快地退场止损。很少人会把交易亏损视为支付现金。如果在一个小时内就必须支付500美元现钞，或许就比较愿意从不适当的头寸中退出。但从交易账户中扣除亏损就不那么容易让人感受到同样的痛苦。

玩得小一点

　　最初一两年的任务是学习，不是赚大钱，一定要清楚这一点。交易量和风险都应控制在最低水平。如果交易对象是股票，每次最好只交易100股；如果是商品期货，那么每次只交易一手合约，而且要尽可能挑选价格波动比较小的市场。尽量保持简单，只考虑针对少数几个市场或几只个股进行交易。进入某个市场之前一定要事先了解该市场的运行规律。在顺风顺水的时候也要克制频繁交易的冲动。很多交易者都难以做到这一点，因为他们的情绪总是占据上风。如果脑子里想的都是每年数十万的收入，可能就看不上每笔交易赚取的几百块钱。他们眼光太高而忽略了学习最基本的东西。千万要记住，最初一两年内你必定会不断犯错，所以不要玩得太大。如果你准备踏入这个圈子，那就是一辈子的事，不只是一两年而已。如果你希望十年后还能继续在市场上进行交易，那么何必在乎头两年的获利很少呢？如果你急于求成，恐怕连这一两年都坚持不过。

破产

我知道大家都不愿听到这个词,但即使是最好的交易者也难免有破产的经历。我经常对自己说:"太好了,幸亏不是我!"但事实却绝非如此。我已经记不清自己有过多少次的破产经历。在我认识的人当中,5000美元、2.5万美元、5万美元、10万美元、500万美元的交易账户被勾销的例子比比皆是,任何人都不可能完全避开。我曾经数次破产,被迫暂时停止交易。如果你读过《金融怪杰》,就知道几乎每位交易者都曾破产,这是金融交易者学习过程中必不可少的一部分。

如果你真的想成为一名专业交易者,破产对你来说将是一个宝贵的学习经验。这是重新调整的最好时机,看看自己究竟为什么失败。答案几乎一定是过度交易或资本不足,但交易者必须通过亲身经历才能找到答案。由其他错误导致的亏损通常是相对容易缓解的,但过度交易和资本不足往往很快就会让你赔得精光。下面这句话很有警示作用:危机总是潜伏在你手气最顺的时候。保证资金充足的一个重要理由是:你可以承受持续的亏损,不至于破产。以为资金充足并小心谨慎的交易者是可以避免破产的遭遇的。但如果真正发生在你身上,也不要灰心,完全可以坦然接受。如果你了解自己为什么破产,而且相信自己能够改正错误,不妨重新再来。反之,如果你弄不清情况,一定要在找到答案之前才能从头再来。

坚定持久

如果你决心成为一名专业交易者,应该不会因为破产而放弃。如果你已经下定决心,即使遭遇破产,应该也会想办法卷土重来。那些撑过最初几年的交易者,成功机会就会很大,因为他们已经下定决心,决不放弃。很多人以失败告终,主要是因为他们在最初遭遇挫折后很容易就放弃了。要想成为赢家,必须要有长期作战的准备和必胜的决心。仅仅靠努力工作还不够，赢家还必须有成长的欲望和自我提升的实际行动。保证资金充裕只是坚定持久的一部分，交易者还要正视自己的缺点并不断改正。坚定持久代表着对金融交易行业长久的忠诚。只要还在从事交易，就要不断地努力提升并对失败进行分析评估。要不断地阅读、参加论坛，保证自己时刻做到最好。相信自己是世界上最好的交易者，如果你对这一点心存疑虑，就不太可能获得成功，因为过低的期望值会限制你的发展潜力。

记录交易日志

如果决心成为最好的交易者，就需要跟踪自己的成长经历，而要达到这一目的，记录交易日志就是一个不错的方式。交易记录可以帮助你评价交易绩效，找出绩效发展模式，并反映合理及不合理的交易行为。经常记录交易日志可以帮助你发现可行及不可行的交易方法，并找出自己擅长于哪种市场。交易者通过自己记录交易日志就可以收集到宝贵的信息。交易日志不过是一本记录了每笔交易的日记本，其中包括每笔交易的动机和结果。内容不需要太详细，但每个交易者，无论经验丰富与否，都应该进行记录。人们的记忆经常会有选择性，所以回忆实际情况的最好办法，就是把它们都记录下来。尽管对每笔交易都进行记录是一件很麻烦的事情，但这确实会有所帮助，尤其是对那些交易过于频繁的人，因为记录每笔交易的时间会占用频繁交易的时间。记录交易日志还有助于培养每位成功交易者所必需的条件——纪律规范。

机构交易者有顶头上司及软件对他们所做的每笔交易进行监控。他们的表现时刻都在受到评估，所以他们能够及时改正错误。举例来说，我每周都会收到一份针对我的交易评估报告，其中包含了每半小时的交易绩效、获利与亏损头寸的持有时间、交易胜率、平均盈亏，以及个股的操作情况。我发现每天开盘的头半个小时表现最差，所以我大量减少了在这段时间的操作量。另外，持有亏损头寸时间过长、某些个股未能赚钱、交易频率过高，这些都是我必须特别注意的地方。为了缩短亏损头寸的持有时间，我开始记录每笔交易的入场时间，如果45分钟之后该头寸仍然亏钱，我就会强迫自己立即退场。我还发现自己的强项在于午后操盘，特别是那些走势沉闷的传统股票，例如：吉列、可口可乐、高露洁等。我在这些股票中的交易胜率明显较高，即使发生亏损，程度也很轻微。如果没有这些信息，我就很难发现自己的长处，很可能还会继续交易一些自己并不擅长的个股。

对于那些没有经理或软件监督自己的散户交易者，记录交易日志是最好的办法。你可以从中查询各种信息、分析自己的交易模式、辨别自己的优势与劣势、发掘自己最擅长的个股和市场。或许你从没在星期五赚过钱，也许你最不擅长消息面操作。如果你掌握了这些信息，就可以慢慢剔除那些制造麻烦的行为，从而只操作胜算最高的市场或个股。

交易日志的内容

买卖对象

这部分记录了非常基本的项目：买进或卖出的股票或大宗商品。我利用加减号来分别表示买入和卖出。我想知道我更擅长做多还是做空，以及我的哪种操作更多一些。比如有些人只喜欢做多，甚至在市场处于跌势的时候，他仍有90%的头寸属于做多。了解自己在这方面的偏好有助于重新评估和平衡自己的交易方式。

进行交易的时间

某些人在每天不同时间段内的操作绩效差别很大。比如，某些人在午休时段的操作特别糟糕；有些人在早盘中表现出色，但在尾盘时则不尽如人意。这些信息都可以从交易日志中获得。我个人的情况是下午优于上午；收盘前的半小时优于开盘后的半小时；表现最佳的时段介于上午11点到下午2点，因为我对这一时段内的趋势和行情扭转比较敏感。

了解了这些特点以后，我就知道什么时候应该更果断地加码，何时应适当收手。翻阅交易日志，可以协助你判断自己最适合交易的时段，让你充分运用这方面的优势。

交易动机

交易日志中最重要的项目就是进行交易的动机。如果一个交易者能够记录下每笔交易的动机，那么他的交易水平就会有非常显著的提升。"觉得无聊"或"我之所以买进IBM是因为他在20分钟内上涨了3美元，我不想错过剩余的涨势"，这都不是合理的交易动机。如果某人把这些理由记在日志中，而且还觉得很满意，那他还有很长的路要走。很多交易决策并没有经过深思熟虑，但尝试解释每笔交易背后的动机则有助于避免那些愚蠢的决策。一个合理的交易动机应该是类似这样的："我买IBM是因为道琼斯的表现很强劲，虽然指数目前稍微有所回落，但整体还是很坚挺；另外，IBM从高点回调75美分，目前落在上升趋势线的支撑位置，应该会恢复涨势"。通过记录交易动机，你可以剔除低胜算交易，从而强迫自己提高交易决策的质量。另外我也会在日志中特别留意自己究竟是追价还是等待回调。阅读本书之后，各位应该就可以区分合理与不合理的交易。

对交易的自我评级

根据自己设定的标准体系对所做的交易进行评级，然后分析各个交易的表现。我曾经在每天晚上都对大概10个市场上的各种可能的交易方式进行规划。对于每种商品我都会设计买入和卖出交易计划。然后给每种交易一至五星的评级，五星属于最佳交易。经过一段时间的观察，我发现五星交易的结果都不错，而一星交易的结果就参差不齐。当然，五星交易的数量要少于一星和二星交易，但如果我能耐心等待五星交易的出现，我的整体表现可能会更好。通过这种评级方式，可以发掘最佳的交易条件组合，并集中精力进行那些符合条件的交易。如果能够区分不同类型的机会,那你在通往高胜算交易的道路上就更近了一步。

获利目标

设定获利目标,可以避免错失应有的利润。实际进场建立头寸之前,应该对可能达到的获利程度有所了解,这样有助于管理头寸。当价格达到预定目标,就应该获利了结或降低仓位。不要因为行情看起来不错,就怀疑先前设定的目标。行情看起来不错是很正常的,否则根本达不到预先设定的获利目标。这时你会因为获得盈利而变得情绪激动,不能进行清晰思考。所以,一旦达到目标,就应该及时获利了解,重新评估当时的行情,如果走势回调整理,或许可以考虑再度进场。

止损点

与设定获利目标一样,预先设定止损点也会有所帮助。一个适当的止损目标将有助于及时退场,控制亏损。而且最好在头脑清醒的时候确定这个止损点,因为当你遭受损失、情绪波动的时候是不能做出理智的判断的。

盈亏程度

应该随时了解交易的平均盈亏程度,以确保能够适当地进行风险管理。比如,通过记录盈亏水平,就能够很容易地发现平均盈利为300美元,而平均亏损却高达900美元。如果发现类似情况,就应该尽快止损。只有获得盈亏程度的具体数字,才能够判断是否存在问题,以及如何改善盈亏比率。利用Excel表格就能够很容易地算出成功与失败交易的平均盈亏数据。

持仓的时间长短

持仓的时间长短也是决定交易成败的重要因素之一。亏损头寸的持有时间应短于盈利头寸的持有时间。我过去总是握有一些亏损头寸,并一直期待行情反转，不愿面对自己的错误。而现在，我最多只允许亏损头寸在我手上停留45分钟。一旦发现交易已经失败，就必须承认失败，立即认赔出场。而很多人则恰恰相反，总是急着获利了结，而对亏损头寸却是拖拖拉拉。让我再次强调一遍：只有把持仓的时间长短记录在日志中，你才能发现它的重要性。

系统交易者

如果采用某种交易系统进行交易，交易者一般会按照系统给出的信号指令进行交易。但如果没有按照系统指令交易，一定要把每次的人为决策记录在日志中。这样可以将人为交易与系统交易的结果进行对比。

交易决策

详细记录交易决策将有助于判断决策的优劣：是否及时止损？是否退场过早？是否遵守规则？是否等到回调时才建立头寸？通过不断地记录正确与错误的交易决策，可以加深对正确决策的印象，并清楚地看到错误。举例来说，如果你经常看到"获利头寸出场过早"的记录，你就会想办法解决这个问题。反之，如果没有进行记录，你可能就不会意识到这是一个问题。

重新温习交易日志

金融交易是一项需要不断进行在职培训的行业。交易日志就像课堂笔记，也需要经常温习。只是单纯的记录还远远不够，必须要仔细阅读，分析自己的长处与短处。只有不断地检讨自己的交易表现，才算是步入正轨。每天我都会在回家的路上回顾当天的交易活动，弄清楚我都犯了哪些错误，并做对了哪些事情。我判断交易成败的标准并非盈利多少。能够从一个错误的交易中及时止损退出，对我来说也算是一个优秀的交易决策。不是所有的交易都能够赚钱，对于亏损的交易，止损越及时越好。在某些交易中我做了傻事，而事后我会对这些交易给予最多的关注。我捶胸顿足，因为有些错误是完全可以避免的。当技术指标显示应该出手，而我还继续持有，即使最终赚了钱，我也不希望再重复类似的行为。重新检讨这些交易时，我会思考当时为什么采取那种错误的行动，下次准备如何应对。市场当时是否透露了某些值得我注意的信息？

除了检视自己的错误，我也会因为某些精明的交易而鼓励自己。例如，上个星期一中午休盘的时候我还损失3000美元（当然我说的精明不是指这里），我发现当天进行的每笔交易似乎都非常不顺手。于是平掉所有的头寸，到外面散散步，让头脑恢复清醒。回到办公室之后，我发现自己能够更客观地判断行情。接下来的几笔交易，扳回2500美元。结果，当天只是小赔500美元而已，我认为这是相当成功的一天。这个经历会提醒我，每当碰到交易非常不顺手的时候，不妨放弃所有头寸，稍作休息。

专业交易员

为什么普通交易者大多是输家，而少数的专业交易者大多是赢家呢？机构交易者的成功概率高于一般交易者，原因之一是他们拥有充裕的资本。他们也会犯相同的错误，但不需要担心某个错误会终结他们的交易生涯。他们拥有充裕的资本与完善的管理体系，所以能够安全度过危机。刚开始的时候，他们会接受培训，身边会有经验丰富的交易者随时提供指导，而且他们交易的账户规模较小，也不会造成太大损失。因他们的过错而给公司带来的损失，与大交易员比起来简直不值一提。随着交易技巧的提高，他们被赋予更高的交易额度和操作空间。专业交易员的这个学习过程通常需要几年的时间。

培训计划

很多专业交易员都曾经历过密集的培训。当我刚开始从事股票交易的时候，他们告诉我，一般新来的交易者最初两年都很难获利。那些打算马上赚钱的新手们恐怕会失望。在这两年里，交易者学习如何进行交易。最初的三个月他们甚至没有进场的机会，只是坐在课堂上学习各种交易机会并进行模拟交易。在这之后也只能进行非常少量的交易，而且必须要严格遵守规矩，直到证明自己的能力为止。在这之后才有更大的权限，能够操作更多股票，甚至独立自主地进行交易。这段时间内，公司因为新手而承担的风险非常有限。即使某位新人亏损了5万美元，对公司来说也没什么，只不过是算是新人的培训费用罢了。

华尔街上的大型投资银行在全国的顶级商学院中招募顶尖的毕业生，付给他们非常优厚的薪水，对他们进行金融交易的培训。投行雇用这些人不仅仅是为了让他们进行交易，而是为了把他们培训成为职业交易者。只招收这些顶尖学生的原因是，这些学生都已证明自己有超强的学习能力。投行认为对这些学生进行培训要比对普通学校的一般学生培训容易得多。

读者不禁会想：既然连专业交易机构都需要花费大量资金对自己的交易员进行长期的培训，而那些毫无经验的新手却拿着区区5000美元就想立刻赚钱，这简直是天方夜谭。甚至那些经验丰富的场内交易员也不是刚一出道就获得交易席位。他们大多是在交易所内担任了多年的办事员职务，然后才进场实际交易。我也是在交易场内花了三年的时间学习交易的方方面面，然后才真正地开始交易。对于自己的规划要切实可行，而且要有充裕的资本来确保达到目标。即使亏掉初始资本也不要灰心沮丧，最好的办法是把亏损看作是成为成功交易者必须要交纳的学费。

> **你终究会成功，但要投入足够的时间和金钱**
>
> 这是一个真实的故事，主角是我的一个熟人，他在付出努力并交了"学费"之后，最终成为一名顶级的交易者。他哥哥是一位大腕级场内交易员，把他领进这个圈子，并为他提供资金进行场内交易。第一年他总共亏损了十万美元，犯尽各种可能的错误。但是他并没有气馁，而是筹集了更多的资金继续进行交易。第二年刚开始的时候他的业绩也是很差，但稍后便能扭转败局，年底的时候只是小赔而已。而到了第三年，他就一发不可收拾，成为名副其实的赚钱机器。到如今，他已经是一位有着15年交易经验的老手，每年的获利都在七位数以上。他交过的学费或许有些昂贵，但他能够坚持到底，成为一名伟大的交易者。如果他当初在亏损2万美元的时候就开始畏缩，显然不会有今天的成功。

个人的一些感想

你不能在金融交易行业中期望从一开始就获得成功。我在入行初期深受"资本不足"之害，如果当时我拥有更充足的资本，并且踏踏实实地专心学习，也许我可以更早地扭转败局，走上正轨。如果你把全部的家当都押进去，而且完全没有其他收入，交易会变得很困难。从一开始我就给自己很大压力，过分期待自己能够一朝致富。我有些过于自负，虽然一些有经验的交易员好心劝我，但我却总是认为我比他们懂得更多。我经常忽略他们的忠告，因为我认为他们做事太过拘泥，根本赚不了大钱。然而他们却表现稳定，能够不断赚钱。而我却要通过自己的惨痛经历来学习。我之前提到过，在我扭转颓势之前，我累计亏损超过7.5万美元。如果我从一开始就拥有充裕的资本，情况可能大不相同，但我却一直到七年之后才开始有稳定的收入。在那段痛苦挣扎的岁月里，我被迫到处打工，甚至周末都要工作。然后把赚来的钱投入到交易场，却很快赔得精光。这倒不是因为我的交易水平有多差，而是因为我一直都处于资本不足的状态，这种状态让我总是很被动。虽然偶尔也会有一小段顺手的时候，但很快就会遭遇逆转，然后在一个星期内赔光所有的资金。接下来，我就必须连续开24小时的计程车，才能筹措到足够的资金来交纳大豆期货的保证金。为赚钱而忧虑，为筹集交易保证金而烦恼，或是要靠交易获利来维持生计，这些情况都会拖累交易的表现。

成为更优秀的交易者

　　成为更优秀的交易者绝非易事，但只要坚定信念，投入足够的精力和资金就能够做到。如果你没有经验，也没有充裕的资本，就不要期望能够在市场上立刻赚钱，时间的积累必不可少。刚开始，你需要从错误中学习，所以需要准备充裕的资本才能度过这段时期。对于5000美元的账户来说，成功的机会恐怕不大。交易账户不一定要很大，但一定要有切合实际的盈利目标。在通往成功的路上，也要有赔光资本的心理准备。破产是一件让人很痛苦的事，但如果把它当成通往成功的必经之路，破产或许就没那么糟糕了。

　　初学者应该牢记，不被淘汰出局的关键并不在于如何多赚钱，而在于如何少赔钱。应该把保障资金安全应放在最优先的位置来考虑。恰当处理错误很重要；每个人都会犯错，尤其是初学者。即使做了傻事，也不要气馁。重要的是要从失败中学习，想办法不要重蹈覆辙。记录交易日志，定期翻阅回顾，从中分析自己的优缺点。如果你发现自己不断犯相同的错误，就要重新考虑一下自己是否适合金融交易这一行了。

　　总之，我要强调的是：在最初的两年里一切都要慢慢来，不急于求成，并保障资金安全。甚至在五年之后，交易者还会偶尔遭受重大挫折。"慢慢来"让你有机会走得更远。只有付清学费成功毕业之后，你才能靠交易获利来谋生。

初学者经常面临的问题：

1. 忽略学习曲线

2. 初始资本不足

3. 缺少资金

4. 缺乏正规培训

5. 缺少正规教育机会

6. 缺乏监督

7. 急于求成

8. 想赚大钱

9. 遭遇破产

如何提升交易技巧与存活几率：

1. 慢慢来

2. 不要好高骛远

3. 支付学费

4. 从每个错误中汲取经验

5. 把经验视为最佳的老师

6. 确保有足够的资金维持下去

7. 保障珍贵的资本

8. 真正进场前进行模拟交易

9. 记录交易日志

10. 定期对所做交易进行回顾

11. 要有决心

12. 享受交易的乐趣

值得自我反思的问题：

- 我的交易资本够不够？

- 我为什么这么操作？

- 我原本应该怎么做？

- 我下次应该如何避免重蹈覆辙？

- 我对每笔交易是否都进行过理性思考?
- 我有没有反思过自己所犯的错误?
- 自己表现出色的时候,我有没有对自己进行过鼓励?

第二章 设定现实可行的目标

我收到一封来自某个房地产中介公司老板的信。他刚刚参加完一个"如何通过交易商品期货成为百万富翁"的课程,现在准备要开始大展身手。他同时寄了几封同样的信给不同的经纪商。信的大致内容如下:

> 我准备在未来几个星期内开始进行商品期货交易。我过去从没有交易经验,但刚刚完成了肯·罗伯茨的课程,我目前正在进行模拟交易。我打算开一个2.5万美元的账户,刚开始我不急于赚钱,暂时设定目标为每星期1000美元左右。几个月后,当我慢慢找到感觉时,我会增加交易量,从而提升盈利水平。希望在一年之内,我能够达到每个星期赚5000美元的目标。那样的话,我就可以放弃房地产中介服务,完全靠商品期货交易为生。由于我以后的交易量会很大,而且我会自行制定交易决策,所以希望贵公司能够提供最优惠的佣金费率。敬请尽快回复。

我以一贯的嘲讽口吻给这个人回了一封信,大致内容如下:

> 我们很愿意为您提供每交易回合15美元的佣金费率。但是在您开始交易之前,我想指出,您设定的目标并不切合实际。你打算用一个2.5万美元的账户赚20-25万美元,这相当于800%-

1000%的投资回报率。即使最好的对冲基金经理人和职业交易者能获得35%的年回报率就已经很不容易了。你没有任何交易经验，却指望自己的表现可以远远超过专业人员。即使1000美元的周盈利也相当于200%的投资回报率，这对于新手来说也是相当有难度的。没错，你确实可以一周赚1000美元，但你没有考虑到还有很多星期可能发生亏损。对于你这样的新手，我建议你把目标设定为"轻交易，重学习"。假如第一年你能赚5000美元，你的表现在所有的交易者中已经排在前10%。另外我不赞同你使用折扣佣金费率。因为初学者不免经常犯错，你需要经纪人提供的指导和建议。我们提供的经纪人指导账户的费率是每交易回合25美元，它非常适合刚入行的新手。随着你自己慢慢找到感觉后，我当然推荐你使用我们最低折扣的费率。如果你想进一步讨论交易需求或开立账户，请给我打电话。

不用说，他认为我不够礼貌，而没有在我们公司开户。他在其他地方开了一个账户然后进行网上交易。两个月后，他给我打电话要把账户转移到我们公司，因为他还记得我给他回信的内容，认为我很坦诚。他当时亏损了大约1.7万美元，也体会到商品交易并没有他想像的那么简单。他以高昂的代价学到了设定务实目标的重要性。六个月后，他又亏损了一点，然后决定放弃金融交易，做回他的老本行。他本来也许可能成为一位不错的交易者，但却从来没有给自己充裕的学习时间。恰恰相反，他太急于求成，还没有度过学习阶段就已经赔光了大部分资金。我想我当初的情况也大概如此。我曾经天真地计划用5000美元的初始资本每月赚上2000美元，随着账户余额不断积累，我每月的获利就可以提高到3000美元、4000美元、6000美元。不久之后，我每个月的获利就可以达到2.5万美元，那时我就可以搬到纽约东区的豪宅了。而结果我却发现，通往纽约东区豪宅的道路并不平坦。

设定现实可行的目标

现实地对待生活及工作

很多人都不能以现实的态度看待成功。住在纽约，我会看到很多人充满梦想，却没有切实可行的目标。每个月都有成千上万的人涌入这个城市，希望在演艺、模特、服装设计等领域获得成功；也有很多人来到华尔街，准备在这里大展身手。这些人心里都明白，在纽约获得成功的概率大概相当于连续被雷电击中两次，然后被鲨鱼咬到。可是他们还是胸怀大志地来了，结果，大多成为不错的侍者或酒保。刚开始从事交易时，我在餐厅做过跑堂，身边都是一些立志成为明星、模特、演员、舞者的人们。而我的梦想则更为疯狂：我要成为明星交易员！

在设定目标时，无论你处于什么领域，都应该抱着现实可行的心态。无论是在日常生活还是在金融交易中，你的想法都必须要切合实际。很多人认为他们可以辞去目前的工作，然后靠区区2.5万美元进行投资或交易谋生。甚至有些人更荒唐地认为，只要5000美元就够了。他们在书上读到某个交易者把5000美元翻成1000万美元，于是也天真地认为自己也可以做到。没错，确实有这种情况发生，但与少数成功者相对应的是无数的失败案例。把你的目标降低一点，不要想着日进斗金，你仍可以做得不错。

"九成以上的交易者都会失败，但不会是我"

我在一次经纪人培训研讨会上听到演讲人说，他开发客户的方法之一就是提供免费的金融交易讲座。在这些讲座上，他会告诉人们，只有百分之十的人能够通过交易赚钱，其余90%的人最终都会亏损，然后他还会详细介绍这其中的原因。接着他会问现场的听众："谁认为自己属于那10%精明的赢家呢？"无一例外，每只手都会高高举起。现实再明白不过了——大部分的现场观众都会成为输家，可人们就是不能面对现实。大部分人都在想像或谈论从事金融交易的巨大潜力，但却很少有人正视现实。大家都在幻想着自己的成功故事,虽然他们都知道失败的概率高达九成,却没有人认为自己可能会失败。对自己充满自信固然重要,但毕竟要明白,稍不留神就很可能失败。

"我要求的回报率只有10000%,不算过分吧!"

务实的目标不仅具有可行性,而且可以避免因目标过高而受伤。荒谬的目标只会带来失望。如果账户资本只有一万美元,却要靠交易为生,恐怕会很艰难,势必要频繁地进行交易。而交易一旦过度频繁,成功几率就会变得非常低。除了要频繁交易,承担过高风险之外,还必须维持很高的回报率,才可能达到目标。这样一来,成功的机会显然变得非常渺茫。很多人都梦想着把自己的账户在几年之内提升到上百万美元。但其实要想赚100万美元,最稳妥的办法就是由200万的账户着手。根据我多年的观察发现,资金最充裕的人,表现往往也最好;正应了那句老话:钱能生钱。这并不是说资金充裕的交易者水平都很高,而是因为他们拥有较大的犯错空间,每笔交易可以承担相对较低风险,从而具备较高的续航能力。留在市场的时间越久,成功机会自然越高。如果账户内只有2000美元或3000美元,破产并不是什么了不起的事情,对生活也不至于构成重大影响。我想,这也正是造成某些交易者容易失败的原因之一。然而如果账户资本是10万美元,那可是一大笔钱,不能随便亏光,交易者自然会稳妥操作。

拥有10万美元的交易账户,也并不代表交易者就一定可以凭借交易而过上奢华的生活。如果这样的交易者打算每天赚取1000美元,那么他付出的努力和承担的风险会比账户只有1万美元的人小得多。但即使这样,他所要求的年度回报率也高达200%。对于小账户来说,每天1000美元的回报则相当于10000%的年回报率。任何人如果能够做到这一点,摩根斯坦利早就用八位数的高薪把他挖走了。不要误会我的意思:更小的账户也可能一天赚进1000美元,我就曾经以2000美元的账户办到这一点。可是,只要一个错误就可以让你消失得无影无踪。那些专业交易者之所以能够每年获利百万，原因之一是他们的交易资本高达千万，而且追求的年均回报率只有20%到35%。他们对机会非常挑剔，只选择那些可以持续带来稳定利润的交易，而不是期望通过一两笔交易大赚特赚。他们只是针对交易质量设定目标，赚钱则是自然的结果。

> **目标不切实际的风险**
>
> 在早期交易生涯中，我碰到的最大麻烦就是某天赚进了1000美元。那是在我开始进行交易的第二个星期。从那以后，我把1000美元设定为我每天的盈利目标。在赚进1000美元以上的日子里，我所有的交易都顺风顺水。但我却不能天天如此，因为总是有些交易是亏损的。然而我却固执地相信我能够达到这个目标，于是开始同时交易多个合约，频繁换手，同时开始涉足其他市场，不断寻找交易机会。结果可想而知，我的交易成绩明显下降。其实我最初的目标是每天赚200美元，这对于交易一份合约还是比较合理的，但自从我调高了目标后，情况就不再那么顺利了。

设定合理目标

设定目标，最重要的标准就是合理。要设定一些切实可行、容易达到的目标。如果你的账户里只有1万美元，却希望每天赚1000美元。通过交易债券或标准普尔500电子迷你合约或许有可能达到这一目标，但这样的目标真的合理吗？但这意味着你必须毫无遗漏地抓住每个获利机会，而且要保持每周50%的回报率，这听起来就已经很离谱了。现在让我们看看什么才是真正的目标：确保每个星期都能够获利，将盈亏比率保持在45∶55，在获利交易中获利8点，而在亏损交易中损失4点。这样一个切实可行、容易达到的目标才能让你的交易走上正轨。

不要忘记亏损的日子

人们也许会设定每天赚400美元到500美元的目标，然后整年的获利就可以达到10万美元。400美元的目标确实无可厚非，但在计算年度目标的时候，人们往往忘记把亏损的日子考虑在内。他们假设每天都可以获得相同金额的盈利，却完全忽略了总有些日子会发生亏损。一般来说，亏损的日子不见得少于获利的日子，而且有些日子的亏损的金额要比获利的金额还多。我曾见过某些人，每天的盈利目标是400美元，但在不走运的日子可能眨眼间就亏掉2000美元。一旦遇到这种情况，他们就完全忘掉了最初400美元的目标，而是希望能够把前日的亏损马上扳回来。这势必会导致过度频繁交易，也肯定不会有好的结果。永远不要试图立刻扳回亏损。如果你认为每天赚400美元很合理，那就继续坚持这个目标。只要多花几天功夫，就能够把破洞补上。除了要设定获利目标，还要设置亏损限度。要保证每日亏损的金额低于获利目标。如果你的盈利目标是每天赚400美元，那么亏损限度则应低于400美元，比如300美元。一旦考虑到那些可能发生亏损的日子，每年赚10万美元的目标就显得不太现实了，但2万美元还是比较合理的。每个交易者应该都设定切实可行的目标，然后为之努力。但要切记，目标只是一个参考标准，不一定每天都必须达到。

最低账户额度

我之前多次提到，交易账户的额度不可过低。那么人们至少要拿出多少钱进行交易呢？虽然很难给出一个普遍适用的最低额度，但稳妥来说，进行期货交易，应该准备最起码2.5万到5万美元；而股票大约是10万美元。有了这样的账户规模，普通交易者如果能够保守操作，在顺利的时候就能每月赚到5000到1万美元。上述金额不但可以提供充裕的保证金，还能确保交易者在犯错时不至于被淘汰出局。当然资金越多越好。通常情况下，在赢得几笔不错的交易之前，往往会经历一连串的亏损；如果资金不足，可能等不到获利机会的出现。举例来说，5000美元的账户可能很难让初学者安然度过最初的一连串亏损。当然，这并不是说账户太小就万万不可，只要设定与资金规模相对应的目标同样还可以进行交易，但交易的频率要相应降低，而且要选择波动较小的市场，不能好高骛远。

不同等级的目标

除了设定整体交易绩效的目标，还应按照其他标准设定目标：如按不同市场、波段、日、年以及学习周期等。

市场目标

平均真实波动幅度

让我们从最基本的知识开始——市场的波动幅度。了解了市场的波动幅度，就可以估算出盈亏多少。不论是短线操作还是长线投资，都需要了解每个市场或每只股票能给自己带来多大利润或亏损。要实现这一目标，首先要了解何谓"平均真实波动幅度（ATR）"。可以通过观察任意时间段的走势图而获得这一信息。

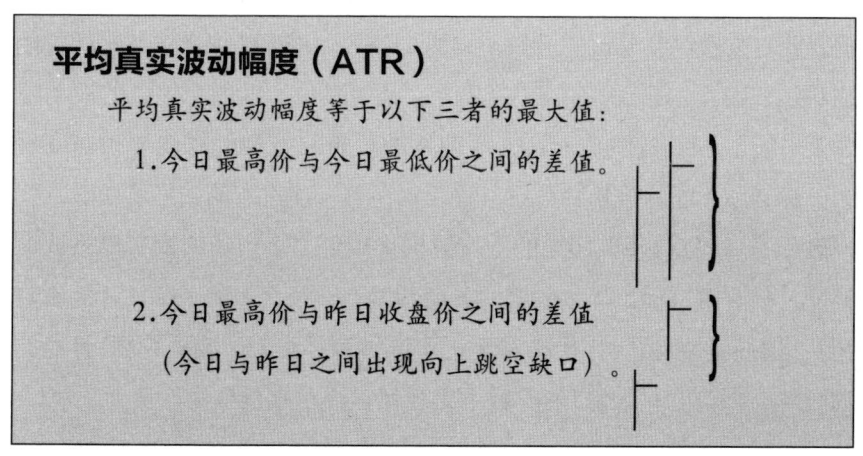

> 3. 今日最低价与昨日收盘价之间的差值（今日与昨日之间出现向下跳空缺口）。

如果某支股票最近10天的ATR为4美元，而当天已经出现3.75美元的走势，或许就应该考虑获利了结了。如果此时仍然贪图小利，迟迟不退，那就属于逆势而为了。因为该股已经触及波幅边缘，接下来很可能遭遇阻力或走势反转。聪明的交易者应该在这时了结出场或反转头寸，因为整个趋势方向很快就会转变。赶在大家都争先恐后忙着出场之前及时退出，总要好过难以脱身的尴尬局面。行情一旦反转再做决定就太迟了，因为这时可能因为没人接手而无法脱身。当然有些时候也会出现5美元或跟多的走势，但平均来说，波动不会超过4美元的波动幅度。某种程度上讲，金融交易是一场概率游戏：当价格触及单日平均波幅80%点位时，就应该获利了结了。如图2-1 AMAT价格走势图所示，几个月以来该股的平均波动幅度在4美元左右，仅有少数几天的波动幅度超过这一水平。如果你了解这一点就能有不错的赚钱机会。即使在你出场之后股价仍维持涨势，也不应该觉得懊恼，因为你所要的是稳定的胜算，而这才是长久的制胜之道。

如果你没有什么软件可以提供市场的ATR数据，你也可以通过手算或Excel得出这一数据。由于ATR会不断变动，所以必须随时更新数据。我过去曾经交易过的股票，比如ARBA，每天的价格波动幅度曾经达到过15美元，而现在只是0.5美元；还有其他一些股票过去的波动幅度是4美元，而现在2美元；大豆期货的价格在夏天的时候波动幅度最大。你必须不断地重新估算波动幅度以免被一些过时的数据所误导。我一般都是参照过去5至10天的平均数据来确定一个市场的真实价格波动幅度。只有对目标市场或股票的波动幅度有一个大致的了解，才能制定切实可行的价格目标。比如对于一支价格为15美元，波动幅度为1美元的股票，期望它每天涨5美元就不太现实；而一支价格为70美元，ATR

为6美元的股票每天涨5美元就很容易。如果进行短线交易，还应该关注30分钟或60分钟区间段的ATR，它可以帮助你判断何时获利了结。

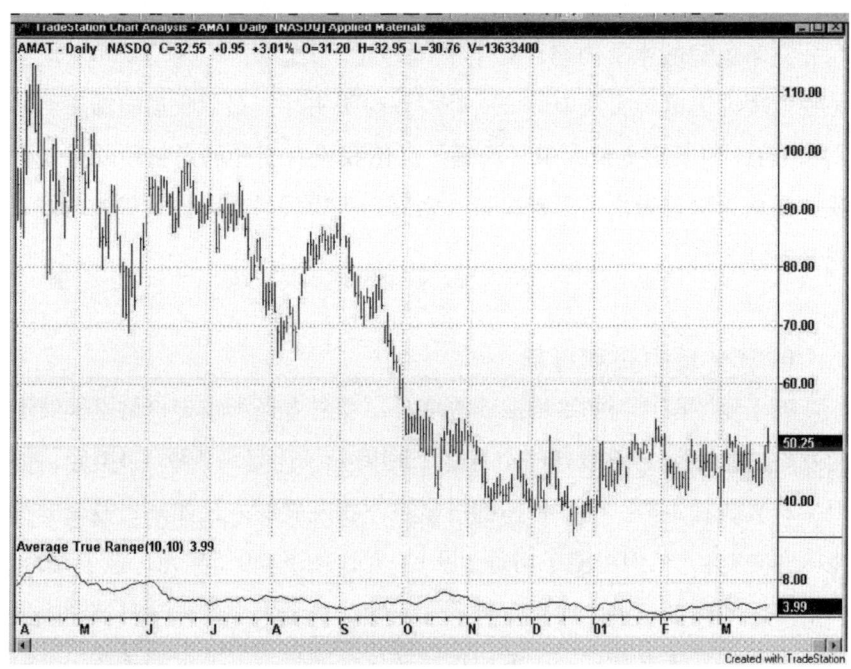

图2-1

不再期待大行情

有时个股或商品走势可能受到某些外界因素影响，而出现异动行情，价格波动幅度会远远超出正常区间。某些新闻事件或重大技术创新可能会导致这种情况的发生。但是类似的事件毕竟只是例外情况，很少发生。我曾多次被市场中的狂热情绪所左右，而忘记这一点。我曾经在道琼斯暴跌200点的时候，认为这就是大家谈论已久的大崩盘，于是加码空头头寸，期待大盘能够继续下跌300点。结果我损失惨重，因为历史上所谓的"崩盘"屈指可数，而我却在不切实际地期待崩盘每周都会发生。每当我认为行情可能崩盘时候，往往也正是价格开始向上反转的时候。遇到这种情况时，如果市场给出的信号不是非常强烈，最明智的做法就是按兵不动。如果你获利了结后，行情却仍在继续，不要因此沮丧，因为你做出了胜算最高的决策。具有讽刺意味的是，我是今天早上在公交车上写的本节内容，到了午休时候，大盘正好下跌了200点。于是我把理论运用到实践中——回补所有空头头寸。最后收盘的结果是暴跌400点，创下历史最大单日跌幅。虽然我没有充分利用整段跌势，但我还是认为自己做出了正确决策。之后，当市场呈现明显颓势的时候，我又重新入场。

单笔交易的获利目标

除了要了解市场的平均波动幅度外，交易者还须牢记价格是呈波浪状发展的。不管一只股票一个月涨了30美元，还是一天跌了4美元，都很少有直线状走势。这些行情都是呈波浪状发展的。比如某只股票的价格区间是4美元，但可能平均每上涨1美元，就下跌0.5美元；整个4美元的价格区间是经过多个波形走势才完成的。虽然大豆的平均日波动幅度是12点，但你未必能在一个波段中捕获这全部12点。通常都是在一个时点获利5个点，另外一个时点获得4个点。短线交易者一般都是通过多个单独操作而持续获得适度获利。把目标锁定在小波段行情比较安全也更容易获利。

驾驭波段

没有任何简单或复杂的公式可以计算出典型波段走势的长度，唯一的办法就是去了解市场。不同的分析周期，如5分钟、60分钟、一天、一周，波段走势的长短都不尽相同。他们随着交投的多少而变化。至于利润，你只能被动接受市场所愿意给予的，而不能主动设定你想要的。行情一旦结束，你就应该及时出场。如果为了争取最后一点利润而继续耗在里面，一旦行情反转，你将付出重大代价。你可能必须浪费几个钟头的时间等待另一段行情。那么如何判断波段行情的平均长度呢？最好的办法就是熟悉你所交易的市场，研究艾略特理论，运用趋势线、通道等技术分析技巧，并通过摆荡指标判断超买或超卖程度。本书会在稍后的技术分析章节里继续讨论这方面的问题。

图2-2是AMAT的2分钟走势图，每天的平均真实价格波动幅度（ATR）大约是4点。开盘价较前日收盘价大约上涨2点，涨势大约持续了三十分钟（A点），然后出现卖压。12点半时（B点），由高点起算的跌幅已经是4点，达到该股的日平均波幅。从这时候开始，走势由跌转涨。精明的交易者也应该此时翻空做多，因为当时的价格波动幅度已达到ATR。B点之后不久，行情又尝试下探，但跌势停顿于C点，波段涨势由C点开始。

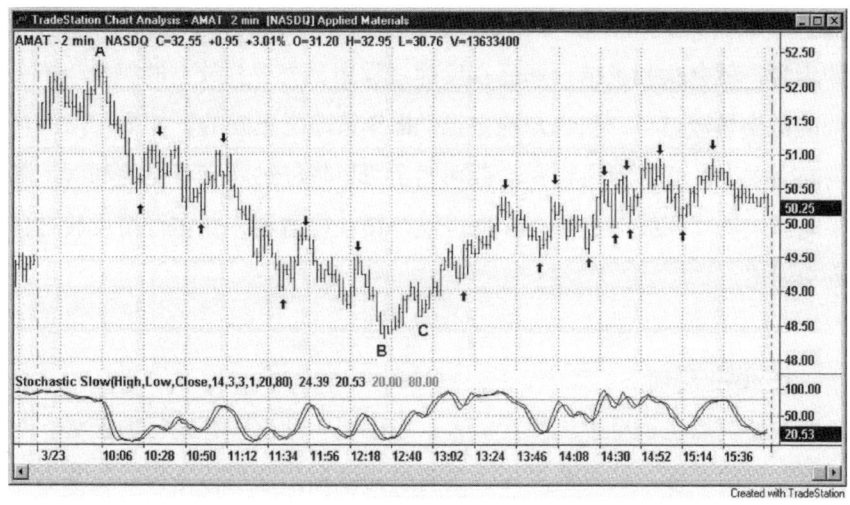

图2-2

下面我们继续讨论波段交易。介于10点到12点半之间的跌势，波动幅度略大于4点，但价格并不是直线下跌。在标示着向上箭头的地方，走势都曾经向上翻升（这些箭头都是我在事后标上去的，我一直在想办法能够事前标示这些箭头以预测行情走势）。股价下跌过程中，每波段的跌幅介于1点到2点之间，平均大约是1.5点，而每波段的反弹幅度大约是3/4点。由C点开始的涨势也呈现类似的波浪发展趋势。股价走势之所以呈现波浪状形态,主要是因为短线交易者的获利回吐行为。股价往往需要30分钟才会下跌一点,但只要10分钟就可能急涨3/4点。往往让当日冲销者很难应付,不过熟悉市场脉络之后,往往就能预先感知即将发生的行情。在进行波段交易时,我采取随机指数和动能消失位置作为进出场的参考点。以图2-2为例,我们发现图中标示着上下箭头的位置,刚好与图下侧随机指数的转折点相对应。每个市场都反映着所有市场参与者对价格水平的看法。如果大家都打算在价格下跌1.5点后获利了结,你就应该现实一点,也应该在这个位置获利回吐。否则你可能会眼睁睁看着1点的利润缩水为1/4点时才惊恐了结。然后在5分钟之后发现股价继续下跌,于是又建立空头头寸。如果我能够取得1.5-1.75点的走势,就会获利了结,然后在反弹过程中另外寻找放空的机会。即使我的退出稍嫌过早,我也知道自己的操作策略是正确的。如果行情的波段幅度太小,就会静观其变,否则佣金费用将侵蚀所有可能的利润。如果能够成功驾驭波浪走势,你就可以持续获得盈利,并在行情反转之前成功退出。

长线投资者

上述观点也适用于长线投资者。市场很少会出现直线状的走势。与盘中走势图一样,长线走势图也具有趋势线和摆荡指标来帮助交易者判断行情转折。每当随机指数出现较高读数,且价格已逼近通道上边缘,这时候就应该准备获利了结了。在接下来的几天里,如果价格稍有回落,你可以寻找到更好的入场机会。当股价逼近通道边缘时,很多交易者就直觉地认定通道即将被突破。而绝大多数情况下,股价都无法突破通道。交易者必须在市场回调之前迅速作出反应。如果你在心态上愿意牺牲初段及末段行情,那么波段操作就变得很容易。图2-1显示了股价的波段走势。前半段走势中,AMAT股价由115跌至40,每当跌势显得一发不可收拾时,行情却向上反弹10点、15点或25点。如果空头头寸建立的时机不当，很可能会遭受损失。在走势图的后半段中，出现来回游走的区间盘整走势，有几次似乎要进行突破，结果又返回通道区间内。那些等待价格拉回或反弹才进场的人，结果都好过那些迫不及待进场的人。

个人目标

除了要针对获利多少与波动幅度设定目标外，还应该针对一些日常工作设定目标以鞭策自己。这些目标应该尽可能简单且容易达成，但也不要过于简单。总之，目标要能够达到，但需要一些努力。以下列举了一些有助于自我提高的目标。

克服自己的缺点

每个人都会受限于自己的一些缺点。每个交易者都应该有这样一个目标：发现自己的缺点和不足并着手改善。在阅读本书过程中，如果你察觉自己的某些缺点，应该立即记录下来，然后设法改善。

从错误中学习

金融交易免不了发生闪失。虽说如此，但不可忽视这些错误。错误既然已经发生，就应该想办法从错误中学习，这绝对可以帮助你提高交易绩效。关于个人目标的设定，"从错误中学习"应该放在最优先的位置。在整个交易生涯中你都会不断犯错，但是如果能够避免重复发生相同的错误，就可以看到明显的进步。

把损失控制在合理的范围内

这个目标说起来简单但做起来却很难。不论是交易股票还是商品期货，都要把损失控制在合理的范围内。如果股价每天波动的幅度是3美元，就不要每次都亏损2.5美元，而0.5—0.75美元的亏损还算合理。

如果账户资本为1万美元，那么任何一天或任何单笔交易就不应该发生1000美元的亏损。任何单笔亏损如果超过5%，那么风险就太高了。任何单笔亏损都不应该超过账户净值的2%，越低越好。

保障珍贵的资本

"不要耗尽交易资本"应该是你的目标之一。如果你希望多年之后还能够继续从事交易，就应该永远保持资本充裕。保障资本的最好办法就是把控制损失放在优先位置考虑。不要总是想着赚钱，而是要把重心放在不赔钱上面。如果能够做到这一点，在你成为一名优秀的交易者之后，就还有充裕的资本可供运用。

不要追逐行情

这是初学者最容易受伤的情况之一，一旦看到大行情，就会非常兴奋，然后在价格继续上涨或下跌的过程中进场。你必须要客观地判断这种大涨大跌的行情到底还能持续多久。即使是最热门的股票，价格也难免拉回；涨势越强劲，回调越猛烈。你需要等到价格出现整理或拉回才能考虑入场。否则，你可能在最高价附近买入，然后在股价回调过程中被清洗出场。即使因此而错失机会，又有何妨。市场每天都在开盘，机会永远存在。一定要等到价格拉回才能入场，因为这样减少了失败的可能，也就等于提高了胜算。

保持务实的态度

即使行情变得疯狂，态度也要保持务实

1999至2000年4月之间，投资人只要买进任何科技股就可以赚很多钱。这些人并不是优秀的交易者，只不过是运气好罢了。这段时间内，他们几乎没有差错，但不幸的是，他们也因此变得骄傲，结果在2000年底到2001年之间付出了惨重代价。就当时的情况来说，他们没有任何资

金管理技能，也根本不了解股票的作用是什么。任何股票在三个月内从6块钱涨到150块钱都是不正常的。可是当时却有些人开始认为这是正常现象。最后，当行情真正恢复正常时，人们亏掉了大部分的投资。

除非碰到像1999—2000年这样让人匪夷所思的大牛市（股价从15元涨到200元），否则即使在好的年头，一年的涨幅也只有20%—35%。那些有过血泪经验的人知道，即使在疯狂的行情中，也要设定务实的目标。任何趋势最后都会终结，而交易者需要在终结之前及时了结或建立反向头寸。我知道很多在60美元买进朗讯的人，在股价跌到2美元时还继续持有。他们应该知道，到了某种程度之后股价很难回升了。几乎每天都有人打电话给电视台的专家们，问道："我在60美元时买进朗讯，现在是2美元，请问怎么办？"我想说，现在已经太迟没有什么办法了。其实早在几个月之前，当股价还明显被高估的时候就应该采取行动了。

学习阶段相当漫长

我在第一章提到过，交易活动并不简单，多数人都无法很快精通。你不能指望自己一夜暴富，必须要客观地预计学习阶段的长短。如果你愿意听取我的意见，我认为你至少要交2—5年的学费，然后才能成为一个合格的交易者。最初几年不应该以赚多少钱为目的，而是要确保在学习阶段结束后仍保有充裕的交易资本，到了那个时候，赚钱将是自然的结果。你需要几年的时间来磨炼交易技能，也需要足够的资金度过这段时间。如果打算从事金融交易，就必须理解这一点。即使一开始就赚大钱，也未必代表你就是一位交易好手。你还没有经历过连续亏损的考验，因为一旦出现这种情况，你就有可能因为过度自信而失败。刚开始时，很多人都自认为可以立即靠金融交易赚来的钱养活自己，可结果是连糊口钱都不够了。就我个人而言，经过几年摸索之后才能完全依赖交易养家糊口。最初几年我需要日夜打工才能勉强支持我继续从事交易。我曾经在纽约开过计程车，在餐厅端过盘子，在会计师事务所做过零活，也在几个乐队弹过吉他。我总认为"只要再撑上几个月就可以踏上正轨"，哪知这"几个月"最后变成了"好几年"。

正视失败

最后，要正确看待失败的可能性。虽然每个踏入金融市场的人都胸怀大志，但仍应该明白自己很可能会遭遇失败。从事金融交易的人当中，大约有90%会失败。只有坦诚地面对这一数字，才能避免成为那90%中的一员。

把金融交易当成自己的事业

客观看待金融交易的方法之一就是把它当成自己的事业。为了取得成功，你对于金融交易的认真程度，绝对不能输给任何创业者。创业者应该准备充裕的资本，不能期待新事业能够立即提供收益。没有充裕的资本与周转资金，任何事业都很难成功。甚至在正式营业之前就需要支付很多费用。任何新事业都需要运作一段时间才能提供稳定的现金流。然而，某些交易者却期待能立即成功。如果你打算创业，不管是餐饮、零售、咨询、垃圾处理或是IBM，都不希望受到资金短缺的限制。许多创业企业都没有坚持过最初两年，其中最主要的原因就是资本不足。

人们通常都会经过仔细考虑，然后才会投入一个新行业，他们会做各种分析，设定务实的计划，确定财务没有问题。除了资本之外，其他决策也必须谨慎行事。如果你拥有一家服饰店，应该不会因为某款牛仔裤看起来不错，或担心错失最新流行趋势，就仓促进货。精明的生意人都会先看看竞争对手的反应，评估产品的需求度，预测成本和利润，当然还要考虑有限的店面是否有更好的利用方式，然后才会决定是否进货。换言之，生意决策必须精打细算，而不能一时兴起仓促决定。即使错失第一波流行热潮，只要需求稳定，风险适中，随后跟上也为时不晚。

与其他行业比起来，金融交易的风险更高，所以应该持更加谨慎的态度。每笔交易都应该当成一笔生意看待。从生意人的角度出发，交易目标应该是在风险最低的情况下，追求最大的利润。如果不能把金融交易活动当作事业来经营，只是单纯追求刺激的快感，那应该去赌场才对。不幸的是，有些人沉迷于交易的快感中，从来没想过要把自己提升为优秀的交易者。只有把金融交易视为生意，而不是一种娱乐工具，才能以客观的态度对待。

制定商业计划书

商业计划书是决定创业成败的关键。因为商业计划书确定了创业企业的宗旨和目标，并对不同阶段的业务重点进行规划。如果需要从外界募集资金，商业计划书是必不可少的，即使不依赖外部资金，商业计划书也绝对有助于事业发展。很少有新进交易者愿意花工夫拟定商业计划书。编写商业计划书是一项大工程，需要花费很多时间。所以我能理解为什么很少有交易者会制定商业计划书，但是如果你愿意为此花费精力，一定会有所收获。

商业计划书对于交易者来说，类似于基金的募集说明书。不论哪个领域的商业计划书，基本内容都很相似，也就是你必须通过这些内容说服别人为你投资。金融交易者也要以这种心态来制定自己的商业计划书，这将有助于你了解交易中的成本、利润以及其他大大小小的各种因素。这样一来，你就会发现以前的盈利目标是多么的不切实际。你可以估算经营交易事业所需要的资本，以及维持日常生活与应付突发事件所需要的费用。交易者的商业计划书应该叫交易计划书。至于交易计划的具体内容，本书稍后会详细讨论，以下只列举一些例子。

交易计划应包含的一些重要项目：
- 交易风格、策略或系统

- 分析周期
- 相关成本
- 资金管理计划
- 利润空间
- 风险
- 影响操作绩效的内部与外部因素
- 自己的优势所在

一位倒霉交易者的真实故事

有些人对自己或者市场的表现有着不切实际的想法，下面就是一个让我印象深刻的例子：某位客户的一个朋友打算从事金融交易。他起初打算进行谷物的期权交易，并开立了一个4000美元的账户。收到他的汇款后，我打电话告诉他，账户已经可以进行交易了。在那段时间内，他经常收看CNBC电视台的股票行情报道，话题都是关于纳斯达克的大牛市（时值2000年3月的市场高位，价格波动非常剧烈）。当时行情稍有回落，他就开始向我询问很多关于纳斯达克电子合约的问题，最后决定购买。我尝试阻止他，并告诉他刚开始交易时，最好不要选择波动剧烈的市场，万一判断错误，损失很快就会超过1000美元。而他根本不顾我的劝阻，认为纳斯达克会继续向上发展，尤其是在短暂回调之后入场，绝对错不了。他把止损设定在1000美元位置，但认为止损不可能被触及。大约一小时后我打电话给他，告诉他的头寸已亏损800美元，想知道他有什么打算。就在电话还没有挂断之前，行情继续下滑，损失也继续扩大，但他仍然相信指数必定会反弹，所以要我取消原先设定止损，并坚持买进第二手合约。结果，指数反弹了大约两秒钟，然后继续下滑。我第二次打电话给他时，头寸损失已经超过2000美元，于是他决定认赔出场。接着，行情

> 大幅反弹。他非常气愤，指数大涨的时候他只能在场外观望。他告诉我说要汇进更多资金，而且要买进两手合约。在他真的这么做之后，指数又直线下跌，这次的损失更加惨重。眼看着账户净值跌破1000美元，他无所适从，第一次征求我的意见。我建议他赶快认赔，但他完全不能接受。最后，我将他的头寸进行了清算处理。整个过程结束之后，他几乎已经破产，而这只不过是一天的交易而已。他显然没有严肃看待过可能发生的状况，他从来没有做过必要的准备工作，对于市场风险没有清楚的概念，所做的事情已经超出自己能力范围之外。第二天，他关闭了自己的交易账户，从此以后再也没有进行过交易。

我的经验

我过去进行交易时，就好像自己有100万美元，这其实是我的一个毛病。我总是希望能够赚得跟隔壁的交易员同样多，但却忽略了一个事实：他的账户中有50万美元，而我的账户里只有3万美元。我的每笔交易所承担的风险都超过应有的程度，我所愿意接受的损失金额与邻座交易员一样。但他拥有的资金却是我的十多倍。结果，我总是难逃亏损的命运，因为我的期望太高，难以达成。为了达到目标，我频繁地进行，但这绝非长久之计。我的另一个重大缺点就是忽略行情可能的波动幅度，总是认为既有的趋势会持续发展。由于我不能务实地获利了结，结果经常让头寸转赢为亏。我花了很多时间才学会何时获利了结以及认赔出场。经常观察高手的交易方法让我逐渐摸到门道。虽然我仍然相信应该让获利头寸持续发展，但对于所投入的资金究竟能赚多少钱，我的态度变得比较务实。我不再试图赚取不合理的利润。所以，当我操作非常顺手的时候，虽然每天获利的程度不如过去，但获利的频率却远多于过去。我逐渐认识到：金融交易的首要之道，在于求取生存，而不在于赚多少钱。

成为更优秀的交易者

要成为更优秀的交易者，不仅要对自身状况和能力有客观的了解，还要根据市场的潜力设定切实可行的目标。要把握市场的运行规律，了解自己能够从市场中获得多少利润。除此之外，你还要准备适当的交易资本，并了解资本规模对交易目标构成的限制。如果你拥有5000美元的资本，交易目标与期望就应该低于拥有5万美元的人。要成为更优秀的交易者，也需要了解投入多少时间才能成功，而且不能忽略失败的可能性。破产的可能性永远存在，但只要你决心成为更优秀的交易者，破产也是一种值得汲取知识的经历。刚开始的时候，多数交易者都会经常亏损。不要期待自己一夜之间就会成为明星交易者，至少要给自己两年的时间了解市场。务实的态度虽然很重要，但还是要有自信，要相信自己是最佳交易者，而且每天都要给自己这样的心理暗示，否则你永远都不能成为最好的交易者。

对于自己能够赚多少钱以及应该准备多少启动资金，要有一个正确的认识，这一点是重中之重。普通交易者最终之所以失败的一个主要原因就是资金不足。起始资本越充裕，成功的概率就越高。如果你只能筹措2000美元，结果基本上会让你失望。交易者之所以失败，通常不是因为其交易水平太低，而是因为没有足够的资本度过困境。每位交易者都难免遭遇困境，但有些人可以安然度过，另一些人却不能，后者大多是因为资金不足。即使是1万美元的账户，要想完全依赖交易为生，也是比较勉强的。但某些人却以为刚一开始就可以获得500%到10000%的回报率。即使是杰出的对冲基金经理或专业交易人员，如果每年能够获得35%的回报，他们就已经非常高兴了。你不要太在意能够赚多少钱，重点是不要赔太多钱。如果能够设定切实可行、容易达成的目标，你就有机会成为一名更优秀的交易者。

态度不够务实的交易者可能遭遇的问题：

1. 不相信自己竟然会赔钱
2. 交易过度频繁
3. 承担过高风险
4. 好高骛远
5. 灰心丧气
6. 破产
7. 指望一支股票能够在一年内翻三番
8. 生活幸福感降低

以下事项可以帮助你变得更加务实：

1. 设定切实可行的目标
2. 切记，你不可能天天赚钱
3. 筹集更多的交易资金
4. 了解平均价格波动幅度
5. 知道每个波浪走势的平均长短
6. 不要指望一夜暴富
7. 寻找较小而持续的赚钱机会
8. 多花些时间，多积累经验
9. 从错误中学习
10. 不要让亏损扩大
11. 不要追逐行情
12. 即使面对疯狂的行情，也要保持谨慎务实的态度
13. 把交易当成一种事业来经营
14. 制定交易计划

值得自我反思的问题：

- 我设定的目标是否合理？
- 我对交易的期望值是否合理？

- 我的态度是否切合实际？
- 我有没有错失行情？
- 我是不是对交易的期待过高？
- 我承担的风险是否太高？
- 我有没有按照商业决策的标准来制定交易决策？

第三章 与专业人士同场竞技

我记得高中历史老师曾经告诉我们，当拿破仑被问及哪方可以赢得战争的时候，拿破仑回答道："当然是法国人，因为我们有世界上最大的火炮。"

与高手过招

试着想像一下自己开着车子进入一级方程式赛车场。即使你的驾驶技术非常高超，而且拥有全新的手工打造时髦跑车，我想你也无法赢得比赛。因为你的对手都是一些顶尖的专业赛车手，开着拥有尖端技术的赛车机器。如果你没有类似的赛车经验和技巧，并配备强大的后勤支援，无论你的驾驶技术有多么高超，都无法与这些专业选手较量。不只是获胜的机会渺茫，哪怕能够跑完全程也已经很幸运了。金融交易的情况也是如此，你其实是在与那些配备精良的专业交易人士同场竞技。如果你不能以同等条件和水平与对手较量，那你将很难赢得比赛。

人们经常忽略一个事实：市场是由每个交易者的所有头寸组合而成的。从单手合约交易者到对冲基金经理人，所有市场参与者共同决定了市场价格。市场价格的变动不是由什么图表、指数或新闻消息来决定，而是由所有交易者的头寸决定的。一位普通的散户交易者如果想要赚上几块钱，他必须要明白，他正在与全世界最好的交易者同台较量。

这些专业人士拥有最先进的设备、资讯、下单流程、经验、资本与购买力，使得他们享有明显优势。他们可能是做市商、对冲基金经理、行业专家、机构交易员、场内交易员、大宗商品的生产商或采购商。他们有能力操控价格。他们的目标就是赚钱，而且你将协助他们达到这个目的——至少他们认为如此。

总之，所有这些都是为了说明所有这些人都是你的竞争对手。一位进行单手合约交易的散户交易者，成功机会显然不如那些拥有数百万资本的机构交易者。专业交易者每月可能花费数千美元来取得所需的设备、软件、资讯以及直接下单服务。然而，有些人只凭报纸取得报价与资讯，就希望与那些专业交易者争食。不妨想想看，假设你从事原油交易，账户内只有5000美元，你的竞争对手包括那些场内交易员，他们的账户资本最起码有5万美元，还有交易资本高达数百万美元的对冲基金，甚至还包括埃克森美孚这样的石油公司。在这种情况下，你认为谁的资本比较充裕？谁的成功几率比较高？坐在操盘台后的专业交易员可能面对三四个大屏幕，上面显示着实时报价信息，各种各样的走势图，还有即时的相关新闻报道。很多机构都聘请数量分析师专门构建与测试交易系统，并随时根据市场状况调整系统。相比之下，普通交易者拥有的可能只是一把尺子和一个简单的走势图而已。

同场竞技

如果你想严肃地对待金融交易，就必须想办法与专业交易者在同一场地上竞争。因为每个人都会想尽办法求胜，所以你必须尽你所能发挥自己的优势。如果你的对手都使用火箭大炮，你是不可能用石头棍棒与他们抗衡的。机构投资者拥有充裕的资金和最先进的科技设备，能够随时取得即时报价、新闻与资讯。直到如今，随着互联网应用的日益普及，普通交易者才得以享用这些工具。既然专业交易者花重金购买这些东西，它们肯定对交易有所帮助。现在不论预算多么有限，几乎任何人都可以踏入原本为大型交易者独享的竞技场。通过网络，普通散户只要以相对低廉的价格就可以获得过去只有投资机构才能享有的资讯与工具。虽然并不是所有东西都价格低廉甚至免费，但至少是可以买得到的，市场上多种多样的软件系统至少可以给非专业交易者一些必要的帮助。但即使这样，还是有很多初学者想要通过免费但不够及时的报价、图表和新闻与专业交易者竞争。一些古董式的电脑、老旧的交易软件、缓慢的下单程序都可能影响到交易的最终结果。在我做经纪人的时候，还需要整天给客户提供电话报价，有时候甚至需要用传真给客户发送价格走势图。现在，交易者可以自行获得这些信息，所以应该充分利用这一优势。如果你希望与专业交易者在同一竞技场上较量，就必须考虑花钱购买一些适当的工具。虽然这会提高交易成本，但却可以显著改善交易的最终结果。

网络与在线交易

随着网络交易的普及，以及经纪商佣金费率的逐渐降低，越来越多的初学者相信自己具备了与专业交易者同台竞争的条件，于是纷纷进场交易，整个交易规模也随之扩大。在几年之前，非专业交易者几乎难以想像可以查阅实时更新的报价、走势图与新闻报道。而现在，几乎每个人都可以做到这一点。目前的科技进步虽然未必能够让你成为最优秀的交易者，但至少可以让你更精准地从事短线交易。当然这并不代表大家都可以赚钱，但至少每个人都有机会。

当日冲销变得更加简单

当日冲销曾经只是专业交易者和场内交易员的专属游戏，但在线交易的普及、科技进步、即时资讯、更低佣金费率、更高的交易流动性以及逐渐提高的价格波动幅度使得普通交易者也能够从事当日冲销交易。

当我刚开始从事交易时，情况却远非如此，因为购买这些数据和图表的高昂费用让普通交易者望而却步。在当时，S&P500指数6个点的变动就已经算是很大的行情了，而且佣金费率也很高，通过当日冲销赚钱的机会很小。而如今，15点、20点乃至30点的盘中走势都属于正常现象，加上互联网的应用和非常低廉的佣金，普通交易者都可以通过短线操作赚钱。随着越来越多人参与当日冲销，市场流动性也随之提高，买卖报价之间的价差逐渐缩小，做市商与专业报价商过去享有的优势也不断流失，与之相应的是普通散户交易者的成功机会越来越大。

在线交易

在我从事期货经纪业务时，普通交易者对于在线交易的热衷程度让我感到惊讶。绕过经纪人，支付低廉的佣金费用曾经是很多投资者的梦想，如今他们梦想成真。在线交易的整体交易成本降低一半左右，这对于经验丰富、交投活跃的交易者来说是极大的优势。那些进行在线交易，而不愿接受经纪人建议的交易者越来越多。除了成本方面的考虑，很多人也不愿意与那些挑三拣四的经纪人打交道。有些人喜欢根据自己的想法进行交易，而不需要受经纪人的指挥。他们会从独立决策中获得乐趣，即使对交易指令不断更改，也不会有什么内疚感。

在线交易给整个经纪业务带来了革命性的改变，为普通散户交易者提供了巨大的优势。不过话又说回来，我并不建议初学者从事在线交易。刚开始的时候有很多东西需要学习，很多地方容易出错，经纪人肯定可以提供一些必要的帮助。除了一些常见错误外，有些初学者可能连基本的概念都不清楚，比如限价单与市场单的区别、什么是股票代码、期货合约的到期时间和交割时间等。

在线交易的优势
低廉的佣金费率
随着在线交易的普及,交易成本显著降低。不只是折扣经纪商的费率在降低,那些提供综合服务的经纪商为了应对竞争也降低了费率。

高速
当进行电子期货交易和纳斯达克股票交易时,交易下单在几秒钟之内就可以完成。在其他市场,从下单到完成的时间也极大地降低了。最终结果是,普通交易者也可以轻松地进行短线交易。

灵活
不论是选单、改单、暂停或取消,所有动作都变得很简单,没有必要每次都打电话给经纪人。

没有压力的交易
在线交易让你没有必要应付经纪人的啰嗦,因为经纪人可能为了收取更多的佣金而极力劝阻你过早地获利了结。

资讯
在线账户可以提供免费的新闻、报价、图表、基本面信息和研究报告。只需要点点鼠标,几乎就可以获得你所需要的任何信息。

监控头寸
在线交易能够随时追踪所有头寸的实时信息。在我刚开始从事交易时是没有这样的优待的。

在线交易的缺陷
初学者仍然需要指导
除非你已经对交易得心应手,否则最好还是通过传统经纪人进行交易。经纪人不一定要提供全套服务,但他们至少可以在电话的另一端随时提供建议或忠告,提醒你避免触犯一些常见的错误。

不知道如何下单
除非你已经熟悉了各种类型的交易指令,否则经纪人的指导仍然是很重要的，因为初学者经常误用交易指令。

缺乏风险控制

很多交易者最后之所以成为输家，一个主要原因就是不知道如何进行风险管理。如果没有适当的监督与指导，初学者很容易陷入无底洞。一个优秀的经纪人能够在交易者犯错时提出警告，而在线交易平台是没有这项功能的。

容易导致过度频繁交易

坐在电脑屏幕前，随时可以看到最新的即时报价、新闻与走势图。你也许会自认为是专业交易者，于是不断地进行交易，承担过高的风险。在线交易并不意味着你可以不停地进行交易，相反，过度频繁交易是交易者一定要避免的。

交易工具

只有大交易者才能拥有实时信息的时代已经结束了。现在只要连接网络，几乎任何人都可以获得实时信息。你几乎可以在网络上找到你所需要的任何东西。虽然大部分工具仍需付费，但也有很多免费的东西。免费与付费工具之间的最大差异主要在于应用的灵活度与时间差。如果你不需要实时信息，就可以完全免费获得所有新闻、报告、走势图与报价。网络上提供的服务分为很多不同层次，有的很简单粗略，可供一般运用；另一些则详细专业，适用于那些使用江恩理论、艾略特波浪分析的高级交易者。

报价与走势图

报价与走势图是绝对必要的工具，否则只能盲目进行交易。通过报价你可以了解当时的交易价格，但是如果想要了解市场的整体走势，还需要价格走势图：一份图形胜过千言万语。网络上有很多免费提供报价与走势图的网站，但如果你想取得高质量的实时走势图，恐怕还是要支付费用。

多年来我一直使用TradeStation作为绘图平台。这款软件并不便宜，但它除了提供走势图和报价之外，还能提供制定与测试交易系统的功能。交易系统会随时发出交易信号供你参考。

> **手工更新走势图**
>
> 无论你是否拥有先进的走势图绘制软件，每位交易者都应该打印出书面走势图，并手工对其进行更新。这样会有助于获得更好的交易感觉。书面走势图可以提供电脑所不能提供的临场感觉。CRB期货市场报道（www.crbtrader.com）提供非常棒的期货行情日线图，我大约每个月会从那里购买一份走势图，然后手工进行更新。我还会手工绘制月线图，这样可以获得对市场的整体感觉。这在以前是普通交易者获得走势图的唯一方法，但如今，只要通过网络就可以在每天收盘之后获得最新的走势图。你至少要把这些走势图打印出来，然后手工对其进行更新并绘制趋势线。这样的手工图表更加亲切，让你与市场保持更密切的接触。

新闻

如果你想知道某支股票或商品为什么出现某种走势，你或许需要另一种信息，那就是新闻报道。如果某些事情表现异常，我总是喜欢知道背后的原因。虽然我的交易风格不是特别重视消息面，但我还是希望了解市场上的重大消息和热门股票。我一般通过新闻网站获得必要的新闻资讯，但实际进行交易时，却很少留意新闻网站，所以我总是让电视开着，整天对准CNBC频道。它让我随时了解市场的演变和表现，但很遗憾，它不能让我预先知道行情的发展。整天和12个男同事关在一个办公室里，养眼的电视女主播也是我整天开着电视的原因之一。

系统编辑软件

如果你想严肃地对待金融交易,最好找一套能够进行历史测试的交易软件。我个人是TradeStation的忠实粉丝。这套系统不但能够提供及时的报价与最先进的绘图功能(本书中的所有图表都由TradeStation提供),还能够让使用者自行设定技术指标,并编辑软件对历史数据进行测试。对我来说,TradeStation是一套不可或缺的工具,我可以通过它编辑简单的移动平移穿越系统,也可以设计更高级的交易系统。

如果你想提高交易水平,TradeStation是一套值得考虑的系统。相较于其他交易软件,这套系统或许比较难用,价格也稍高,但它却是行业的标准配置,让你缩短与专业交易者之间的差距。

时代已经不同了

当我刚开始使用电脑查阅走势图时,我用的是一台486电脑,显示器只有13英寸,我还需要一条电话专线获得实时报价。我每个月为此支付1000美元,并认为这已经是世界上最好的系统了。之后,我开始在那台电脑上使用TradeStation。每次调出一个图表都要花费几秒钟的时间,但我仍然认为这已经是最好的设备了。而现在回想起来,那时的设备真的很落伍。不过几年的时间,整个情况已经是天壤之别。电脑的速度变得更快,程序变得更精密,你几乎可以以低廉的价格获得任何所需的信息资料。代替那部古董电脑和微型显示器的是两台高端配置的电脑和三个大型显示器,上面显示着走势图、新闻、报价与头寸信息。对我来说,多屏幕系统很重要,因为我需要同时留意几支股票与几个期货市场的走势,同时还要了解实时报价、新闻及头寸状况,并同时操作多个软件。回顾过去,科技进步给交易者带来的便利真是让人难以置信。如果我仍在使用那台老电脑做现在的这些事情,我想那台电脑早就已经崩溃了。

只有工具还远远不够

一位交易者即使掌握了最好的工具，也不一定能成为优秀的交易者。优良的工具当然必不可少，但你还需要了解如何进行交易、如何管理风险、如何培养纪律规范。"工欲善其事，必先利其器"，所以不要在设备上过于吝啬。不要舍不得花钱购买电脑、即时咨询、实时报价和优秀的软件系统。这些都是必要的投入，肯定物有所值。我当时纠结了一年左右才最后下决心花了3000美元购买TradeStation。然后我马上用这套软件对我过去的交易系统进行测试，结果发现亏损的主要原因，而且我的某些交易思想根本不起作用。我原本以为我的想法是正确的，但通过历史资料进行测试后才发现情况并非如此。经过对这些想法的评估，我决定放弃它们，重新设计一些新的系统。这套软件的费用与我因此而避免的亏损比起来根本算不上什么。

可是工具并不代表一切。即使拥有相同的工具，业余交易者仍然不可能具备与专业交易者相同的竞争优势。专业交易者几乎不需支付任何佣金，而对于普通散户来说，佣金却是他们进行短线交易的最大负担。另外，机构交易者享有一些优势，他们可以直接打电话到场内，取得精确的买卖报价或其他信息，甚至可以与场内办事员保持整天的电话联系。这些交易者享有优惠待遇，是因为他们的交易规模很大。有些机构交易者甚至直接进入场内，确保交易指令执行的速度与效率。

专业交易者 VS 普通散户

专业交易者与普通散户之间的一个主要区别在于支付佣金的多少以及所享受服务的差异。通过在线交易，一位散户交易者为每个期货交易回合支付12美元佣金，为每个股票交易回合支付8美元佣金。他们可能认为这已经非常便宜了。但是如果与专业交易者享受的佣金费率相比较，就会发现，上述费率非常昂贵。我所说的专业交易者不仅指那些只支付清算费用或者根本不支付任何佣金的场内交易员及经纪公司的交易员。除了这些人以外,对冲基金、期货交易顾问以及各种类型的大交易者所支付的佣金也只不过是普通散户所支付佣金的零头。所以在相同的市场行情下,这些大交易者就要比小型散户交易者占明显优势。很多经常陷入亏损境地的交易者可能就是因为他们支付了过高的佣金。即使是折扣佣金率也会对利润有很大影响。如果普通散户也能享受专业交易者的佣金费率,结果可能就大大不同了。

除了佣金较低之外,大交易者所享受的服务也是他们的一个主要优势。大交易者是经纪商竞相追逐的客户,因此他们可以享受特殊待遇与最佳服务。他们往往可以跳过经纪人,直接打电话到场内获得精准的实时报价,并依此下单交易。但普通交易者打电话给他的经纪人询问报价时,经纪人都是根据电脑显示器上数据提供报价,但是当交易指令实际达到交易场时,这一报价可能已经有些过时了。相比之下,专业交易者的竞争优势非常明显。每单的交易结果可能差别不大,但长期累加起来,差距就很明显了。

专业交易者的下单流程以及购买力也是他们的主要优势。一位小交易者的交易不会对整个市场造成什么影响。但是当某家共同基金买进一支股票时,往往可以驱动行情。专业交易者可以先默默买进,建立必要的头寸,然后才公开表明买进意愿,以期抬高价格。他们可以开始大单敲进,吸引其他交易者跟进。大型机构可以彼此探听市场动态,了解股票的买盘来自何方、动机何在。而普通散户都是后知后觉,等他们从新闻上获知消息时,行情可能已经结束了。

基于上述种种原因,普通散户实在很难占得先机,所以散户交易者必须想尽办法缩小与专业交易者的差距,以获得同台竞技的资格。

成为更优秀的交易者

近些年来,普通散户交易者所掌握的信息和工具与大交易者已经没有太大差别,所以成为一名优秀交易者也变得相对容易一些。回想过去，没有人拥有个人电脑和网络连接，当日冲销仅局限于少数专业交易者。即使是长线投资者，也很难找到现成的日线图，除非找经纪商或图书馆查询，要么自己手工绘制。而如今，任何人都拥有均等的机会。要成为更优秀的交易者，首先要尽你所能获得最先进的技术和信息。我个人的交易表现在购买了适当的交易工具后有了明显提高。我无法想像仍然使用过去那些古董设备和交易方法进行交易。短线交易者尤其要运用各种可能的优势。不要舍不得花钱，因为这些都是进行商业活动的必要成本，最终都会对你有所帮助。另外，在不牺牲服务质量的前提下，要尽可能地压低佣金费率，因为你的主要竞争对手几乎不需支付任何佣金。你所支付的佣金越低，在心理上就越容易从亏损的交易中尽早退出，因为你不需要过多地考虑佣金损失。

虽然在线交易是最便宜的交易途径，但是在了解交易的基本知识之前，最好不要贸然开始网上交易，因为没有人给你提供指导和建议。然而，当你对交易得心应手之后，毫无疑问应该享受在线交易低成本的优势。

最后一点要铭记在心，你真正的对手都是最优秀的交易者，他们拥有充裕的资金、丰富的经验、先进的科技设备，以及全方位的信息渠道。所以你必须想办法踏上专业竞技场。在这个过程中，你所做的每个努力都可以让你更接近成功。

不能与专业交易者同台竞技的主要原因：

1. 缺乏必要的技术和设备

2. 缺乏经验

3. 缺乏实时信息

4. 缺乏交易资本

5. 交易执行速度太慢

6. 没有从交易场获取信息的渠道

7. 佣金太高

8. 缺乏交易规模和购买力

如何缩小与专业交易者的差距：

1. 准备充裕的资本

2. 获取实时报价、图表与时事消息

3. 充分利用互联网的优势

4. 配备高速可靠的网络

5. 充分利用网上的免费资讯

6. 手工更新走势图

7. 利用在线交易的优势

8. 压低佣金费率

9. 使用交易系统编制软件

10. 采用高处理速度的电脑

值得自我反思的问题：

- 我是否拥有必要的工具？
- 我是否需要更快速的电脑？
- 我是否需要实时报价？
- 我的交易成本是否太高？
- 我是否应该进行在线交易？

第二篇
运用消息面

第四章 解读时事

1999年2月刊的《期货》杂志的封面故事是一篇关于原油价格的报道："原油的惨境，价格可能跌到多低？"在不到两年的时间里，原油价格从27美元跌到10美元以下，这篇文章预测行情将持续低迷。根据报道，市场受供应过剩所困，需求低迷，且石油输出国组织无法就石油减产问题达成共识。另外，由厄尔尼诺现象导致的暖冬也对石油价格造成打压。"专家"认为，石油价格在短期内不会有走高的可能。然而，各位不妨看看图4-1的原油价格走势图。实际上，这篇文章正好标示了原油市场的底部。文章发表后不久，原油价格开始疯狂飙升，达到近十年的最高点，仅低于海湾战争时的峰值水平。所以，你所看到或听到的新闻报道，未必全然可信。一些重大新闻事件或报道可能只是那些精明资金准备获利退场的信号。

基本面分析派与技术分析派

交易者大体上分成两个学派：一个是根据走势图进行交易的技术分析派，另一个是根据新闻时事和实体经济状况进行交易的基本面分析派。当然还有介于两派之间的中间分子，不过这些人在本质上仍然分别隶属基本面分析派或技术分析派，只不过是利用另一方的分析方法作为补充资源。比如，一位技术派交易者可能会使用基本面分析来评估市场状况或判断市场情绪是否发生转变。以我个人为例，我是技术分析学派的忠实信徒，但仍然需要了解市场走势背后的原因。基本经济状况的改变可能会根本影响市场走势的方向，所以需要特别留意一些基本面因素。

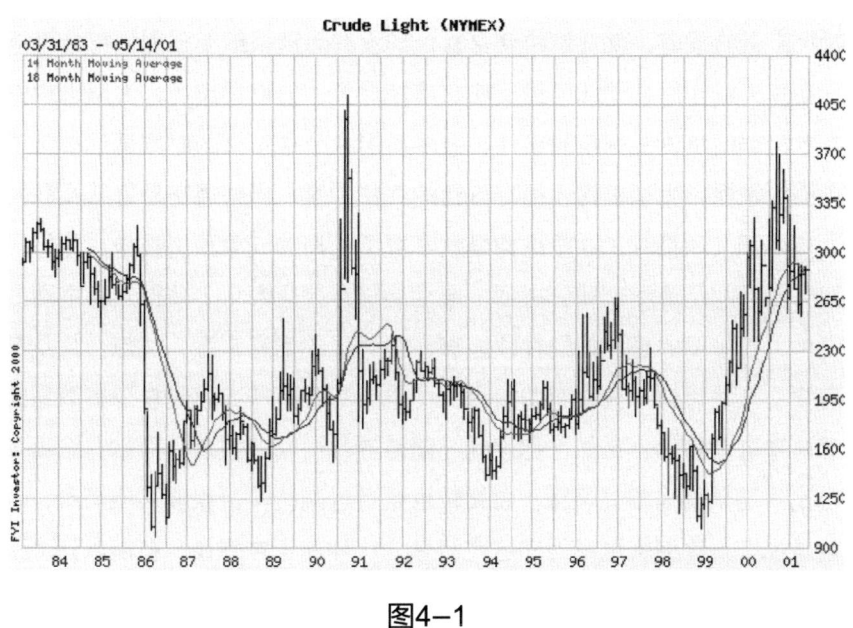

图4-1

基本面分析者大多是长线交易者，他们在经济状况的根本变动中寻找市场机会。他们并不急于建立头寸，而是通过基本面来确定市场的整体走向。他们中间也有些短线交易者，这些人认为市场的每一个变动都是由与之相关的消息面驱动。但大多数情况下，股价变动并不是盈利预期的直接结果，谷物期货价格的波动也不受天气预报的直接影响。如果一个人完全依据听到或读到的东西进行交易，恐怕会输多赢少。经验告诉我们，市场未必会按人们的预期做出反应，很多专业交易者并不重视新闻的表面解读。相反，他们更加重视市场对新闻事件的反应。很多时候，他们会逆着新闻事件所预示的方向进行交易。我也发现，很多高胜算的交易都是通过这种逆势操作而实现的,本章稍后会做详细解释。

新闻不新

大部分新手都不能正确运用消息面。很多人只是读了一篇《华尔街时报》上的报道,就贸然建仓交易,却没有想到报纸上预测的行情可能早在几天或几周之前就已经反映在市场上了。他们还忘了,大型机构都有专门部门负责发掘新闻事件,很多新闻在公布于众的时候早已被这些机构所掌握。大型机构还拥有自己的气象专家,当普通交易者从互联网上获得天气预报时,这些机构早就掌握了长期的气象预测报告。他们还拥有自己的经济学家和分析师,通常能够在普通大众之前得知基本面的变化。更重要的是,他们往往能够掌握真正的消息来源。试想:公众都需要从某些媒体上获取新闻信息,这也意味着有些人已经在公布消息之前得知这些信息。比如,你读到一篇路透社网站的报道,网站的编辑肯定比你更早得知相关消息。而编辑也是通过某些渠道获取这些消息,也就是说有人比编辑更早得知这些消息。这样就不难想像,在消息到达编辑之前,可能已经通过某些途径到达了高盛公司的交易部门。在你最后获得消息的时候,高盛的交易员早已做出反应。

当普通大众得知新闻时,新闻通常已经不再新鲜。你经常可以发现市场突然出现某种走势,但不知道为什么,稍后才从新闻中得知相关消息,可是这时候你已经来不及作出反应了,所以最好的办法就是干脆不去理会新闻。绝对不要追逐新闻事件驱动的大涨行情,应该静待市场充分消化新闻事件,然后再做出决策。即使错失某个机会,市场永远还有其他机会。如果你恰好处于这样的行情中,不要兴奋也不要恐慌。同样,待市场稍作沉淀后再做出决策。

大众总是后知后觉

让我通过一个例子来说明:普通大众总是最后才得知新闻,而且当他们得知消息时，市场早已作出反应了。前些天我交易蓝伯斯（RMBS）股票（见图4-2），并选择了正确的头寸方向。我当时做空这只股票，如我所愿，股价突然急剧下跌。由于宏观经济状况不理想，当天大盘低开，但不久之后就向上翻升，而且整天都处于涨势（见图4-3）。我当时持有很多多头头寸，但希望建立一些空头头寸平衡风险。于是我开始在强劲的市场中寻找相对弱势的股票。蓝伯斯（RMBS）就是其中之一，因为它没有随着大盘走势向上翻升。我觉得这支股票有些不对劲，但不知道为什么，而且我也不想知道。总之，在我的电脑显示器上RMBS是一支相对弱势股。所以在下午一点左右，我开始做空这支股票。虽然当时没有出现什么重大走势，但我相信只要大盘回调，RMBS应该会有很大下跌，所以对它建立空头头寸应该没有问题。大约2点30分左右，RMBS果然开始暴跌，我不知道是什么原因。在随后的12分钟内，RMBS股价下跌了大约3美元。我想，这肯定与消息面有关，否则一支股票不可能会出现这样的跌势，但我当时还没有听到任何消息。而后，纳斯达克宣布该股票暂停交易，等待重大消息公布。3点40分，消息公布：法官驳回了蓝伯斯对竞争对手的专利侵权指控。然后RMBS股票恢复交易。

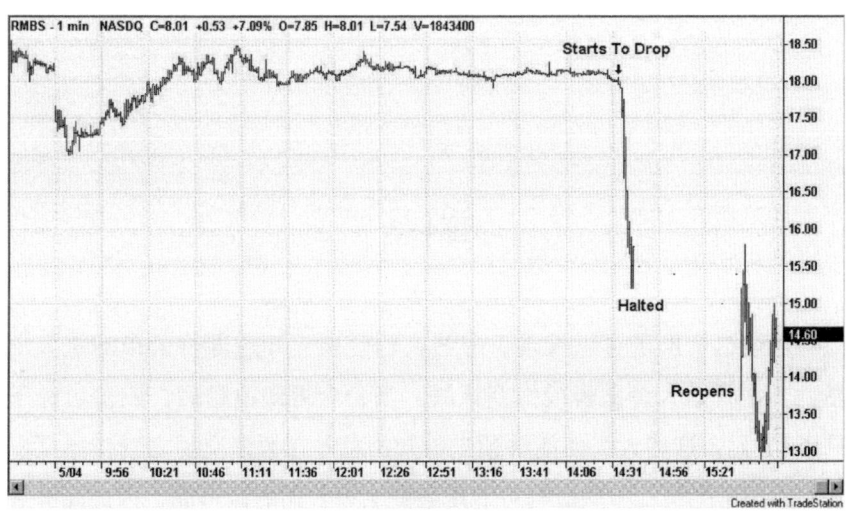

图4-2

恢复交易后，股价继续下跌了1.5美元左右。一般来说，有重大新闻事件公布后，股价都会与最初的市场反应逆向而行，所以我决定获利了结，况且我当时的获利也比较可观。如果在公布消息之前股价下跌，且公布之后仍然下跌，那么人们就会买入股票，回补空头获利了结，从而导致股价翻升。恢复交易后我立即下单回补空头，显然我不是唯一这么做的人，因为股价上涨很猛，最后的成交价格比我下单时的价格回升了1美元左右。当然，在我回补之后，股价又开始下滑。我认为自己的判断没错，消息公布后，蓝伯斯需要一点时间摆脱利空消息的纠缠，然后股价恢复上升。

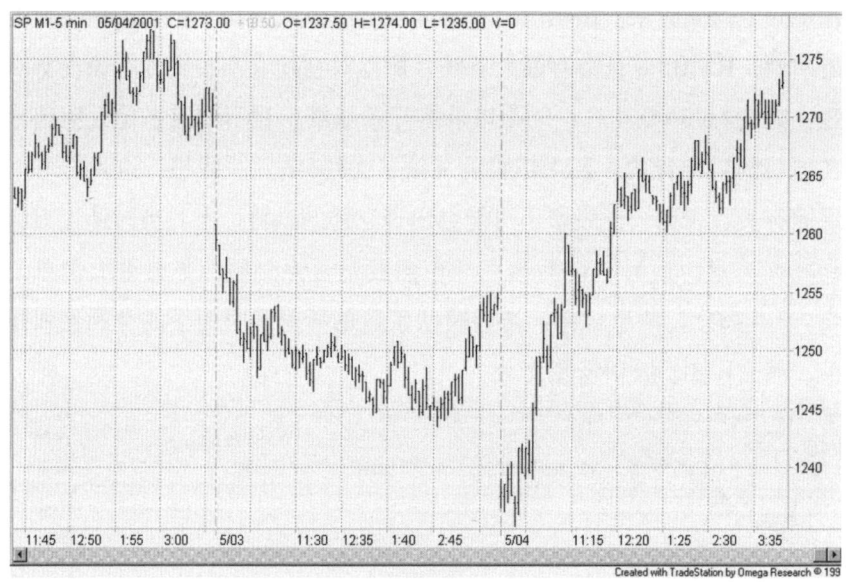

图4-3

通过这个例子可以发现，有些人已经预先知道即将公布的重大消息，于是开始大量抛售或做空该股。当公众得知消息后，股价已经下跌了3美元。这些人为何能够预先得知消息并在暂停交易之前作出反应呢？原因可能是，一些机构可能是某些上市公司的做市商，因此能够接触到公司的关键人员和重要消息，当法庭即将作出裁决时，这些大交易者可能会与公司内部人员随时保持联络。不管出于什么样的原因，重点是大交易者在公众得知消息之前已经采取行动了。RMBS当天的跌幅是20%，但大多发生在消息公布之前。如果不能提前得知消息，普通交易者是不会有什么优势的。

谣言传播时买入，消息成真时卖出

很多人不知道如何应对由消息面驱动的行情。我见过太多相关的例子：交易者听到某些消息，然后看到价格出现大幅波动，于是立即跳进场内，唯恐错过机会。结果，他们通常都是在最高点时买入，然后懊悔地看着价格回调。如果你从事过一段时间的金融交易，应该听说过一种说法："谣言传播时买入，消息成真时卖出。"最有效率的交易者往往会首先观察价格走向，然后采取与消息面表面趋势相反的操作。因为他们知道，消息面事件已经反映在当前的市场价格中，一旦消息正式公布，预期心理就不复存在。没有了预期心理，人们会获利了结，导致行情反转。真正的行情都发生在消息公布之前；消息公布之后，已经无利可图，精明资金自然会离场。

价格该跌而未跌，则会上涨

真正重要的不是消息面，而是其他交易者的综合头寸以及他们对消息面影响的预期。消息一经公布，精明的交易者会观察市场动向以及其他交易者的反应。判断消息面对股票或期货市场影响的一个基本规则是：当利空消息公布时，如果市场价格不跌反涨，这就是一个积极信号，应该买入。这说明市场已经吸收了该消息的负面因素。反之，如果股票或期货没有因为利多消息而上涨，可能就需要进行做空操作。也就是说，观察市场对消息面的反应要比消息本身更重要。经验丰富的交易者都会在消息公布时首先观察市场发展，然后才相应地做出对策。他们希望看到市场的表现与消息面预测相悖，那样就可以进行逆向操作了。市场对利空或利多消息的预期越高，顺应消息面进行交易的潜在危害也就越大。如果市场一直在期待利好消息的出现，那么在消息真正公布时，市场价格中可能已经包含了相应的正面因素。很多时候消息一旦公布，行情便停止上涨，这是因为交易者早已对某些新闻或利率下降、持续高温等类似事件有所预期，且相关消息或事件如期而至。此时多头买家都已入场，没有剩余的买盘可以继续推动价格走高。当最后倒霉蛋进场的时候，精明的交易者知道这就是获利了结的时候。如果市场发展完全符合消息公布后所应有的反应，就应该等到情况稍微稳定之后，再决定应该采取什么行动。如果你急于进场，很可能受困于价格高峰或谷底，难以脱身。

　　就在RMBS公布消息，暂停交易的当天，月度宏观经济数据公布，新申请失业救济人口创十年来的新高。受这条利空消息的影响，股市低开。道琼斯指数急速下跌100多点，标准普尔下跌约20点（图4-3）。但不久以后，市场便停止下跌，到上午10点，指数开始反弹。截至当天收盘，道琼斯上涨148点，标准普尔上涨18点。这个例子充分说明了根据消息面进行交易的一些基本规律。如果消息是坏消息，但市场没有按预期持续下跌，那么买入则是正确选择。如图表所示，标准普尔低开17点，然后稍有下跌。可是三十分钟之后，指数没有突破低位，开始反弹。不论利空或利好消息，如果市场开盘出现极端反应，但接着没有出现后续的跟进走势，最好就应该根据消息面进行逆向操作。如你所见，市场指数欲跌而不能，于是向上突破。这意味着市场开盘反应过度，随后发现消息面的重要性不如预期。这时人们开始回补空头，或反手做多。于是指数停止下跌，出现反弹。这种情况下，坏消息也可能是好消息，因为疲软的宏观经济可能会鼓励央行采取刺激性的利率政策。

究竟是好消息还是坏消息？

如何定义利好还是利空消息，是一件很主观的事情。比如强劲的宏观经济数据可能会导致央行采取紧缩的货币政策。因此，央行对每条消息所做出的反应要比消息本身更重要。如同前文例子中提到的疲软的就业数据，交易者就需要谨慎对待。没错，失业率上升对实体经济来说是件坏事，但如果经济持续恶化，央行就可能会因此下调利率，刺激经济。还有其他一些类似的例子，比如某个企业宣布裁员，这听起来对公司来说是件坏事，但很多人把它看成是公司削减成本，提升效益的手段。所以，这类消息虽然被看成是利空消息，但经常会造成股价上涨。

市场经常会走自己的路

很多时候，一些出人意料的消息是与既有市场走势相逆的。这种情况下，市场最初会迅速做出反应，趋势逆转。但只要市场参与者冷静下来，对情况进行重新评估，行情经常会恢复原有走势。举例来说，一支处于下滑趋势股票，受超预期盈利的利好消息刺激，股价会迅速上升，然后又恢复原有的下行趋势，这样的例子不胜枚举。消息本身并不重要，重要的是市场的反应。只有与技术指标吻合，才能相信基本面消息。很多时候交易者坚持自己对某个新闻报道的解读，完全不理会市场的实际反应。实际上，市场根本不会理会你我的看法。市场只会走自己要走的路，而不是你我认为它应该走的路。如果市场摆脱消息面的影响而恢复原有趋势，交易者就应该忽略消息，而跟随市场的步伐。

预料之外与预料之中

从图4-4可以看到2001年1月3日美联储出人意料地下调利率后市场的反应。指数在维持了几个星期的大幅下跌后，因为这条意外的利好消息而大涨。当股价大幅反弹时，我刚好在30分钟前大量做空股票。这些股票也立即让我每股损失5到10美元。意外的刺激政策导致市场直线上涨，截至当日收盘，标准普尔大涨70多点。意外地下调利率意味着中央银行已经承认当时的经济状况很差。接下来的几天内，人们逐渐恢复理智，市场趋于平稳，并恢复原来的下降趋势。又过了几天，人们开始预测美联储会在1月31日召开的公开市场委员会会议上宣布再次下调利率，于是预期带动股价走强。1月31日果然宣布再次下调利率，但这属于市场预料之中的事情，所以股价并没有因此上涨。相反，消息公布后，大量卖盘涌现，股价开始下跌。在不同的背景下，市场对两个相同的消息反应却截然不同。消息完全相同——美联储下调利率50个基点——但其中一次造成了指数暴涨，另外一次则造成了指数下跌。这是为什么呢？就第二次下调利率来说，市场对利率下调早有预期，一旦预期得到确认，便没有什么因素可以维持涨势了。在这个例子中，精明的投资者说了声"谢谢！"然后便转身离场，因为他们所做的正是"谣言传播时买进，消息成真时卖出"。

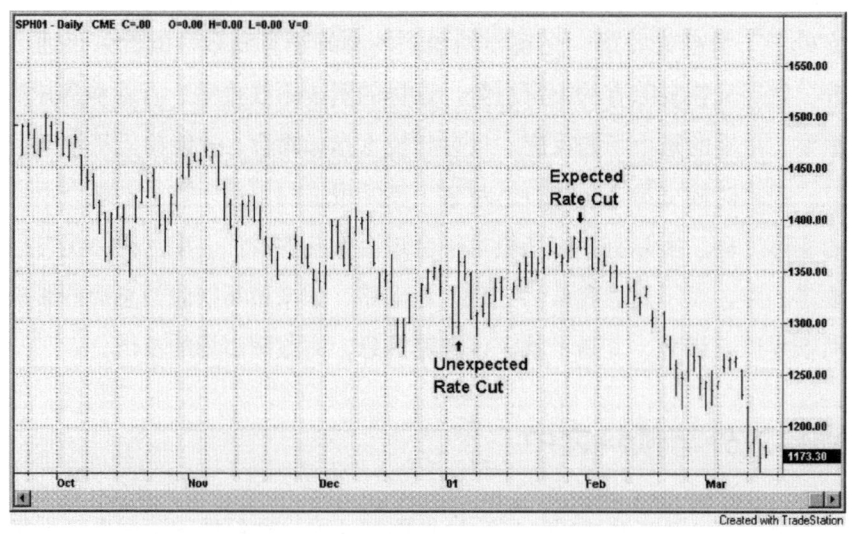

图 4-4

充分利用基本面消息

把握整体

如果你准备运用消息面进行交易,那么就要掌握正确的方法,不能"只见树木,不见森林"。比如,你仅仅听说美国中西部洪水泛滥就大量买入大豆期货,却忽略了美国中西部并不是大豆的唯一产区。阿根廷的大豆收成如何?欧洲的情况又是怎样,是否可以弥补不足?全球大豆需求如何?是否有充足的库存?这些问题你都没有仔细考虑。当然,天气会影响作物收成,但不要认为市场会仅仅因为某个天气原因而暴涨。所有条件需要彼此配合才会产生大行情。如果你打算通过基本面分析进行交易,就必须综合考虑所有消息对整个市场的影响。偷懒的交易者往往只能看到拼图的一小部分。

比如,在交易原油期货时,你需要了解当时的产量、库存量变化、石油输出国组织的态度(增产或减产)以及气候状况。所有这些因素都会影响原油价格,你必须综合分析,才能判断行情的大方向。如果库存量很高,产量持续增加,冬天不会很冷,那么原油价格就有可能趋于下跌,你应该进行做空操作。

如果是交易股票,除了要了解具体公司的状况外,还要对市场走势和整体经济环境有所了解。该行业的趋势如何?零售业表现怎样?消费者信心如何?利率会上升还是下降?国内生产总值是否处于上升趋势?就业情况如何?所有这些都会对交易者有所帮助。但也不要过分深究每个细小的数据,只要通过这些数据来判断市场的整体走势就可以了。

针对定期公布的经济数据进行交易

在定期的经济数据公布之前,高胜算操盘者应该保持空仓。因为经济数据可能导致市场向任何方向发展,建立头寸会增加无谓的风险。尝试猜测经济数据对市场的影响是划不来的,如果那样做,你就变成了赌徒,而不是交易者。当然这主要是针对短线交易者而言,因为一份报告在长期来看不会对股价产生多大影响。

面对定期公布的经济数据，我经常是在数据公布之前的几分钟仔细观察市场的反应，此时市场的走向就代表整个市场对该消息的一致预期。如果所公布的数据符合预期，市场就是在按照应该出现的走势发展。如果公布的数据出乎意料，就会导致市场的走势反转。如果数据符合预期但却未能持续先前的走势，那么最好采取反向操作的策略。

很多时候，消息公布后，市场可能出现急涨走势，但很快就会拉回，随后可能继续下跌，但也可能翻升而开始另一波涨势。任何高胜算操盘都不应该承担过高的风险，在行情没有明朗之前进场是非常危险的。最好还是暂时观望，等待行情沉淀而市场出现明确方向之后再进场。我过去经常会针对最初的急涨行情进行交易，但有几次赔得很惨。现在我学会了等待，等到市场确定了方向，仍然有很多赚钱的机会。图4-5就是一个典型的例子：2001年3月20日（图形上标注的A点）美联储宣布下调利率。尽管这对股市来说是一条利好消息，但这条消息早在市场预期之内。消息公布后股价持续下跌，而15分钟后出现强劲反弹，但未能达到消息公布前的高点。不久之后，反弹走势结束，股价又开始下滑。这是你应该可以做这样的总结：在利好消息刺激下，股价虽然尝试走高，但无法有效突破，所以可以考虑做空操作。时间过去了半小时，但你对市场走向有了更清晰的了解。只要指数跌破先前的低点（B点），就可以进场建立空头头寸。此时市场已经充分消化了消息面的影响并选定了方向。所以你应该忘记消息面，根据市场的反应进行交易。

在基本面方面不要墨守成规

过分强调基本面分析的交易者可能会变得墨守成规，顽固地坚持某种看法。举例来说，今年美国的气候条件很适合玉米生长，玉米应该会大丰收，所以玉米期货价格会相应下跌。可是几个星期过后，虽然气温和降雨量都非常理想，但玉米期货价格完全没有下跌的迹象。固执的交易者仍然坚持自己的想法，完全忽略了市场所传达的信息："嘿，玉米价格持续走高,为什么不买进呢,傻瓜!"他们继续关注天气预报,相信自己的看法没错,然而却忽略了中国内地过去6个月来都没有下雨,而且大量收购玉米。所以,如果市场没有出现应有的走势,就代表还有其他因素主导当前的行情,千万不能固执己见。

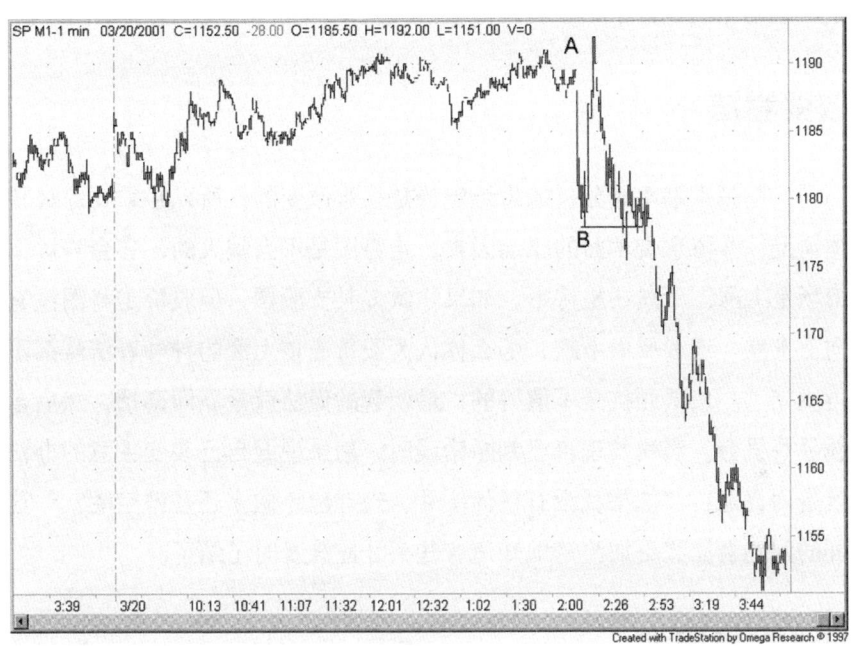

图4-5

我见过很多交易者与市场抗衡的例子。他们基于某些基本面方面的理由,坚持认为市场应该出现某种走势,但结果往往是伤痕累累。股票市场中经常有这种事情发生。比如某人在188美元的时候买进一家公司的股票,因为该公司生产一种具有革命性的芯片产品,结果当股价变成4美元的时候他仍在持有这支股票。所以,到了某程度就应该承认自己的判断错误。

在2000年3月纳斯达克市场开始崩盘的时候,很多人拒绝承认,因为他们认为经济会持续繁荣,高科技和网络股票会继续高歌猛进。但却没有意识到，经济一旦放缓，那些估值过高的股票就会恢复到合理的价格水平。当股价开始下跌，并出现明显的下降趋势时，还有很多人固执地认为股价还会回升。股票多头行情显然已经结束，但很多人却把这个下跌行情视为捡便宜货的大好时机。他们一厢情愿地坚持某种看法，甚至不惜与市场抗衡，结果付出惨重的代价。

改变看法

一些基于基本面分析的思维定势是很难改变的。所以必须要综观整体情况，并留意技术面的驱动因素。走势图是不会骗人的，它会告诉你市场是上涨、下跌还是持平。如果你做多某支股票，但股价走势图没有向上发展，或者反而下跌，那么你认为股价应该上涨的种种看法就都不再成立了。负隅顽抗是不值得的，最明智的做法就是立即离场，然后重新寻找机会。当我发现自己判断错误时，用来说服自己改变主意的办法就是问自己："如果我没有任何头寸，现在应该做多还是做空呢？"这样的问题会让我更加清楚地知道有些头寸应该及时了结了。

学会保持客观

在进行基本面分析时要保持客观，就要尽量忘记自己所持有的头寸。两个持有不同头寸的人对同一条消息的理解会完全不同。比如，某个刚刚公布的经济数据非常理想，持有多头头寸的人可能会想："经济表现强劲，股市应该会上涨。"而持有空头头寸的人则会认为："太好了，经济开始过热，美联储应该会采取紧缩性政策，股市会下跌。"在这种情况下，股市可能会上涨，也可能会下跌，你我的个人看法毫无意义，一切都应以市场的实际表现为准。不要太执著于基本面因素，而是要注重市场的实际表现，这样才能保持客观的态度，更加清晰地掌握市场脉动。

成为更优秀的交易者

想成为更优秀的交易者，就要学会如何正确运用基本面分析，以及如何根据消息面进行交易。首先要了解市场的基本状况。不论交易对象是玉米、猪肉、日元、摩根大通还是微软股票，都需要了解价格走势的基本驱动因素。注意观察整个行业或世界范围内可能影响行情或股价的重大事件。如果你弄清楚了玉米价格走高的原因是过去两年的玉米产量持续低迷，你就比其他交易者略有优势。因为只要基本面保持不变，就应该做多玉米期货。

另一个提高交易水平的方法是通过技术面分析为基本面分析提供证据。以前面的例子来说，如果走势图显示玉米价格走高，则表示你的基本面分析确凿有效。相反，如果玉米价格持平或走低，也许还有其他驱动市场的因素。但无论怎样，如果没有得到技术面的确认，就不要固执地坚持己见。身为交易者，你必须保持灵活的心态，愿意随时改变看法，因为市场行情是瞬息万变的。如果市场表现与自己的预期不符，那就立即退出，另外寻找交易目标。

当公布新闻事件或经济数据时，一定要记住，市场可能已经提前消化了这些因素。所以，如果市场走向与消息所昭示的方向不一致，不要觉得意外，因为有些人会在消息确认之后获利了结。如果你想针对消息面进行交易，那么重点要放在市场对消息的反应上，而不是消息本身。根据新闻事件仓促进场交易，不属于高胜算交易，而是赌博。相反，当公布新闻事件时，首先要确定市场应有的反应，然后再按照市场的实际走势做出交易决策。如果是利好消息，且行情上涨，就应该趁着价格短暂拉回时买入。如果是利好消息但市场未能上涨，我通常会大胆做空。如果某些事件或经济数据即将公布，则应提前设定各种可能的应对策略，这样，无论市场实际反应如何，你都会有所准备。

针对消息进行交易可能出现的问题：

1. 试图预测市场反应
2. 坚信某种基本面观点
3. 丧失客观性
4. 忽略市场趋势
5. 高位套牢
6. 不是第一个知道消息的人
7. 消息已经提前反映在市场价格中
8. 赌博

如何提高基本面分析的胜算：

1. 掌握完整的市场状况
2. 通过基本面分析确定行情的根本驱动因素
3. 以技术分析为辅助
4. 判断行情的长期走势方向
5. 如果价格应该上涨而没有上涨，通常就会下跌
6. 敢于面对消息逆向操作
7. 不要在消息发布后立即进场
8. 静待市场消化新闻事件
9. 交易不应以个人观点为准，而应以市场实际走势为准
10. 不固执己见
11. 谣言传播时买入，消息成真时卖出
12. 坏消息对市场来说未必是坏事
13. 不要赌博，在消息公布前保持平仓

值得自我反思的问题：

- 如果我没有任何头寸，此时我应该买进还是做空？
- 这条消息会导致行情上涨还是下跌？
- 我是否给了市场充分的时间来消化新闻？
- 我是否过分坚持自己的观点？

第三篇
技术分析

第五章 运用多重分析周期增添胜算

第三篇准备探讨技术分析，但此处只准备讨论特定的主题。换言之，本篇内容未包含技术分析的所有重要层面，只是我个人觉得有助于提高交易胜算的一些技术指标与形态。我们知道，技术指标与价格形态的种类很多，而且每个人的交易风格都不尽相同，所以读者最好先了解每个技术分析的状况，再决定自己最适合的那些东西。由于本书将要讨论的技术分析主题很有限，所以我建议读者找几本好的技术分析书籍，仔细研究其中内容。

虽然基本分析有助于读者判断市场走势的大方向，但除非你知道某些事件确定会发生，否则很难拥有真正的优势。反之，对于短线交易者来说，技术分析绝对是一项重要资产与优势。技术分析者相信，任何足以影响行情的事件，都反映在价格走势图里。因此，很多交易者根本不理会消息面。他们认为只要是重要消息，价格走势图就应该显示出来，不需要任何消息告诉他们某只股票应该上涨，他们可以由走势图上看出来。不论哪种消息，只要知道如何读懂走势图，就可以知道行情的发展方向。即使是最纯粹的基本分析者，也应该可以受益于价格走势图，因为走势图不只可以用来验证消息，还有助于掌握时效。

通过观察走势图很容易就可以看出价格目前是朝上、朝下还是横向发展。真正困难的是如何运用技术指标、价格形态判断未来走势。相同一份走势图，5个人的看法可能各自不同，这也就是技术分析的难处所在。某些技术指标可以告诉你过去发生的事件，另一些指标可以预测未来走势。然而，不论哪种技术指标，它们都有一个共同之处：不可能知道明天的价格，所以相关的预测绝不可能100%精确。这也是为什么不同人会从相同东西看出不同结论的缘故。

随后几章内容，我们准备讨论几种不同的技术分析交易策略：趋势跟踪、突破、反转与区间交易。每种策略可能采取不同技术指标，使用不同的交易风格。举例来说，趋势跟踪策略与区间交易采用的技术指标可能不同，或通过不同方法运用相同技术指标。趋势线与移动平均线都属于典型的趋势跟踪操作工具，区间交易则比较适合采用随机指标或RSI之类的摆荡指标。

关于技术分析，请记住一点，当你观察走势时，也必须同时留意成交量。成交量可以用来确认价格走势。不论是连续或是反转形态，通常成交量放大意味着信号比较不容易反复。成交量所反映的是股票或商品的需求程度，而后者可以决定价格趋势的强度。如果价格上涨，而成交量增加，涨势应该继续发展。一旦成交量开始萎缩，代表想买的人都已经买进了。这时已经没有剩余的买盘可以推动价格持续走高，市场动能即将变化。

技术分析虽然不是精确的科学，但交易者如果具备这方面的知识，就相当于拥有了一种优势或胜算。技术分析有助于挑选较合适的对象，能够在比较适当的地方设定止损。可是，如果不小心，很多人仍然会误用技术分析。稍后，当我讨论跟踪技术指标时，会分别解释适当与不当的运用。为了简洁起见，对于各项指标，我不会同时讨论多空头头寸。凡是使用多头头寸的指标，只要稍作调整，也同样适用于空头头寸，反之亦然。如果读者发现我经常从多头头寸的角度解释技术指标，这不代表我偏好做多，只是我认为有些技术指标比较容易由多头头寸来解释。

同时留意多种分析周期

几年前，我拜访一位老朋友，他是一位很有经验的石油交易者。曾经是场内交易员，后来则在场外从事交易，两方面的交易都很成功。他的主要交易对象是原油，但石油市场在3时10分结束之后，偶尔也会在S&P期货市场交易。虽然他一次只交易一个市场，但办公室的配备非常齐全。它采用CGQ图形服务系统，同时使用4个电脑荧屏，其中3个分别显示不同分析周期下的原油走势图，第1屏幕显示2分钟、5分钟与10分钟走势图，第2个屏幕则显示30分钟与60分钟走势图，第3个屏幕显示日线图与周线图。第4个屏幕则显示报价资料与新闻。不只如此，他还手工绘制日线图与月线图，月线图是由合约起始交易开始。相形之下，我只有一个电脑屏幕，并且划分为4个间隔，显示4个不同市场的5分钟走势图。就配备而言，读者认为我们两个人谁拥有较多的优势？

我问他：实际交易采用哪个分析周期？他说：所有的分析周期同时使用。根据他的交易策略，唯有每个分析周期都彼此确认之后，才会进场交易。基本前提是顺着主要趋势方向进行交易，这是通过日线图与周线图来判断。这两个分析周期可以用来弄清主要趋势方向，并确定主要的支撑与阻力区。然后，根据30分钟与60分钟走势图拟定更明确的计划。他通过这两个分析周期决定想要做什么，并借此决定要趋势跟踪或逆势操作，判断未来几个钟头到几天的走势。一旦决定想要做什么之后，就在2分钟与5分钟走势图上寻找真正的进场点。他会耐心等待稳定的进场价位。换言之，万一判断错误，当时的情况不会让他有严重的损失。

他解释说，一笔交易如果不是在每个分析周期的走势图上都显得不错，我通常就不会采取行动，即使偶尔违背这个原则，顶多也是浅尝辄止，合约数量都很少。当每个分析周期都彼此配合时，胜算会大幅度提高。观看他的配备与交易方法，使我大开眼界，也让我踏上更高的境界——同时采用数种分析周期。

短期观点VS长期观点

关于每个人偏爱的分析周期，通常交易者可以被划分为两大类：长期与短期。长线交易者通常采用日线图、周线图与月线图，短线交易者则采用1分钟与5分钟走势图。当然，还有一些波段交易者居于上述两者之间，持有头寸的时间可能长达两三天，经常采用30分钟或60分钟走势图。这些人采用的走势图或许非常适用，但最好不要局限于单一分析周期。由于每个分析周期都从不同角度观察市场，每个角度都可以提供不同的资讯，所以，不论你偏好哪种分析周期，为什么不同时取得多种不同分析周期提供的信息呢？

每位交易者都必须根据自己的风格，挑选最适当的分析周期。交易者偏好的分析周期各异，理由也也不同。某些人可能觉得短线进出比较容易控制风险，另一些则偏爱较长期的头寸，因为盘中价格波动基本上都属于随机现象，很难进行分析。还有一些人的资金有限，只适合在盘中进出，不适合持有隔夜头寸。某些人只要持有隔夜头寸就会睡不安稳，所以必须在收盘前平掉所有头寸。有些人则认为，市场动能通常可以持续数天之久。即使同样是当日冲销者，分析周期也有长短分别，有些人的头寸只持有几分钟，另一些人则持有几小时。某些人对于佣金费用很在意，每个头寸持有几小时。总之，每位交易者都有自己觉得舒适的分析周期。

分析周期越短，越能够快速进出市场。但是，如果太过执著短线形态，可能会因此而忽略整体趋势。一般来说，1分钟或5分钟走势图的波动太剧烈，缺乏规律性，很难做有效的分析或预测。虽说如此，短线交易者往往还是会沉迷于此类走势图。短线交易者经常可以通过60分钟走势图找到更强劲、更稳定的趋势。同样的道理，日线图与周线图上的动能可能更明确。相对于周线图来说，5分钟走势图上显示的趋势非常不重要。

> **走势图就是走势图**
>
> 　　我希望强调一点，不论是1分钟走势图还是周线图，走势图就是走势图，虽然分析周期不同，但解释方法全然无异。如果没有标明坐标单位，我们很难从走势图本身判断该图形的分析周期。任何分析周期的走势图都呈现相同的价格形态或排列。只要熟悉某种分析周期的走势图，就不难解释其他分析周期的图形。读者不妨翻阅图5-1到5-4，这几份走势图除了分析周期不同之外，并没有其他差异。

多重分析周期：从各种不同角度的观察

　　当我开始通过多重分析周期拟定交易策略之后，绩效明显提升。刚开始，我属于极短线的交易者，只采用5分钟走势图。基本交易由日线图提供，但有关进出点的掌握，则采用5分钟走势图。我没有参考其他分析周期，因为我要的是很快的进出，我实在没有必要在10分钟、30分钟或60分钟走势图上浪费时间。日线图已足以让我了解整体概况，周线图似乎就有点太长了。至于1分钟走势图，我觉得很难判断，因为价格波动太强烈，没有什么规律可言，而且图形的范围期间也太短，所以我还是偏好5分钟走势。

　　慢慢地，我发现这么做就像是只靠一支短推杆来打高尔夫球。如果想要把高尔夫球打好，对于每个距离与情况，都应该采用特定的球杆。金融交易者的情况也一样，应该有一套相当完整的工具可供运用。我看过太多交易者，他们只愿意采用一两种分析周期，而且完全排斥其他可能性。而从不同分析周期扩大视野，能把行情走势看得更清楚。事实上，不只可以看得更清楚，进出点的掌握也能更精确。

　　观察较长的分析周期，可以看到主要趋势的发展方向，也比较容易判定支撑、阻力区。了解主要趋势的发展方向之后，就比较容易决定由哪个方向进行交易。如果日线图与周线图都呈现上升趋势，由买进方向操作短线头寸，胜算显然较高。决定基本立场之后，就可以利用较短期的走势图设定实际切入点。我个人认为，60分钟走势图非常重要，因为这最适合判断中期走势（2-5天）。顺着中期趋势方向建立头寸，我相信最能充分发挥市场动能，但前提是没有受到支撑与阻力区或超卖与超买区的干扰。（第三篇讨论过程中，我会不断解释如何配合不同分析周期来运用多种指标与系统）当你实际进行一笔交易时，操作上应该采用较短的分析周期。采用1分钟、5分钟或10分钟走势图，更容易找到适合进场的机会，更容易控制风险。如果你决定做多，为什么不观察较短期的走势图？避免在价格弹升过程进场，切入点最好设定在回调走势整理完成的位置。如此一来，即使判断错误，损失也不会太严重。这种多重分析周期的运用，适合各种类型的交易者，包括超短线交易者与长期交易者在内。从各种不同的角度观察，越能够看清楚实际情况。

掌握大局

如果只看5分钟走势图，你可能认为某一波下跌很适合做空。可是，从更长期的角度观察60分钟走势图或日线图之后，可能发现这波跌势只不过是某个强劲涨势的回调整理而已，做空的胜算不高。

图5-1就是典型的例子，这是英特尔股票的5分钟走势图。由11/08/01到11/12/01之间，股价出现一波跌势，起始于11/08早上的弹升失败（B点）。隔天，股价小跌，但幅度不大。可是11/12当天，股价低开，经过一小波反弹之后，又恢复跌势，看起来不错的放空机会，尤其是在C点。可是，如果你在11/12早上做空，这绝对不属于高胜算盘操作，虽然你不能从5分钟走势图上看出来。研究日线图（图5-2）与60分钟走势图（图5-3）之后，你将发现做空并非明智之举。这两个分析周期可以告诉你真正的趋势发展，以及你应该操作的方向。日线图

清晰显示英特尔处在上升趋势，过去几天的趋势只不过是正常的回调整理而已。在60分钟走势图上，请留意C点的随机指标情况下，读数已经进入超买区。因为较长期的动能非常强劲。另外，由图5-3可以发现，目前价位在过去几个星期以来曾经数度触及支撑或阻力区，所以这波跌势很可能再次停顿，并且展开反弹。从较长期的观点来分析，很容易发现空头头寸的胜算不高，因为行情处于上升趋势。原则上，交易者不应该在上升趋势中建立空头头寸。就目前情况判断，交易者应该等待买进信号。一旦察觉股价没有继续下跌（利用10分钟与30分钟走势图进行确认），就可以准备买进。回到5分钟走势图上，我觉得11/12/01的C点可以考虑买进，因为随机指标读数显示超卖，而且股价有跌不下去的现象，在加上此处是明显的支撑区（参考图5-3）。接着，我希望拿出1分钟走势图（5-4），寻找实际的进场点：只要股价触及下部趋势线交易区（图形中标注为灰色圆圈的区域），我就买进。事实上，这两个现象都陆续发生，相隔不到几分钟，至于实际成交价格，则取决于移动价差了。进场之后，如果你愿意（换言之，如果符合你的风格），可以很快就获利了结。反之如果你愿意持有较长期的头寸，就可以回到60分钟走势图，等到价格触及上升通道上缘（D点）才退场。

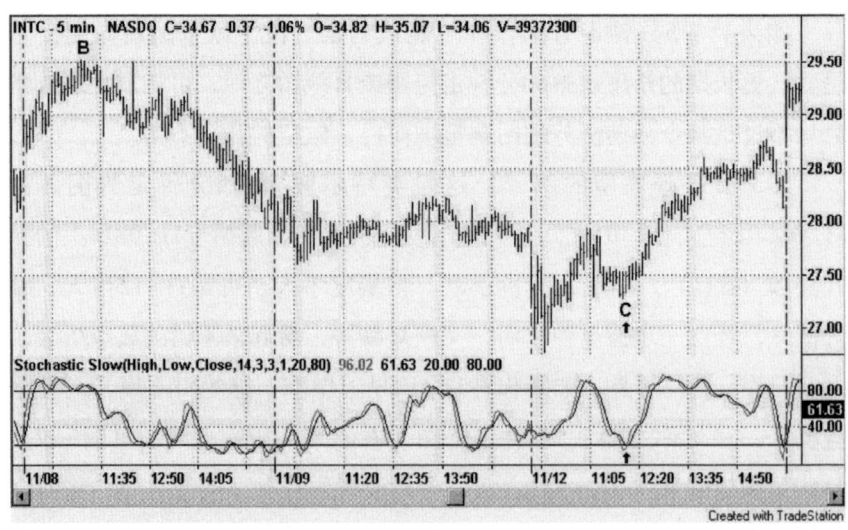

图5-1

第五章 运用多重分析周期增添胜算

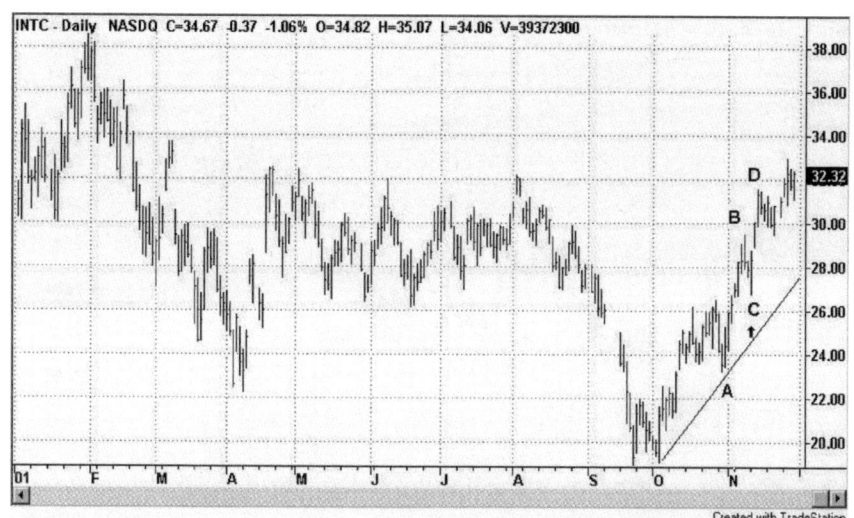

图5-2

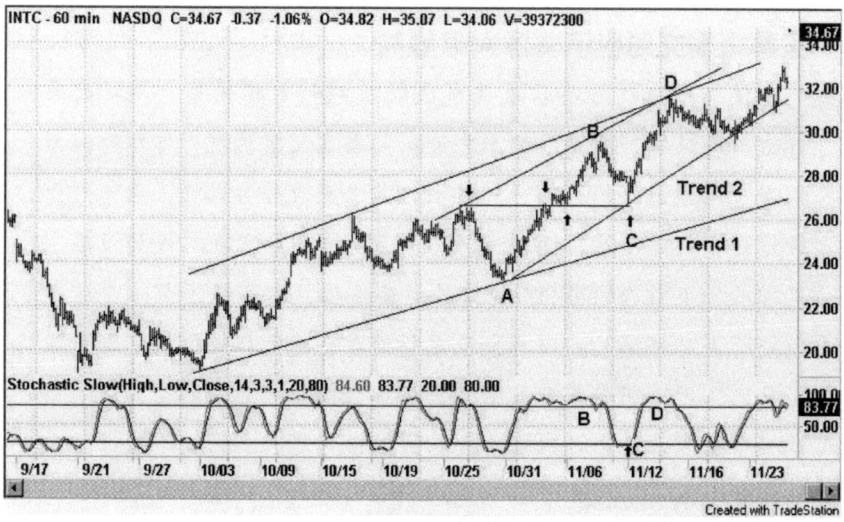

图5-3

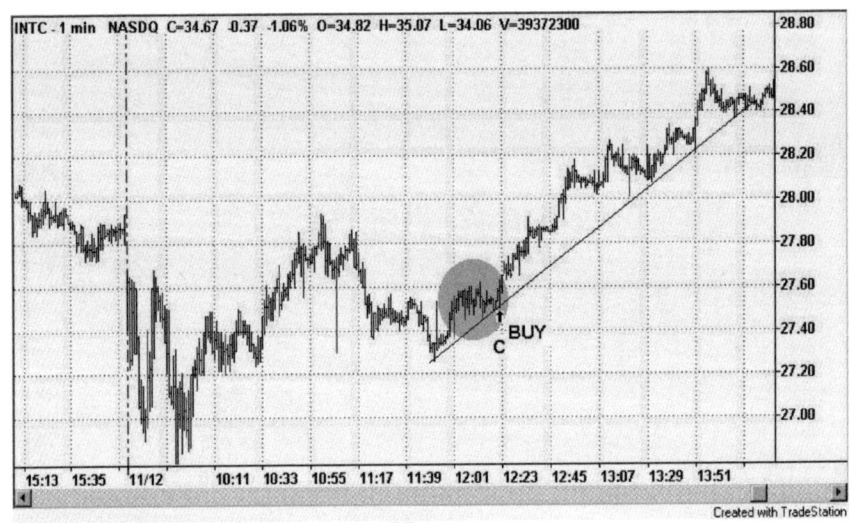

图5-4

> **股票短线交易应该留意大盘趋势**
>
> 股票短线交易不只是观察该股票的较长期趋势,同时也要留意相关板块和市场的整体走势。就大盘走势来说,你可以采用 S&P 500的日线图与60分钟势图,相关类股走势的情况也一样。经过适当评估之后,再利用个股的5分钟走势图决定进场位置。追踪相关类股与S&P500期货的走势发展,你可以了解各个股票所处的大环境情况,因为个股走势绝对会受大环境影响。这种策略特别适用于那些喜爱在某个类股中挑选数只股票的交易者。另外,个别股票头寸最好顺着大盘方向进行操作,因为个股通常都会跟着大盘一起涨跌。

追踪头寸发展:支撑、阻力与止损点

头寸建立之后,不论准备持有多久,都应该持续追踪。追踪过程采用的分析周期，最好比通常使用的分析周期高一层，因为较长期观点比较容易看清楚走势的发展，支撑与阻力位也比较明显。分析周期越短，越难以判断适当的出场点。如果只专注于短分析周期，很可能会忽略许多重要的特征。就我个人而言，因为采用5分钟走势图建立头寸，所以偏好采用60分钟走势图来追踪，因为后者较前者高出一个等级。那些针对3-5档走势进行交易的极短线交易者，或许应该采用10分钟或30分钟走势图来追踪头寸。至于长线交易者，可以考虑采用周线图来追踪头寸。

请回头观察图5-3，在C点建立的多头头寸，可以把止损设定A点稍下方。止损也可以设定在趋势线（趋势1或趋势2）稍下方。如果价格向上突破前一波高点（B点），或许可以考虑加码，止损则向上调整到C点稍下方。在5分钟走势图上，这些点都不明显。日线图虽然也不错，但毕竟没有60分钟走势图清楚。60分钟走势图也适合判断行情将止于何处。我们发现，B点与D点已经太偏离趋势线而过度延伸，甚至已经接近趋势通道的上缘。在B点与D点，随机指标也发出超买警告，显示涨势即将回调。由于上升趋势可能停顿，所以多头头寸适合在此退场，尤其是D点，因为处在两个通道上缘的交会处。如果你采用更长期的分析周期，信号或许会更严重滞后（相对于你所持有的头寸而言）。所以当你察觉退场信号时，头寸的既有获利可能已经流失一大部分。

单就止损点而言，当最近的支撑或阻力位被穿越时，如果还继续持有头寸，就应该观察较高一层主要分析周期的支撑和阻力。采用越高层级的分析周期，止损点就越有效，但万一止损点被触发，代价也越惨重。

寻找最适合自己风格的分析周期

每个人的交易风格不尽相同，愿意持有头寸的时间长度也各不不同，所以很难找到一组普遍适用的分析周期。一般来说，追踪头寸所采用的分析周期，其长度应该是实际交易分析周期的5—12倍。以我个人为例，实际交易采用5分钟走势图，所以交易决策与头寸追踪就采用60分钟走势图。我认为60分钟走势图代表中期趋势，大约介于短期与长期之间。就整体趋势方向判断，甚至我会采用更高层级的基准。头寸建立之后，我采用60分钟走势图追踪行情演变、设定止损点与目标价位，但实际交易行为仍然采用5分钟走势图。如果我准备持有较长期的头寸。通常采用60分钟走势图作为主要分析周期，然后在日线图上进行追踪。可是，进出场本身仍然采用5分钟走势图。

对于那些头寸只准备持有几分钟的超短线交易者，最好的交易通常也是顺着60分钟或日线图的趋势方向进行。这些短线交易者的实际进场分析周期很短，但务必要知道主要趋势的发展方向。他们也许不适合采用日线图或60分钟走势图判断支撑或阻力位来设定止损点，但头寸追踪可以采用10分钟走势图。如果实际进出采用1分钟、2分钟或3分钟走势图，10分钟走势图就是很重要的分析周期。我个人不喜欢这类超短线活动，但很多人认为这是相对容易获利的交易方式。

增长分析周期的好处

增长分析周期有一些好处，除了能够更清楚掌握行情之外，还可以让成功头寸持有更长的时间，并减少交易次数。

成功头寸持有更长时间

每个人都知道，赚钱的最大关键就是"立即认赔，让成功头寸持续获利"。但绝大部分人却经常会过早了结成功头寸。他们对于获利状况满意，不想流失既有获利，或者不能从正确的角度观察市场。交易者或许会发现，既有趋势还有很大空间，过早获利了结等于丧失机会。如果交易者只局限于极短的分析周期内，很容易被洗掉一些原本不该结束的头寸。为了防止这类的情况发生，最好的办法就是增长分析周期，尽可能让成功头寸继续获利。

增长分析周期可以减少交易频率

某些人认为,采用较短的分析周期可以降低风险,因为失败头寸可以尽快出场。这种说法或许没有错,但可能让成功头寸过早了结,而且佣金费用也会快速积累。相对于更长分析周期的走势图来说,1分钟或5分钟走势图自然会更经常提供交易信号。每个行情小波动,反映在这类极短期走势图上,看起来似乎非常重要而必须采取相应行动。实际不然,假定采用简单移动平均线穿越系统,运用5分钟走势图,可能每天出现5个建议信号;如果采用60分钟走势图,可能每个星期只有3个信号;在日线图上,可能每隔几个星期才有一个信号。自从我改采用60分钟走势图追踪与评估行情之后,交易频率明显下降,因为交易信号大幅度减少。现在,每天进出的次数不再是20-30次,某些成功头寸的持有时间已经延长数天之久。目前,我不会因为信号反复而不断进出;如此一来,每天节省的佣金费用与移动差价可能高达好几百块钱,获利也变得更简单一些。

在不同分析周期上,运用不同指标或系统进行确认

为了提高胜算,同一套交易系统可以运用不同分析周期上。一旦较高分析周期(60分钟走势图、日线图或周线图)出现买进信号,交易者可以利用这个信号作为必要条件,在较短期分析周期上运用相同交易系统决定退出。让我们利用图5-5与图5-6作为例子说明。当60分钟走势图在11/02/01出现均线穿越买进信号(A点),意味着交易者可以在更短期的分析周期上利用移动平均线穿越信号进行买进与卖出,但不可以放空,因为较长分析周期显示买进信号。所以,由11/02/01开始,只要5分钟走势图(图5-6)出现移动平均线穿越买进信号(标为向上箭头),交易者就可以买进;反之,如果5分钟走势图出现均线穿越卖出

信号（标为X），交易者就结束所持有的多头头寸，然后保持空手（不能放空），直到5分钟走势图出现下一个买进信号为止。5分钟走势图上的这类操作，可以维持2周左右，直到60分钟走势图出现卖出信号为止。

图5-5

图5-6

这类操作胜算较高，因为较高分析周期上已经出现买进信号，而且在较低分析周期上获得确认，市场动能站在你这边。相对于短期分析周期，长期结构上的信号自然较重要，也代表较短时间的基本动能方向。对于较长分析周期上的特定信号，较短分析周期上的顺向信号，其强度通常超过逆向信号。当你顺着市场动能方向进行交易，胜算可以大幅提升。如果短期信号方向违背长期信号方向，这是不要进行交易的情况（换言之，保持空手），需要耐心等待下一个信号。请记住，保持一两天空手，不是剥夺你的赚钱机会，而是让你等待更好的机会。假定你只有半数的获胜机会，为什么不减少那些最没有把握的交易呢？

在不同分析周期上，分批进场

如果你从事多手合约的操作，可以只根据分析周期上的信号建立些许头寸。如果上述信号确实有效，而且较长分析周期上也出现相同方向的信号，可以进行加码；依此类推，如果更长分析周期上继续出现类似信号，头寸可以继续加码。通过这种方式，你可以及时进场，万一最早的信号错误，牺牲也相对较小，因为你只持有少数头寸；反之，如果信号确实有效，而且各种分析周期都呈现一致的信号，你也会持有最大规模的头寸。这套方法特别适用于突破系统。当价格开始进行突破时，通常都是由最小分析周期展开突破，然后慢慢扩及较长的分析周期，较长期走势图的突破信号可能落后好几天。当你在5分钟走势图上看到突破信号时，你就可以开始进场，及早建立头寸，然后随着情况越来越确定而慢慢加码，即使最初的信号错误，损失也不会很大。

尝试了解市场在各种不同分析周期的行为

对于所交易的股票或市场，必须尽量熟悉其性质与行为特质，尤其是在不同分析周期上。我知道，某些股票经常出现三五天的行情，一旦出现行情时通常都是以最高价收盘。涨势结束后，随后出现一两天的整理，然后又恢复先前的趋势。盘中的涨势可能持续45分钟左右，接着整理15分钟。如果观察60分钟走势图，趋势经常会持续到隔天。有些市场特别容易在开盘时出现跳空走势。由于专业报价商的习惯，某些股票的买卖报价经常拉得很开，而且没有什么特殊原因。反之，另一些股票的买卖报价总是压得很紧。每只股票都有不同的股性，对于自己经常交易的股票，交易者必须想办法熟悉其股性。

有些股票的长期走势图很漂亮，但短期走势图的波动过分剧烈，很难归纳出明确的趋势，而且交投过分冷清，显然不适合短线交易。所以某些市场不能采用5分钟走势图，另一些市场则很适合。举例来说，我觉得，可可期货就很不适合做当日冲销，因为交投太冷清，而且走势经常没有明显的理由。当然，我不会因此就拒绝可可，只是采用较长的分析周期，风险的设定也必须允许较大的空间。反之，债券与S&P期货就非常适合短线交易，成交量很大，不论买进卖出，你都不需要担心没有人接受。必须经过一段时间的磨合之后，你才会慢慢熟悉市场的行为；可是，你务必把"熟悉市场"当作学习的目标之一，如此才能提高交易胜算。

成为更优秀的交易者

成为更优秀的交易者，意味着能够从各种角度观察市场。执著于单一时间结构，会局限你的视野与看法。你对于市场必须有宏观的看法。一位成功的交易者，必须了解市场发展的大方向，不能只陷在当前的行情内，必须掌握各种不同分析周期的演变。只有这样，交易者才能知道主要趋势如何，知道重要的支撑与阻力位，以及如何设定止损点。如果采用多重分析周期，可以利用较高分析周期的信号作为先决条件，再依据较低分析周期信号进出，这样可以提高胜算。

短线交易者不应该只采用1分钟或5分钟走势图制定所有交易决策，

头寸交易者也不应该只采用日线图。不论短线还是长线交易者，都应该采用不同分析周期来决定进出场点，拟定交易计划或追踪头寸。头寸建立之后，应该由较高分析周期观察支撑与阻力位置，或设定止损点，特别留意那些远离趋势线或移动平均线的反转走势。利用较高分析周期延长成功头寸的持有时间，降低交易过度频繁的现象。

对于当日冲销交易，我认为至少需要采用4个不同的分析周期；采用日线图与周线图判断整个趋势方向，60分钟走势图适合判断当前行情，1分钟或5分钟走势图用来决定实际的进出点。不论采用哪种技术指标或交易系统，4种分析周期上都应该在出现"必须接受"的信号。依据较短分析周期建立的头寸，如果在较长分析周期上也出现相同信号，通常代表加码的时机。大体上来说，你对于市场看的越清楚，交易的胜算越高。

不采用多重分析周期的缺点

1. 只能管中窥豹
2. 无法真正了解重要的价位
3. 在上涨行情的拉回中做空
4. 无法知道市场何时过分延伸
5. 逆着动能方向进行交易
6. 进场时间掌握不佳
7. 交易过度频繁
8. 成功头寸的持有时间不够久
9. 很容易被震荡出局

多重分析周期的高胜算操盘：

1. 能够从较适当的角度观察当前的行情发展
2. 与市场的磨合程度较高
3. 能够掌握市场的整体状况
4. 能够看清市场趋势
5. 能够更有效掌握交易时效

6. 通过较高分析周期追踪头寸
7. 得以判断行情发展是否过度延伸
8. 能够找到更恰当的支撑与阻力位置
9. 避开超买区与超卖区
10. 较容易看清楚获利目标
11. 使用较高分析周期减少交易频率
12. 拉长获利头寸的持有时间
13. 在每个分析周期上进行加码
14. 只采纳所有分析周期都吻合的信号
15. 运用相同系统在不同分析周期上的信号彼此确认

值得反思的一些问题：

· 对于所有分析周期上的市况发展，我是否都很清楚？

· 我是否顺着主要趋势方向进行交易？

· 在追踪头寸的分析周期上，趋势是否显得过分延伸？是否进入超买（超卖）状况？

· 行情还有多少发展空间？

· 我是否有效掌握进场时效？

第六章　顺着趋势方向进行交易

人们之所以发生亏损，最主要的理由莫过于交易者尝试与趋势抗衡，想要猜测市场的头部或底部。交易者务必记住一句话古老的市场格言："趋势是你的朋友"，所以要尽可能顺着趋势方向进行交易。胜算最高的交易，通常也都是顺着趋势方向进行的交易，如果你尝试与趋势抗衡，就等于与市场动能抗衡。市场趋势之所以存在，理由只有一个：市场参与者——整体而言——认为行情应该朝着某特定方向发展。在这种情况下，最好挑大的西瓜，站在市场动能的一边，不要站在另一边。不幸的，在趋势发展过程中，贪婪的心理经常促使很多人试图猜测市场的头部或底部。

什么是行情趋势？

所谓上升趋势，是指行情发展过程中，波浪状走势的高点越来越高，而回调点都没有跌破前一波的低点。反之下降趋势是指行情发展过程中，波浪状走势的低点持续下滑，而反弹点都不能穿越前一波的高点。对于上升趋势来说，上升波的长度超过下降波。在明确的上升趋势中，价格大多收于盘中最高价格附近。反之，在明确的下降趋势中，收盘价大多落在最低价附近。趋势越强劲，收盘价越接近盘中高价或低价。

请参考图6-1，S&P指数呈现长达一年多的下降趋势。读者可以发现，上升波的规模都较小，行情不断创新低，而且任何反弹都不能向上突破前一波的高点。

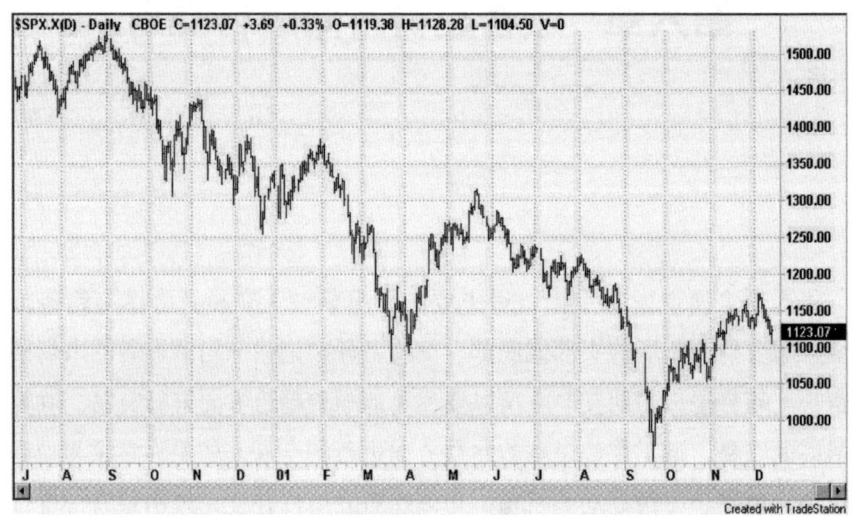

图6-1

趋势

趋势跟踪交易是技术分析在操作上最普遍被接受的原则之一，因为这也是胜算最高的交易方式。不幸的是市场经常缺乏明确的趋势。然而，只要出现明确的趋势，就千万不要错过。趋势跟踪交易之所以最容易获利，因为这代表阻力最小的价格发展路径。因此，交易者的首要任务，就是思考趋势跟踪的发展方向。一旦决定趋势方向之后，就必须假设头寸最好都应该顺着趋势方向建立，除非有充分证据显示相反的情况。如果想判断长期趋势，则采用日线图、周线图与月线图。趋势延续的时间越长，其效力越高。请参考图6-1，走势图最近3个月呈现上升趋势，但其力量显然不如过去15个月的下降趋势。市场必须酝酿很大的力量，才能突破主要下降趋势，否则，最近3个月的上升趋势只不过是整个下降趋势的一个反弹波,就目前的情况判断就是如此,因为最近的价格涨势没有意义。相对于日线图来说,5分钟走势图很容易形成趋势,趋势也很容易被突破。

趋势线

即使不借助移动平均线或趋势线,也很容易由走势图上看出明确的趋势,但实际绘制趋势线,绝对有助于弄清状况。趋势线就是在走势图上绘制的一条代表价格发展的方向的曲线。至于趋势线的绘制方法,请参考图6-2,用一条直线连接上升走势的低点,或用一条直线衔接下降走势的高点。趋势线包括的时间越长、遭到触及的衔接点数越多,而且始终没有遭到突破,那么价格走势下一次测试该趋势线时,趋势线所能够发挥的力量越强劲。虽然绘制一条趋势线只需要2点,但实际衔接的点数越多,趋势线就越靠近。趋势线的倾斜角度太陡峭的话,就比较不可靠,很容易被突破。倾斜角度20度的趋势线,其可靠性通常超过倾斜角度60度的趋势线。图6-2显示的趋势线,倾斜角度很平稳,这是我觉得很可靠的趋势线。在四个月期间内,这条趋势线曾经被测试4次,而且都发挥支撑功能。所以,我认为这条趋势线值得信赖,除非价格跌破该趋势线,否则我只会操作多头头寸。如果市场呈现明确的趋势,绝对不值得逆势操作。反之,你应该等待行情折返,然后趁机建立趋势跟踪头寸。

趋势线代表买卖双方力量趋于相等的均衡点。换言之,趋势线代表市场供需力量均衡的位置。价格之所以上涨,是因为买进力量大于卖出。价格之所以下跌,则是因为卖出力道大于买进。在上升趋势中(图6-2),趋势线是买方力量就开始超越卖方的位置。随着价格远离上升趋势线,买方愿意继续持有头寸的意愿逐渐降低,卖方的力量转强。不久,卖方力量将超过买方,导致行情折返趋势线。越接近趋势线,卖方力量超过买方的程度越来越小,当折返走势逼近到趋势线时,买卖力量也逐渐趋于均衡。如果趋势线能够发挥正常功能，买方力量又将超越卖方，使得价格在触及趋势线之后回升。

图6-2

趋势通道

绘制趋势线之后，接下来就应该观察趋势通道。就上升通道来说，将上升趋势向左上方平行移动，直到触及价格走势的折返高点为止，该直线就成为上升通道的上缘，通道则包含整个上升走势。请参考图6-3，这与图6-2代表同一份图形，但6-3显示了上升通道的上缘。

对于上升通道来说，每当价格上涨而触及通道上缘，就会遇到阻力，很可能迫使价格折返通道。交易者可以借此通道判断行情发展是否过度延伸，当价格迫近通道上缘时，交易者可以预先卖出多头头寸。反之，当价格接近通道下缘时，交易者可以准备买进。当走势接近通道上缘，最好不要买进，因为下部空间太大，而价格突破通道上缘的可能性较低。如果价格真的向上穿越通道上缘，不妨通过较高分析周期的走势图来进行确认,一旦判断价格有继续走高的趋势,就可以考虑进场买进(这部分细节请参考第八章有关突破的讨论)。请特别留意:不要轻易相信突破,因为价格经常只在盘中进行假突破。

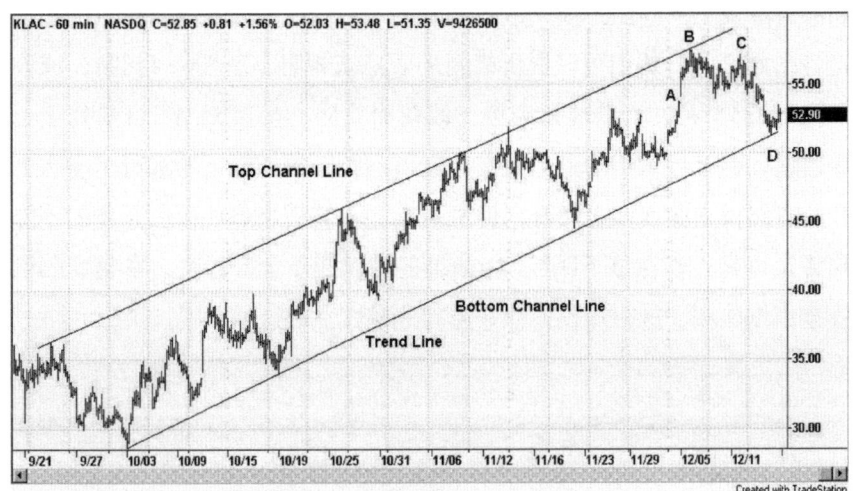

图6-3

通道可以协助判断既有趋势是否丧失动能。如果涨势无法达到上升通道的上缘(例如图6-4的C点),意味着上升趋势可能转弱或告一段落。当然,这并不代表你应该做空,因为只要上升趋势还有效,就只应该由多头立场进行操作。换言之,除非有证据显示市场已经进入下降趋势,否则不应该放空。所以,在这种情况下,虽然不能实际放空,但要有放空的准备,如果价格有效跌破上升趋势线,就可以考虑放空。如果打算继续做多,应该等待行情折返到趋势线附近,这是不错的进场点,因为只要价格跌破趋势线,就立即知道自己的判断错误,可以立即认赔,风险不大。反之,如果趋势线继续发挥应有的支撑功能,多头头寸就可以获利。

观察较长期的行情发展

不要忘掉观察较长期的行情发展。以图6-4的日线图来说，可以看到涨势触及上部的压力线，这是60分钟走势图没有显示的。相对于短线走势图而言，日线图可以提供崭新的观点或视野。就图6-4判断，或许会觉得近3个月的涨势应该会告一段落而拉回。虽然KLAC目前处于上升通道，但以近一年的走势观察，高点不断下滑，最近的涨势可能在上升趋势线得支撑而向上回升，但也可能向下突破趋势线而展开新的下降趋势。可是，现在位于D点，当前趋势毕竟属于上升趋势，交易者仍然应该由多头头寸进行操作，除非趋势线确实跌破。

图6-4

趋势线突破

虽然趋势线遭到突破时，最起码要结束原先的趋势跟踪头寸，但这并不代表趋势必然反转，也未必应该根据突破方向建立新头寸。原先的趋势线被突破之后，未必就代表趋势已经反转，因为既有趋势很可能只是发展角度变得平缓而已，盘式也可能变成没有明确方向的横向整理。另外，突破也可能是个假突破。也就是说，趋势线遭到突破之后，只经过一两根K线，价格可能又恢复为原来趋势。每当价格逼近趋势线时，你必须假设该趋势线可以发挥功能。但还是要有"以防万一"的准备。至于突破究竟是有效突破或假突破，交易者应该针对两种情况都有应对的准备。

千万不要追价

逆向走势：拉回与反弹

趋势跟踪交易的胜算虽然很高，但你不要在确定了趋势方向之后就立即跳进场，因为行情发展不会只朝单一方向前进。不论在哪种分析周期上，必定都会出现逆势的拉回与反弹走势。这些现象都是因为行情过度延伸与获利回吐。折返走势也是趋势反转的一部分，交易者必须有应对的准备。不妨翻阅前文讨论的走势图，每当行情远离趋势线时，就会产生回归趋势线的力量。有些情况下，逆势拉回或反弹趋势可能既快又猛，如果交易者只是一味注意主要趋势方向，却远离趋势线的价位进场，很可能会因此受重伤，即使持有趋势跟踪头寸也是如此。所以，时效的掌握很重要。如果进场价位很不理想，趋势线所提供的安全网可能距离过远，万一判断错误，也很难立即认赔。一般来说，止损可以设定在价格有效穿越趋势线的位置。如果进场点与趋势线之间的距离很远，万一行情折返或穿越趋势线，你恐怕要付出惨重代价。

> **莽撞进场**
>
> 我认识一位总是赔钱的股票投资人。因为他通常都迫不及待的进场，不愿做进一步研究，也不愿等待股价折返。举例来说如果他看到股票在盘中创新高，就立即下单买进，结果总是抱怨自

> 已买在最高价。他买进的股票，几乎都在10分钟内出现1.5美元的急涨走势。他担心自己错失机会，所以急着进场，但总是搞不清楚自己为什么赔钱。最糟的情况还不只如此，他总是在股价折返到底部区域时认赔出场，因为再也不能忍受亏损持续扩大，然后看着股价回升而创新高，并且再追高买进。

分析周期

一个人的追价的行为，对于另一个人来说未必属于追价，因为追价是由个人正常交易的分析周期来定义的。在不同的分析周期下，可能基于不同理由进行交易。假设你是一位当日对冲销者，并且采用5分钟走势图，在这种情况下，你可能发现整天的走势有许多适合进场的价位，因为5分钟走势图显示这些进场点都有适当的支撑，但长线交易者可能要等主要的拉回走势才进场。可是，当日冲销者仍然必须了解该股票的主要趋势，并且顺着该方向进行交易。举例来说，你从图6-3（60分钟走势图）发现必须由多方进行交易。然后，通过图6-5（5分钟走势图），在避免追价的情况下，决定实际的进场点。在图6-3的A点附近，你可能认为进场买进似乎有点太迟了，因为股价涨幅已经很大。不过，如果观察图6-5在12/04/01到12/05/10之间的走势（对应图6-3A点），可以看到一些颇为安全的进场点。然而，一旦行情发展到B点（对应着60分钟走势图的通道上线与日线图的阻力线），显然就不适合买进，因为股价回调的可能性很高。这是相当典型的例子，说明如何运用多重分析周期提高胜算。原则上，你应该在较高分析周期上寻找支撑与阻力，然后在较短分析周期上找到实际进场点。

不要与市场抗衡

很多交易者经常试图抗衡趋势，认为线性趋势应该反转。结果呢？下场通常很惨痛。他们或是希望捕捉短线的逆势拉回或反弹走势，或是想预测行情头部或谷底。这些头寸都违背了较长期趋势，胜算当然也就不高。

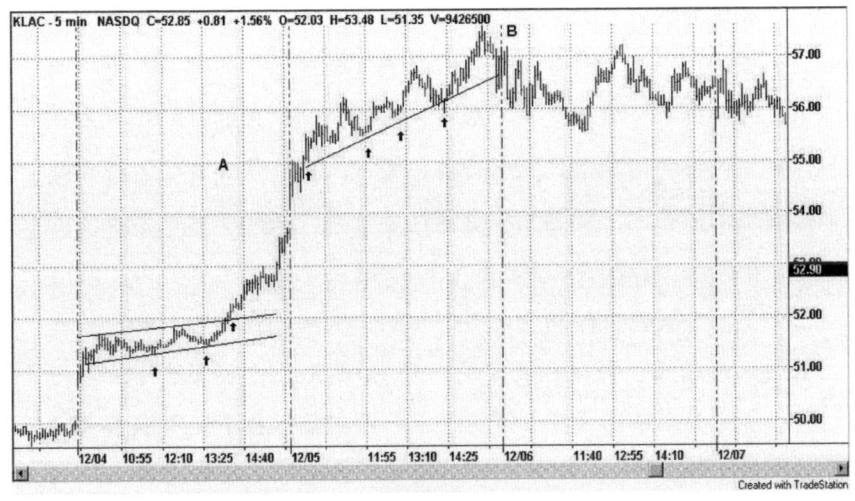

图6-5

不妨让我谈谈一些个人经验。某一天，我决定由空方进行交易，因为市场走势非常疲软。刚开始，我建立空头头寸，也确实赚了一点钱。可是，不久之后，我看行情似乎出现跌多反弹的迹象。我想"我可以暂时反手做多，趁机赚几点利润，然后马上恢复空头头寸"。建立多头头寸之后，反弹走势没有如预期发生。结果，在原先判断该做空的行情里，我却实际持有多头头寸。没有立即认赔，是因为我仍在等待预期中的反弹可以减少亏损。不但如此，我想"既然反弹会出现，不妨加码多头头寸"。结果，亏损越来越严重。教训：不值得与趋势抗衡，因为这些头寸的风险与回报结构不理想，最好还是顺着主要趋势方向进行交易。对于逆势头寸来说，万一判断错误，主要趋势可能造成严重伤害。那些想要捕捉反弹或拉回走势的人，身手必须非常敏捷，而且具有钢铁般的意志，愿意及时认赔。总之，在逆市行情中，我认为自己最好还是保持空手，不要试图赚取"外快"。

价格永远不会太高或太低

我记得1998年的一些经历。那年夏天，商品期货出现数十年来的低价。当生猪与谷物出现30年来最低价时，我进场买进，因为我想价格不可能再跌了。结果，我看到40年来的最低价。我也尝试捕捉原有的最低价，在17美元买进，然后是16美元，接着是15美元、13美元、12美元，最后终于放弃。2000年的股票市场是另一个例子。当股票由200美元跌到100美元时，大家认为已经够便宜了。当股价跌到50美元时，他们又加码。在20美元的价位，他们认为：哇！实在太便宜了。到了5美元，他么又进行最后一搏，认为整个跌势已经太过分了。一年之后，很多这类股票的价格都远低于5美元，反弹无望。教训：永远不要认为价格已经太高或太低，而不可能继续上涨或下跌。趋势要发展到什么时候，完全由市场决定，而不会因为你认为太便宜，趋势就反转了。总之，交易者要留意的是客观的价格行为，不是主观意见。

趋势跟踪指标

因为市场只会在某些期间内展现明确的趋势，交易者当然希望通过某种工具判断市场是否存在明确的趋势，并充分运用趋势进行交易。本章接下来的篇幅，将讨论一些我认为最重要的趋势跟踪指标与交易策略。

> **KISS**
>
> 我是KISS的忠实粉丝，此处的KISS不是指乐队，虽然我也喜欢他们的一两首歌曲。KISS是KEEP IT SIMPLE, STUPID（保持简单）的缩写。我认为，过分复杂的指标或交易系统只会添麻烦，没有太大的实际意义。那些最好的系统，其结构非常简单；那些最杰出的交易者，也只是采用最简单的技术指标的。
>
> 在实际交易中，我最经常采用的指标包括：趋势线、通道、随机指标、移动平均线、移动平均线收敛发散指标、相对强弱指数、平均趋向指标、成交量、价格波动率与艾略波浪分析。对于其他交易者来说，或许还有很多"好用"的指标。可是，上述几个指标是我偏好的交易工具，但这些指标毕竟不是每位交易者都"不可错过"的终极指标。很多不同指标只是通过不同方式告诉你相同的道理，由于我喜欢保持简单，所以只采用少数几种指标。

移动平均线

移动平均线的功能

除了趋势线与通道之外，还有一些技术指标可以用来判断趋势发展的方向与强度。移动平均线可能是最常见、最简单的技术指标之一。虽然你可以采用一条、两条或三条均线，无论是简单线性的还是指数形的均线，他们基本上都会告诉你相同的东西，那就是市场在做什么。如果移动平均线向上，则代表行情走高；如果均线向下，则意味着行情下滑，就这么简单。与其他技术指标一样，移动平均线不能预测未来，它们都属于滞后指标。由于时间滞后的原因，交易者可能会错过最初一段行情，因为当移动平均线指标发出信号时，走势已经发展一段时间了，也就是说，只有实际的最低价或最高价发生之后，移动平均线才会显示对应的信号。可是，移动平均线确实可以反映趋势的发展方向，让你可以顺着趋势方向建立高胜算头寸，因为价格大多会朝主要趋势方向移动。对于上升趋势来说，只要价格继续保持在移动平均线之上，上升趋势就还没有问题。

移动平均线的工作原理是以新价格取代旧价格。如果新价格高于旧价格，均线就会上升。只要这种情况持续保持，就可以看到明显的趋势。当价格走势停顿或改变方向，移动平均线也会慢慢反应。请参考图6-6SPX日线图，当价格在X点停止下跌之后不久，10日均线也开始翻升。至于35日均线，因为其滞后程度较大，所以几个星期后才开始回升。

指数均线

虽然一般人都采用简单的移动平均线，但有些则偏爱指数均线，因为后者给最近的价格较大权重。从理论上来说，指数移动平均线似乎比较理想，但在实际运用中，我看不出指数均线的明显优点。没错，指数均线可以更及时地反映当前的价格走势，也能够更早提供交易信号，但这些信号有可能是虚假信号。读者不妨两者都试试看，然后挑选自己比较喜欢的。

选择移动平均线的计算期间

移动平均线的计算期间不同，所反映的价格走势也不相同。交易者应该根据自己的风格和偏好挑选适当的计算期间。计算期间越短，移动平均线就越能够及时反映当时的市况，但缺点是信号反复的频率也比较高。反之，如果计算期间较长，信号会缺乏及时性。换言之，既定价格走势已经发生一段时间之后，移动平均线才会显现信号。较长期的移动平均线虽然缺乏及时性，但信号反复的可能性较小。一般来说，移动平均线的计算期间越长，越能正确反映根本趋势。

第六章　顺着趋势方向进行交易

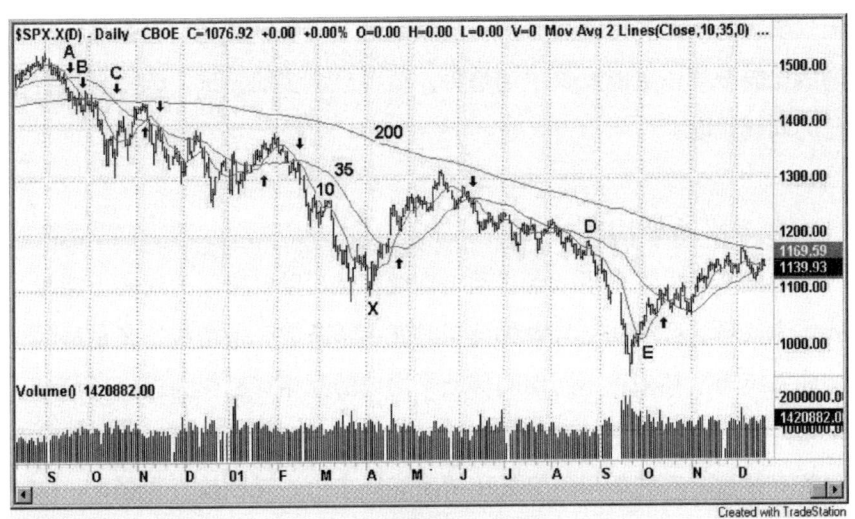

图6-6

对于不同股票、商品的分析周期，最合理的移动平均线计算期间可能各不相同。虽说如此，我还是采用统一的移动平均线在每个市场中交易。我认为如果某套交易策略行之有效，就应该普遍适用。我的盘中走势图采用10日与35日均线，而日线图则采用200日均线。这套均线很适合我，但未必适用于其他人。超短线交易者可能要采用更短的计算期间，例如3、5或10日。期间越短，交易的频率就会越高，平均获利或亏损就会越小，支付的佣金就越高。我认为最好采用较上期的均线，交易频率不要太高。期间较长的均线不容易发出反复信号，因为这种均线反映的趋势比较稳定。

图6-6显示10日、35日与200日均线，分别代表不同分析周期的趋势。200日均线几乎像是趋势线，反映行情的主要趋势，每当价格由下往上接近200日均线，200日均线就扮演了阻力位的角色。200日均线通常用来确定市场的趋势方向。每当价格突破200日均线，就代表市场趋势可能发生变化。我利用200日均线追踪长期趋势方向。10日与35日均线都反映短期波动转趋剧烈。10日均线能够更及时地反映当前的市况，

105

但只要行情波动变得剧烈，10日均线信号发生反复的频率也很高。35日均线比较平滑，更能反映中期趋势。读者应该多加尝试，选择最适合自己的均线长度。

多重移动平均线

虽然某些人只采用一条移动平均线，然后以价格向上或向下穿越均线作为信号，但多数交易者都会同时使用两条或三条均线。多重移动平均线系统通常都采用不同期间移动平均线的互相穿越作为进出场信号。使用两条或两条以上的均线不但可以获得交易信号，还可以用来确认信号的有效性，因为如果价格处于两条均线之上，说明趋势很强劲。如果趋势足够强劲，价格就会位于两条均线组成的带状区间之外。如图6-6所示的D点与E点。这段期间内，价格跌势很猛，且位于10日与35日均线之下，一旦价格回到移动平均线所夹的带状区间内（E点），交易者必须留意均线可能向另一方向穿越。

如果采用两条均线（例如10日与35日均线），每当较短期均线穿越较长期均线，就可以视为信号，例如图6-6标明的向上与向下箭头。图6-6显示了三条移动平均线，当10日均线向下穿越35日均线，可以先建立少量头寸（A点）；接着，当10日均线穿越200日均线（B点），再进行加码；最后，当35日均线穿越200日均线（C点），做最好加码。如此可以通过分批方式建立趋势跟踪头寸。空头头寸建立之后，如果出现买进信号（标示向上箭头），可以考虑减少头寸，也可以全部退出。我不建议反空为多，因为长期趋势仍然朝下。如果向上箭头采用分批了结的方式，你可以继续留在场内，参与整个空头走势，而且又能了结部分的获利。如果你决定完全退出，仍然能在下一个卖出信号重新进场建立空头头寸。

移动平均线系统范例

图6-7显示交易者通过5分钟走势图可能构建的移动平均线穿越系

统，此处采用10期、35期与50期均线。最长的50期均线用来跟踪头寸，当然也可以直接采用60分钟走势图或日线图。图形中利用向上箭头与X分别表示进场与退场信号，但这些信号只是让读者了解移动平均线穿越系统的应用，并不是真正建议如此操作。

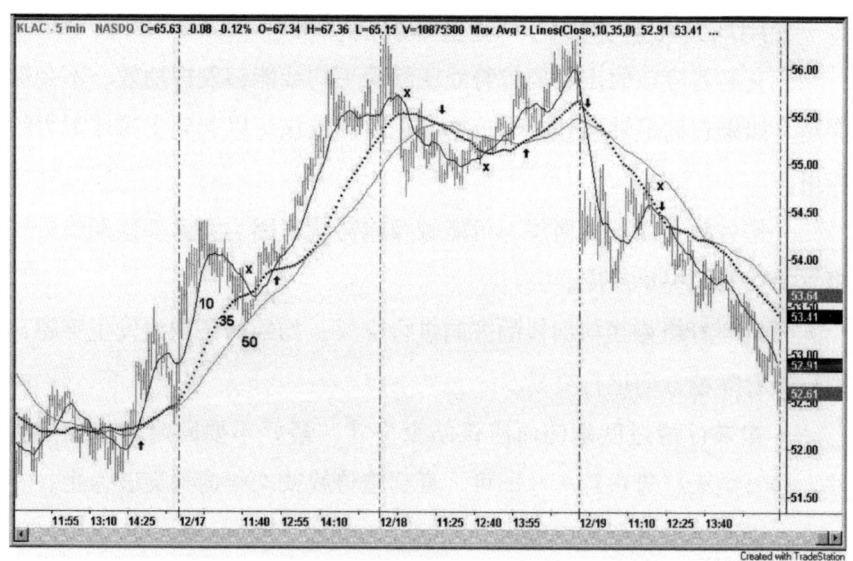

图6-7

做多情况

收盘价高于50期均线，而且10期均线高于35期和50期均线，则买进。如果收盘价高于50期均线，但10期均线低于35期均线，则结束多头头寸，但不要做空。

做空情况

收盘价低于50期均线，而且10期均线低于35期与50期均线，则卖出；如果收盘价低于50期均线，但10期均线高于35期均线，则结束空头头寸，但不要做多。

很多人只用两条均线，但三条均线可以降低交易次数，并迫使你顺着趋势方向进行交易。在横向行情中，趋势跟踪系统经常发生反复信号,较长期的均线可以稍微缓解这个问题。请注意,任何趋势跟踪系统都比较适合于趋势明确的市场,但不适用于横向走势或波动剧烈的市场。如果价格来回剧烈波动,将导致趋势跟踪系统操作困难,所以要尽量避免在这样的市场中使用。

使用均线和趋势线的一些基本规则:

- 交易者应该假定主要趋势线或移动平均线能够发挥功效,不会被穿越。如果它们足够强劲,当价格接近时,应该可以起到支撑或阻力的作用。

- 趋势越强劲,价格越不可能触及趋势线,因为大家都预期趋势线将发挥功能而提早反应。

- 只顺着趋势线与均线的方向进行交易。如果两条均线发生穿越,则只顺着穿越方向进行交易。

- 如果行情过度延伸而应该结束头寸,最好不要同时建立反向头寸,只要结束趋势跟踪头寸即可,直到趋势线或均线遭到突破为止。

- 当两条均线所构成的带状区间开始收敛(变窄)时,应该做好应对变化的准备。这并不代表趋势一定会变化,也不意味着必须卖出或回补,但可能性毕竟很高,最好有所准备。

- 如果市场显示明确的趋势而你准备进场,不妨等到价格折返到移动平均线或趋势线附近再进场。

- 当价格在移动平均线或趋势线附近,此处建立趋势跟踪头寸的风险相对有限,因为均线或趋势线一旦遭到贯穿,你很快就会知道。

平均趋向指数

平均趋向指数(ADX)是另一种常用的趋势衡量指标。ADX无法告诉你趋势的发展方向。它只能告诉你趋势是否存在,并衡量趋势的强弱。不论对于上升趋势还是下降趋势,ADX看起来都一样。ADX的读数越大,趋势越明显。衡量趋势强度时,需要比较几天的ADX读数，观察ADX究竟是上升还是下降。ADX读数上升就代表趋势转强；ADX读数下降，则意味着趋势转弱。当ADX曲线向上攀升，趋势越来越强，应该会持续发展。如果ADX曲线下滑，代表趋势开始转弱，反转的可能性增加。单就ADX本身来说，由于它有一定的滞后，算不上是很好的指标，所以不推荐单独使用ADX进行操作。可是如果与其他指标配合使用，ADX就可以确认市场是否存在趋势，并衡量趋势的强度。

如何使用ADX

ADX的使用分为两部分，首先是利用走势图、趋势线或均线判断趋势的发展方向，然后利用ADX判断该趋势的强度。我认为日线图比较适用于发掘交易策略，而盘中走势图则不太合适，因为波动比较剧烈。ADX的读数与发展方向都很重要。一般来说，ADX读数为30或以上（参考图6-8），就可以视为趋势强劲。如果ADX读数低于20（图6-9的A段和B段），代表市场动能偏弱。期间内，行情来回游走，没有明显的方向。至于20-30之间，则属于中性读数。ADX读数越高，趋势越明显。即使ADX下降，但只要读数高于30，市场仍然具备相当大的动能。当ADX向上攀升时，应该只顺着趋势方向操作。进场时，虽然最好等待行情折返，但如果ADX读数很大，就不太可能出现真正的折返走势。了解真正的市况，往往就可以挑选适当的系统。举例来说，采用一套系统来处理ADX低于20的市场，采用另一套系统处理ADX高于30的市场。

寻找趋势明显的市场

哪些市场或市况特别容易交易，这需要一些经验才能判断。震荡剧烈的横向走势很难进行交易，而且交易系统发出信号的频率会偏高。反之，趋势明确的市场比较容易交易。如果市场具备明确的趋势，就没有必要经常进出。如果愿意，可以继续持有头寸到趋势结束，如此一来不但会有不错的获利，还可以节省佣金费用。趋势发展明确的话，止损点也比较容易设定，而且不容易被一些假走势所触发。只要趋势够明确，即使错失进场机会，也不需要追价，可以等待行情折返到趋势线附近再进场。适当运用ADX指标，就可以找到趋势明确的市场。由于趋势明确的市场比较容易赚钱，只要你能够找到这类市场，胜算就能大幅提高。请参考图6-8，这是棉花的日线图，显示了长达一年的下降趋势。即使你没有多少交易经验，应该也很容易看出图6-8的下降趋势，但经由ADX的确认，应该还是有帮助的。在12月到第二年的4月之间，当下降趋势刚开始时，ADX曲线稳定上升，而且读数都高于30，意味着下降趋势非常强劲。由7月到9月，下降趋势开始放缓，甚至出现横向走势，ADX读数跌到20之下，但9月之后又开始回升，显示下降趋势又转向强劲。一旦ADX攀升到30以上，就适合寻找做空的机会。

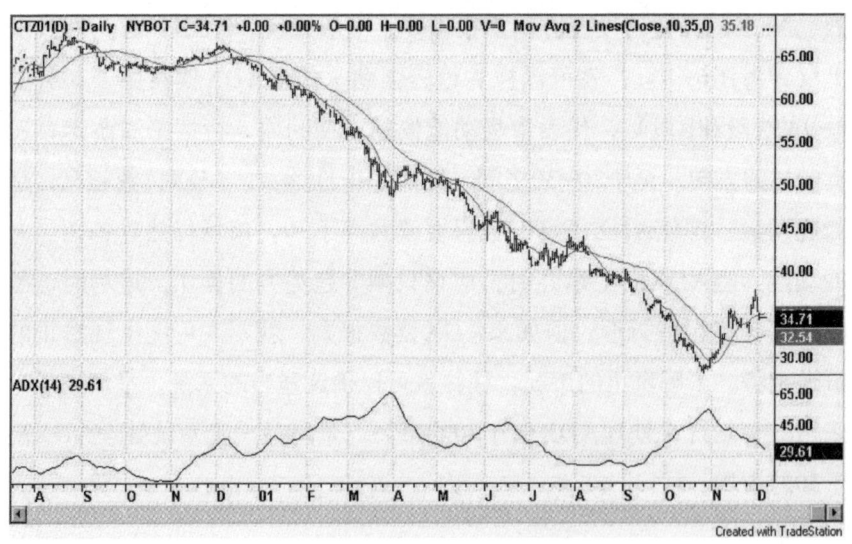

图6-8

ADX读数低于20，就可以把当时的市况视为横向盘整，任何趋势跟踪系统都不适用，因为信号会经常反复。请参考KLAC的日线图（图

6-9），在A、B期间之内，市况属于横向整理的震荡盘，ADX读数低于20，有助于你判断当时缺乏明确的趋势。在这种市况下，如果你决定进场交易，最好采用摆荡指标（参考第七章）。在C期的下降趋势与D期的上升趋势期间内，ADX读数都超过30，显示当时的趋势很明确。至于E点，ADX读数虽然很大，但已经由上升转为下降，这意味着当时的下降趋势已经逐渐丧失功能。ADX曲线下滑，代表既有趋势强度转弱，能够保持耐心的交易者，通常会得到应得的回报。这个时候，或是等待情况更明朗一点才可以进场，或是等待趋势发生反转。如果ADX在30以上出现峰位，代表价格很可能会折返整理。

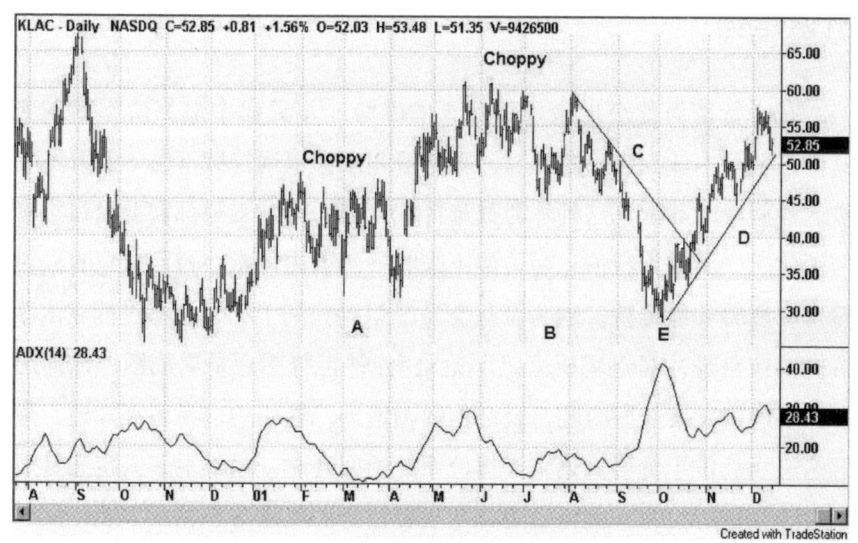

图6-9

运用ADX获利了结

ADX的功能之一就是用来判断何时获利了结。对于趋势跟踪头寸，如果ADX读数偏低，而且走势开始下滑，交易者应该抱着更短线的态度，因为既有趋势恐怕难以继续。如果ADX读数低于20，交易者的手脚必须很利落。ADX读数很低，代表既有趋势很弱，所以头寸持有时间不宜太长。反之，如果ADX读数超过30，而且走势上升，头寸持有时间应该加长，尽量避免立即获利。当趋势非常明确时，应该让趋势跟踪头寸的获利尽量增长。只要ADX继续上扬，就代表趋势越来越强。趋势越强劲，趋势跟踪头寸就越不应该了结。如果ADX读数很大而开始做头，这意味着趋势虽然强劲，但已经开始转弱，此时可以考虑结束一些头寸，不过仍然可以保留剩余头寸，因为既有趋势可能还会发展一段时间。如果ADX读数跌破30，则意味着行情开始朝横向发展，这时候就应该寻找退场机会，不需担心既有趋势继续发展的可能性。

折返走势

有时行情可能会出现连续几天的涨势，不只盘中最高价不断创新高，甚至盘中低点也不断垫高，涨势看起来会永远持续下去。千万不要被这种假象所欺骗。这种涨势很难持续，因为强劲走势都需要经过整理与消化。一天的大行情之后，接下来的一两天内经常会拉回。只有经过整理，涨势才能维持。因为有些交易者想要获利了结，急涨过程应该等待拉回或整理才是进场机会。不论是5分钟走势图还是周线图，任何趋势只要维持发展一段时间，就必须回调整理。精明的交易者都知道，最好的进场点位于价格折返到支撑位而开始回升时。虽然很多人也想针对折返走势进行交易，但折返走势与主要趋势的发展方向相反，所以属于胜算较低的交易。

不论走势多么强劲，都一定会折返整理。请参考图6-10，这是EBAY的5分钟走势图。由A点到D点，虽然股价在3天内跌了6美元，但毕竟不是直线下跌。在A点到C点之间，股价曾经大幅反弹3美元，其他时候也曾经出现程度不一的反弹走势，经过三天大跌（D点），隔天出现一波不错的涨势，因为强劲的跌势需要折返整理。没错，这波跌深反弹的走势确实有赚钱的机会，但下降趋势实在太强劲了。除非你的手脚非常利落，而且判断非常准确，否则不要随便介入，因为这属于逆势操作。

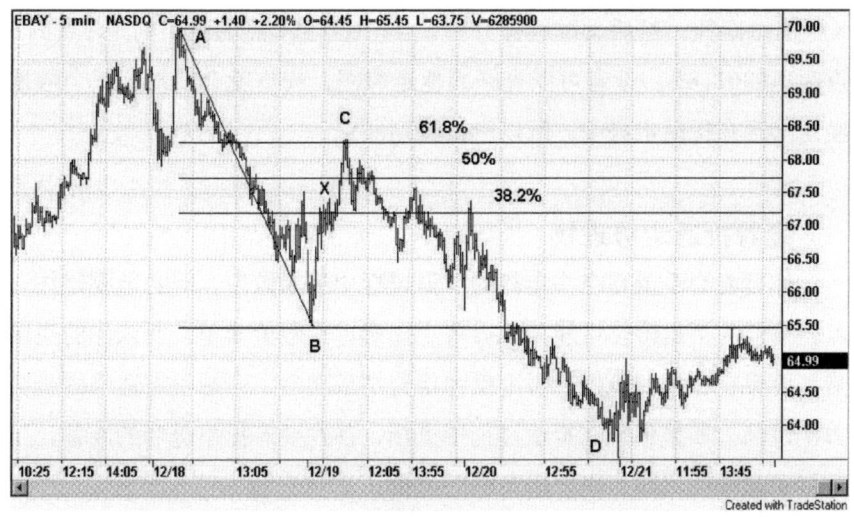

图6-10

衡量折返水平

　　修正走势会折返到什么位置呢？一般来说，折返水准经常是前一波走势幅度的1/3、1/2或2/3。这三个数据非常接近所谓的斐波那契比率：38.2%、50%和61.8%。换言之，当折返走势发展到先前趋势跟踪走势幅度的38.2%（或1/3）位置时，折返走势通常会告一段落，然后又朝主要趋势方向发展。由于这三个数据深入人心，每当价格折返整理时，大家都密切关注这三个数据，趋势跟踪交易者会做好进场准备，逆势交易者也准备好退出。恐怕也正因为如此，这三个数据总是能发挥功能——自我实现的预言。由于这三个数据就像大磁铁一样，所以不要刚好把止损单设定在这些位置，应该保留一些回旋的空间，举例来说，可以把止损设在35%-40%附近，因为这个水平一旦被穿越，下一个有效位置在50%附近。至于61.8%或2/3的位置，通常被看作趋势能否保持的关键，如果该水平被贯穿，既有趋势可能就结束了。请参考图6-10的下跌走势。当价格由A点跌到B点之后，接着由B点反弹到X点，B点到C点的垂直距离刚好是A点到B点距离的38.2%。可是，反弹走势只在X点稍作停顿，然后又继续弹升到C点，B点到C点的距离则是A点到B点距离的61.8%。读者可以查阅其他走势图，或许就会发现这三个数据经常出现在折返走势中，所以应该特别注意。

趁着折返走势进场

你可能会希望在空头走势的反弹过程中进场做空，但必须要记住一点，重要的折返价位可能存在很多止损卖单或限价卖单，所以你的空单最好要设定在稍低价位，否则反弹走势结束之后，恐怕没有适当的机会再次进场。如果你想在折返过程中进场，往往要有提早进场的准备，宁可多承担一些风险，也要避免稍后追价。

举例来说，如果你想在C点做空EBAY而没有成功，恐怕要一路向下追价，实际撮合价格与C点之间的距离可能高达1美元。就这个例子来说，最好趁着价格还在上涨时进场。换言之，进场价格可能低于股价折返到61.8%之前。空头头寸建立之后，如果股价继续弹升到70%附近，就应该认赔，损失大约为10%。你的进场价格不太可能刚好是折返走势的顶点。实际上，如果你在折返过程中进场，风险就已经降低一大半了。

衡量趋势

寻找趋势明确的市场只是工作的一小部分。找到目标市场后，还应该考虑该趋势可能发展到什么程度。斐波那契比例也有助于预测趋势的发展水平。计算前一波主要走势的价格波动区间，然后分别乘以1.382、1.5与1.618，接着把这些数据与上升走势的低点相加，或与下降趋势的高点相减，所得到得结果，就是三个目标价位。以前面EBAY的走势图作为例子，股价由A点跌到B点，价格变动区间为4.5美元。把4.5美元分别乘以1.382、1.5与1.618，然后用波段最高价70减掉这三个数据，目标价位分别为63.78、63.25与62.72。而实际价格在D点（63.75）停止下跌，正好位于1.382相对应的目标价位，这是巧合还是什么？

如何判断趋势是否已经结束？

交易者需要知道既有趋势是否即将结束或已经结束，否则恐怕无法及时退场。除了一些明显的迹象之外（如突破趋势线），还可以通过走势图分析趋势状况。对于既有的上升（下降）走势，只要价格继续停留在前一波低点之上（高点之下），上升（下降）趋势就还没有遭到破坏。请参考图6-11的白糖期货的日线图，上升趋势直到C点跌破前一波低点（A点）后才遭到破坏。当价格由C点向上弹升时，到了D点就开始折返，显然没有穿越前一波高点（B点）而创新高，这样可以确认上升趋势已经结束。

另外，我们也可以观察波浪走势的强度。趋势跟踪波浪的长度与强度应该超过逆势波浪。一旦趋势跟踪波浪明显转弱，强度不及逆势波浪，就代表既有趋势即将结束。这种现象也发生在图6-11，B点到C点的逆势下降波段明显大于C点到D点的上升波段。

既有趋势即将结束时，经常可以看到价格突然夹着大的或交量而大涨（大跌）。这种走势通常意味着逆势头寸已经觉得恐慌而急着认赔，或趋势跟踪头寸陷入陶醉而大胆加码。请注意观察图6-11的B点，当时的价格暴涨，成交量也急速扩大。每个人都急着买进或回补，几乎已经没有剩余的买盘，在这种情况下，一旦出现卖压，价格将急转而下，因为已经没有买盘可以提供支撑。只要抢进的买气告一段落，涨势就结束了。

为了找出趋势即将结束的其他迹象，我也会观察移动平均线的表现。如图6-11的B点，虽然价格急涨，但35期均线没有继续上扬。这种现象本身就代表趋势即将结束，但我仍然会注意移动平均线是否出现"泡沫"。当快速均线加速远离慢速均线时，就属于"泡沫"，B点就是如此。在这种情况下,快速均线通常会突然向慢速均线靠拢,使两条均线之间的距离恢复到正常水平,这种靠拢现象经常会导致趋势反转,如同B点的情况。

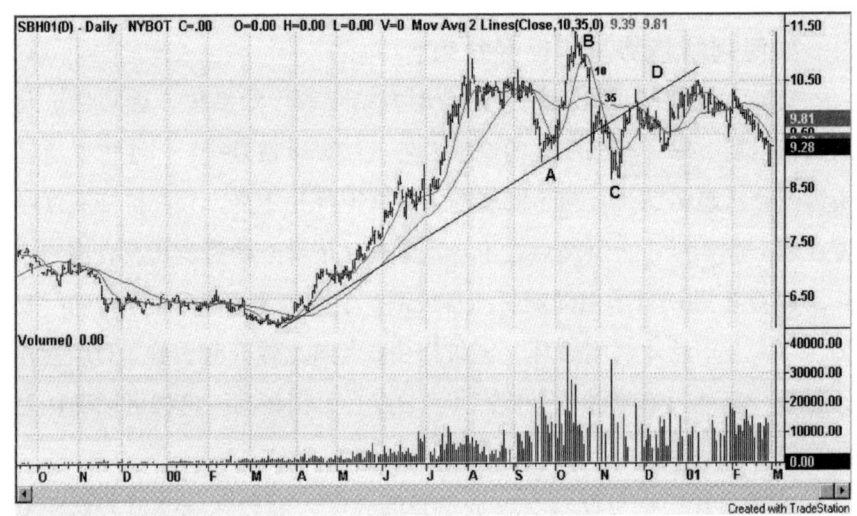

图6-11

承认趋势结束的事实

判断既有趋势是否结束,这只是交易者面临的一部分问题。其他的问题包括:承认趋势已经结束,断然采取行动。当趋势方向发生变化之后,很多人往往迟迟不愿意结束头寸,原因很多,我自己最常用的理由是"我会在下一波走势中退场"。几分钟以前,我的每股获利还是1美元,现在只剩下6毛钱,再等一会回到一美元或9毛钱时我就退场。由于不愿果断退出,最后恐怕连6毛钱都没得赚了。还有一种情况,有些人对自己持有的头寸会产生难以割舍的感情。无论如何,只要你能判断既有趋势已经结束,就应该退出。即使这意味着你必须牺牲部分获利甚至认赔,你也应该果断地退出,等待或固执只能造成伤害。

成为更优秀的交易者

要成为更优秀的交易者,最重要的是要顺着市场的主要趋势方向进行交易。只要遵守这个原则,就可以大幅度提高胜算。趋势跟踪的交易策略往往是决定交易成败的关键。相对于逆势行情,趋势跟踪行情通常较为强劲、持久,所以应该尽量顺着趋势发展方向进行交易。成功的交易者往往只愿意顺着主要趋势方向操作,并且在折返过程建立头寸。你可以采用较长分析周期走势图的移动平均线进行测试,挑选一组最适用的均线。移动平均线的计算期间越长,信号越可靠,但短期均线的信号比较及时。从另一个角度说,越长期的均线,其信号越滞后;越短期的均线,其信号越经常反复。

判断趋势发展方向之后,还需要了解当时的市场位于趋势发展的哪个位置,这样才能避免追价或在折返走势过早进场。同时采用多个分析周期,有助于判断当时的市况发展,了解行情是否过度延伸,寻找折返走势的支撑与阻力位。即使能够确定趋势发展方向,也不应该莽撞进场。最好等待折返走势即将结束时再进场。折返走势的目标很可能位于重要趋势线或移动平均线附近,也可能是前一波趋势跟踪长度的38.2%、50%或61.8%。当然,你未必能准确预测折返走势的目标,但至少可以等待折返走势发生,就能减少部分的风险。运用ADX分析趋势的强度,以此来判断如何获利了结。另外,必须注意既有趋势是否即将结束或已经结束。只要你认为趋势已经结束,就要立即退场。千万不要尝试捕捉到最后一波行情。总之,时刻记得趋势是你的朋友,你就能够成为一名更优秀的交易者。

不能适当运用趋势的危险:

1. 交易的胜算过低
2. 选择了错误的趋势方向
3. 追价
4. 不知道行情发展何时过度延伸

5. 在逆势中追逐小利

6. 忘了移动平均线是滞后指标

7. 不愿承认趋势已经结束

8. 误判趋势线突破走势

9. 过度强调无意义且不持久的短线趋势

10. 等待强劲走势中永远不会发生的折返

11. 受困于折返走势

12. 止损单设定在折返走势目标区的错误一边

13. 忽略了价格可以更高或更低

14. 头寸持有时间过长

趋势跟踪的高胜算交易：

1. 知道趋势发展方向

2. 最佳交易都是顺着趋势发展方向进行的

3. 运用多重分析周期来判断市况

4. 假定主要趋势线与均线不会被突破

5. 斜率较缓的趋势线比较可靠

6. 期间较长的趋势线比较能够反映趋势

7. 等待折返走势

8. 不要追价

9. 不要试图与市场抗衡

10. 即使是最强劲的趋势，也一定会出现某种程度的折返

11. 进场价格越接近趋势线，风险/回报率就越理想

12. 操作方法尽量保持简单

13. 如果最近一波走势没有触及通道边缘，或不及前一波走势，就必须注意趋势是否即将结束

14. 利用ADX分析趋势强度

15. 趋势越强劲，头寸的持有时间就应该越长

16. 预期行情即将折返而结束趋势跟踪头寸，最好不要反转头寸

17. 反转头寸之前，应该等待趋势线突破的确认信号
18. 注意移动平均线之间产生的泡沫
19. 注意斐波那契折返比率
20. 止损单不应该刚好设定在折返目标价位
21. 估计行情能够发展多远

值得反思的问题：

- 我是否顺着主要趋势方向进行交易？
- 如果我在这里进场，是否有追价的嫌疑？
- 目前的走势看起来是否会停顿？
- 行情已经折返多大幅度了？
- 此处进场的风险有多大？
- 支撑区在哪里？
- 追踪行情的分析周期是否过度延伸？
- 目前的行情还有多大发展空间？
- 在每个分析周期下，我对行情是否都有清晰的了解？

第七章　运用摆荡指标

不同人对于相同行情的判断可能会截然相反：某个人认为上升趋势非常强劲，另一个人则认为走势已经严重超买而应当回调。当然，市场参与者有各种不同的看法，这原本是好事，因为如此才永远都有人买进，也有人卖出。判断行情何时会折返，或何时会继续发展，确实不容易，但如果能够运用随机指标或相对强弱指数等动能摆荡指标，交易者显然占有一定的优势。

摆荡指标

我发现摆荡指标是交易系统不可或缺的重要工具。可是，虽然很多人运用摆荡指标，却不知道正确的使用方法，另一些人则根本懒得理会摆荡指标。摆荡指标经常可以告诉你如何拼凑交易拼图，传达各种行情资讯，包括：趋势走向、走势强度与潜在反转。摆荡指数也可以协助掌握进出场时效。如果运用恰当，摆荡指标绝对可以提升交易胜算。对于区间走势，摆荡指标能够用来判断头部与底部。在趋势明确的行情中，如果配合趋势跟踪操作策略，摆荡指标也可以协助你设定进出场时效。如此一来，摆荡指标可以帮助交易者及时掌握强劲的走势，也可以在趋势反转之前让交易者及时出场。摆荡指标有多种不同的运用方式，每位交易者都可以根据自己的风格挑选适当方法。

第七章 运用摆荡指标

摆荡指标的种类很多,例如:随机指标、相对强弱指标、动能指标、移动平均线收敛发散指标与价格摆荡指标。这些指标各有不同的特色,但他们的基本走势与运用方式都大致相同。图7-1显示了几种不同的摆荡指标,各位可以发现它们的走势都大致相同。在A、B、C、D点价格谷底,摆荡指标也见底。在E、F、G点价格峰位,摆荡指标也做头。摆荡指标的走势与价格不同,价格上部没有限制,但摆荡指标的读数存在特定范围。摆荡指标不同于趋势、趋势线与移动平均线,后者会一直随着行情发展,但摆荡指标读数有一定的上部极限,绝对不会超越。举例来说,股票价格在理论上没有高限,但摆荡指标只能摆荡于特定读数范围内。摆荡指标一旦触及读数上限或下限,就不能继续上升或下降。请参考图7-1的各种摆荡指标,某些摆荡于2与100之间,有些则在0线上下摆荡。

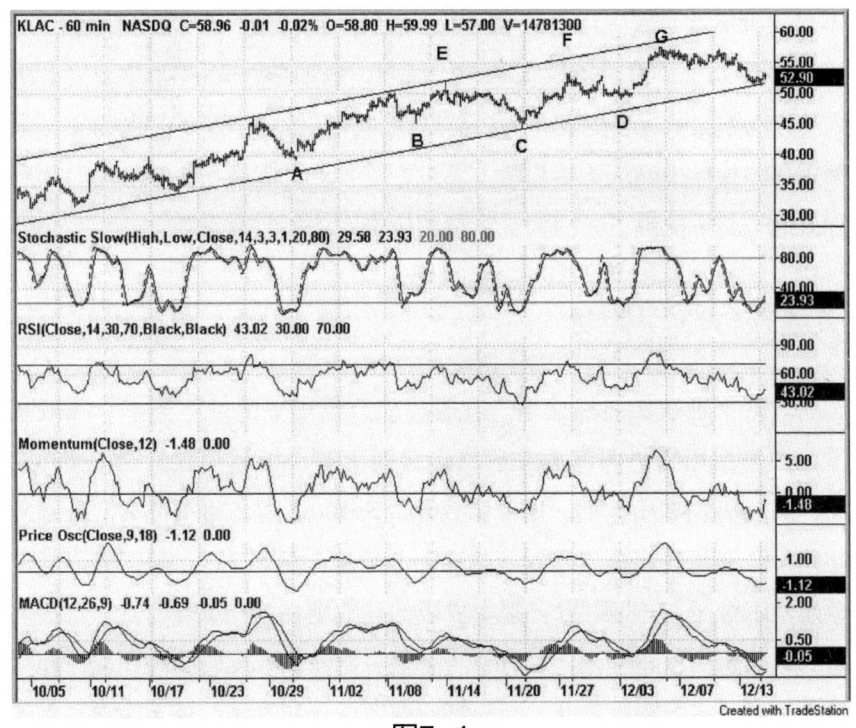

图7-1

功能

原则上，摆荡指标所反映的是价格变动的速度。简而言之，摆荡指标是比较两个特定时间点的价格，来判断行情发展究竟是累计动能或丧失动能。随着市场走势越来越强劲，收盘价往往会越来越接近盘中高价。如果价格持续走高，而且上涨速度越来越快，摆荡指标走势也会上扬。反之，如果价格的上涨速度减缓，盘中高价没有继续创新高，价格不继续收在盘中高价附近，摆荡指标走势就会下滑。请注意，即使价格继续走高，但只要上涨速度维持不变或减缓，摆荡指标的走势就会持平或下降。请观察图7-2价格走势的A点，价格继续上涨，但盘中高价没有继续创新高，这导致随机指标由A点开始向下反转，在价格走势转弱之前，摆荡指标已经先行变弱。请注意，当摆荡指标触及超买高限，并不代表价格就会做头。我们经常可以看到，摆荡指标已经严重超买，但价格继续上涨，而且持续很长一段时间，例如图7-2的B点之前，以及C点与D点之间。这些情况下，交易者应该以价格本身的趋势为主，只利用摆荡指标来确认价格趋势。不过，这种话说起来虽然很容易，但实际做起来就不简单了，因为很难猜测价格走势何时会反转。

摆荡指标基本概念

讨论个别摆荡指标之前，我希望先介绍相关的基本概念。一般来说，摆荡指标走势图都放在价格走势图下侧，指标读数介于0-100之间，或摆荡在零线上下。如果读数介于0-100之间，通常都有两条水平直线，分别代表超买与超卖区的界限（请参考图7-2）。超买界限的读数通常都位于70-80附近，超卖界限的读数则在20-30附近。一旦摆荡指标进入超买、超卖区，既有趋势就很可能停顿或反转。在超买、超卖区内，对于趋势跟踪头寸，交易者应该考虑获利了结，或至少要了结部分获利。对于空手者来说，如果指标处于超买区，多头头寸就应该等待

第七章 运用摆荡指标

价格折返，或在适当情况下直接建立空头头寸。某些摆荡指标会在零线上下波动，没有特定的超买、超卖界限。在这种情况下，分析者必须观察走势图，来判断超买或超卖。对于这类摆荡指标，零线是判断动能变化的重要基准。关于摆荡指标的运用，虽然不同市场可能使用不同的参数值，甚至每个市场因为时间长度不同也适用不同的参数值，但我不喜欢技术指标变得太复杂，所以每个市场与每个分析周期都采用相同一组参数，通常我都采用一般交易者最常用的区间，因为我不希望自己的反应不够及时，也不希望反应太快而套在预料中、但没有发生的走势内。就随机指标来说，通常我都采用大多数套装软件采用的14-3-3参数组合。我不想自作聪明，不打算针对每个市场找到一组最佳的参数。我对于一般惯例已经很满意了。另外，我认为摆荡指标之所以重要，是因为观念重要，而不是因为某组参数值特别好用。接下来的篇章里，我准备讨论一些我个人最喜欢的摆荡指标。

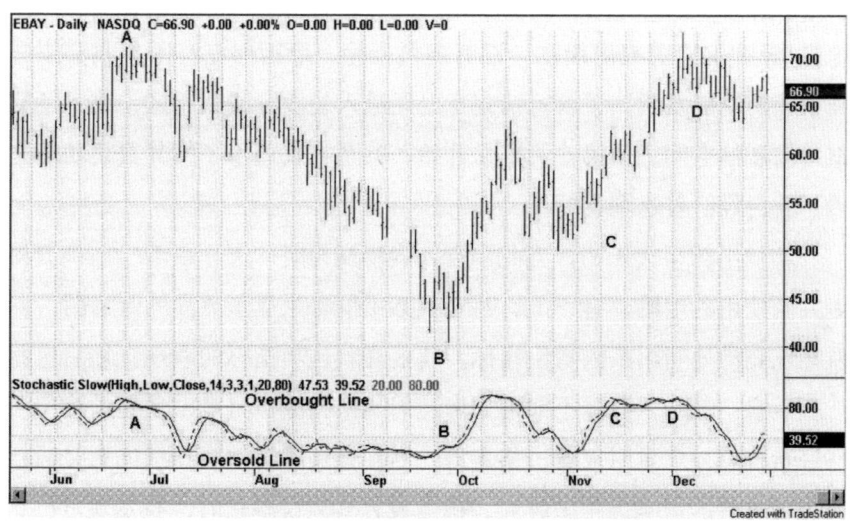

图7-2

> **自我实现的预言**
>
> 我认为摆荡指标之所以能够如此精确，是因为该指标标志着自我实现预言。如果很多交易者都注意相同的技术指标，只要该指标进入超卖区，大家都预期价格可能反弹，空头头寸都会开始回补。在这种情况下，价格自然会真的反弹，使得摆荡指标回升。大家看到指标由超卖区折返中性区的信号，于是开始买进，使得价格进一步走高。如果信号真的有效，价格涨势就会持续发展；如果信号真的有效，价格涨势就会持续发展；如果信号属于假信号，价格还是会回到原先的趋势。

随机指标

随机指标是我最喜欢的技术指标之一。我所采用的每份走势图，不论是1分钟走势图或周线图，都有随机指标。原因何在？因为我希望看到市场的动能发展，了解行情究竟已经进入超卖区或超买区，或者还有继续发展的空间。从第一天交易开始，甚至在我还不了解其真正功能之前，就已经盯着这项指标。

20世纪80年代末期，当我刚进入内场交易时，大厅放着一些供交易者共同使用的电脑。有一天，我看到某个屏幕上显示原油的走势图，以及某位交易员叫出来的随机指标。我很喜欢这项指标的表现，往后也就一直观察，最初，我并不知道如何运用随机指标，只是发现它的峰位、谷底转折点，总是对应着价格走势。当我慢慢了解这项指标的意义后，其表现对我的影响也越来越大。每当我忽略或误解它时，我发现自己总是在追价，要不然就是在最差时机过早出场。

虽然随机指标可能是运用最普遍的摆荡指标之一，但很多人未必知道其功能、计算公式或正确的运用方法。大家之所以采用随机指标，只因为"大家都采用"，而且它似乎总能够精确预测行情的头部与底部。

随机指标有两种不同形式，慢速指标与快速指标，慢速指标比较常用，也是本书准备讨论的形式。

慢速随机指标由两条曲线构成：快速线（%K）与慢速线（%D）（本书走势图采用虚线标明%K）。%K衡量最近5天收盘价的相对位置，图形中现实的%K实际上%K的3期移动平均线。虽然随机指标是由%K与%D构成，但%D比较重要，因为%D经过两次平滑处理，走势比较稳定。

慢随机指标公式

%K＝100×(C−L(5))÷R(5)

然后计算最后三个周期的%K的平均值，得到慢%K。

%D＝%K的三天移动平均值

C＝前一个收盘价

L(5)＝前5个周期的低点

R(5)＝前5个周期的价格范围

随机指标走势图通常放在价格走势图的下侧，指标读数介于0−100之间。超买界限通常设定为70−80之间，超卖界限则设定为20−30之间。我个人通常采用25为超卖界限，75为超买界限，如此可以提供较多的信号。

随机指标是衡量最近收盘价处在价格区间内的相对位置。理论上来说，如果价格处于上升趋势，收盘价通常会较接近最高价。反之，在下降趋势中，价格倾向于收在最低价附近。随着市场动能转强，收盘价会慢慢往最高价靠拢，使得随机指标上升。趋势最强时，价格会收在最高价，随机指标读数也会逼近100。一旦价格涨势趋缓，收盘价慢慢脱离最高价，指标读数开始下降。请注意，即使涨势持续，收盘价持续走高，但只要收盘价慢慢脱离最高价，动能还是会下降（换言之，价格虽然继续上涨，但上涨速度减缓）——这种情况就已经足以让随机指标下滑。

请观察图7-3的阴影部分。在价格涨势过程中，收盘价逼近5分钟K线的最高价。随着上升趋势发展，收盘走势越来越强劲，随机指标也持续上扬，直到进入超买区为止。最后，盘中高价无法持续创新高，收盘价转趋横向发展。这是行情丧失上涨动能，上涨速度已经减缓，随机指标也开始下滑。不久，价格走势本身也会跟着下跌。

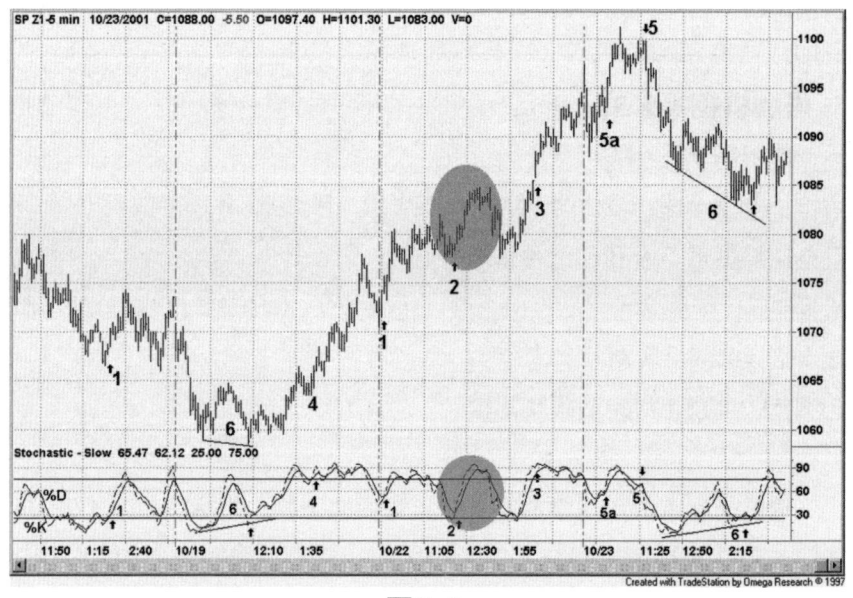

图7-3

随机指标有多种运用方式，但交易者的实际用法，往往只局限在自己的认识范围内。初学者最常用的方式，就是随机指标在超卖区向上翻升时买进，在超买区向下反转时卖出。如果价格在特定区间之内来回游走，这种运用方式或许还适用，但绝不适用于趋势明显的行情，而且这也不是设计随机指标的初衷。判断超买、超卖状况，只是随机指标的一部分功能。由于随机指标的主观用法很多，如果要把它纳入纯机械性的交易系统，恐怕会有些麻烦，我们稍后还会讨论这个问题。

随机指标构成的一些交易策略

以下范例准备通过图7-3来解释。请注意，每当我由多方立场说明时，同样方法也适用于空方。另外，此处暂时忽略多重分析周期与长期趋势，但这些观念在实际操作上仍然很重要，我们稍后还会讨论相关问题。

1.当快速线与慢速线都位于超卖区之上而向上发展时

这是运用随机指标的最根本原则。当快速线（%K）与慢速线（%D）都朝明确方向移动，适合进场建立头寸。就图7-3两个表明1的例子，%K与%D都在超卖线之上反转上升，适合进场做多。进场时的指标读数越小，头寸的上升空间越大。如果指标在超卖区内翻升，最好等待指标向上穿越超卖线之后再进场买进。这种操作方式非常适合区间来回游走的行情，而且可以多空转换操作。对于趋势明确的市场，则只适合顺着趋势方向建立头寸，反向信号只用来结束趋势跟踪头寸，但不适合建立逆势头寸。

2.当快速线向上穿越慢速线时

这是随机指标最常用的穿越系统。但%K由下向上穿越%D，代表买进信号，但必须注意假信号。穿越位置可能在超卖线之上或之下，超卖区内的穿越信号潜能较大，但必须等待指标实际穿越超卖线之后才买进。换言之，穿越超卖线可以视为买进信号的确认。

穿越发生的位置，如果在%D见底回升之后的阶段（换言之，不是在%D还继续下滑的阶段），信号较强劲。由于%K是快速线，所以%K的翻升时间经常快过%D，但%K的翻升速度如果较慢，往往意味着反转走势也比较强劲。请参考图7-3标注2的例子，对于这么强劲的走势，穿越信号很少发生在超卖区。总之，不论穿越发生的位置在哪里，通常都应该朝着穿越方向操作。

3.当快速线与慢速线都位于超买区，而且还没有向下反转之前的多头头寸

即使指标已经进入超买区，价格仍然可能继续上涨一段时间，请参考图7-3标示为3的例子。超买并不代表既有涨势就应该结束。事实上，行情可能还有很大的上涨空间。这也是摆荡指标在运用上让人觉得棘手的地方：有时超买区代表涨势应该结束，有时则代表涨势正猛烈的阶段。随机指标只要继续位于超买线之上，基本上就应该抱着做多的态度，尤其是在多头趋势明确的行情之下。至于多头头寸的出场信号，则可以等待快速线与慢速线都跌破超买线。

4. 指标走势强劲而重新测试极端区域

指标进入超买区之后又回到中性区，然后又随着价格上涨而重新挑战超买线，这属于买进信号（请参考图7-3标示4的例子）。情况虽然很类似范例3，但这是更好的机会，因为行情试图拉回而欲罢不能。指标重新测试超买线，代表上升趋势很强劲。某些情况下，随机指标可能长期停留在超买区，而价格涨势不断。对于这类行情，很多交易者可能错过，甚至可能因为反向头寸而受伤严重。如同前面所说的，只要指标停留在超买区域，基本上就应该保持做多的心态，尤其是在趋势很强劲的情况下。

5. 注意随机指标的失败走势

此处采用空头头寸的例子说明。随机指标在超买区做头而向下反转，但随后又向上弹升，使得做头走势看起来似乎即将失败。回升过程中，如果快速线不能完全向上穿越慢速线，就可以考虑做空。请参考图7-3标示的例5。我们看到指标做头后又尝试回升，但%K不能穿越到%D之上，这种试图反弹而失败的现象，代表做空的机会。虽然空头头寸违反既有趋势的发展方向，但当时距离先前高点不远，即使判断错误，认赔的风险很有限。

上述失败走势，未必要发生在超买区峰位或超卖区谷底之后。只要指标快速线与慢速线变更方向，然后%K反转而不能穿越%D，就属于失败走势。失败走势可以作为确认信号，显示指标最初变更方向的信号确实有效。请参考图7-3的范例5A，我们发现快速线与慢速线都向上反转，然后%K稍微拉回，触及%D之后又立即弹升。这意味着行情走势仍然强劲。

6.注意价格本身与随机指标之间的背离走势

价格走势与随机指标之间如果出现背离现象，这可能是最有效，但也是最少人使用的信号。本章稍后会详细讨论价格与摆荡指标之间背离的现象，但此处让我们先做一些说明：如果价格创新低，但随机指标没有创新低，这就发生背离现象。一旦出现类似的背离，就意味着价格虽然创新低，但跌势已经丧失动能，不久之后将向上反转。请观察图7-3标示为6的两个例子，我们发现价格跌势的两个地点越来越低，但随机指标对应的低点位置却越来越高。第一个例子，背离信号引发三天的涨势；第二个例子，背离信号刚好对应着当天的最低点。

相对强弱指数（RSI）

同随机指标一样，相对强弱指数也是一种动能指标，衡量股票或期货价格在特定时期内（通常为14期）的相对变动量，指标读数介于0-100之间。RSI基本上是衡量特定时期内上涨收盘价与下跌收盘价之间的比率。RSI通常采用14期，但也可以计算其他时期的RSI。如同任何类似指标面对的问题一样，计算期间越短，指标读数越敏感（及时），信号频率越高，但信号也相对于不可靠。反之，计算期间越长，信号越可靠，但往往不够及时。RSI可以用来判断行情是否进入超买或超卖区，或显示行情动能是否持续发展。行情动能转强，RSI就会走高。可是，一旦RSI进入严重超买状况，价格涨势就很可能拉回整理。不过请注意，当行情即将突破重要阻力位或创新高时，RSI经常会处在超买状态。

相对强弱指数构成的一些适当交易策略
1.RSI由超买区折返

在一般使用上，RSI超买界限通常设定在70-80之间，超卖界限则设定在20-30之间。传统运用上,每当RSI下降到30之下(进入超卖区),就代表买进信号。反之,每当RSI上升到70之上(进入超买区),就代表卖出信号。就我的个人运用来说,唯有当RSI由超卖区折返到中性区域,才考虑买进,也唯有当RSI由超买区折返到中性区域,才考虑卖出。此处,我利用S&P指数的一些例子来说明,其中包括一些区间走势,强调摆荡指标最有效的运用。请参考图7-4标注为1的4个例子,做空信号发生在RSI由超买区折返,买进信号发生在RSI由超卖区折返。特别强调一点,只要RSI在超买区形成峰位或在超卖区形成谷底,很多人就将其视为信号,但最好还是等待指标折返到中性区域。

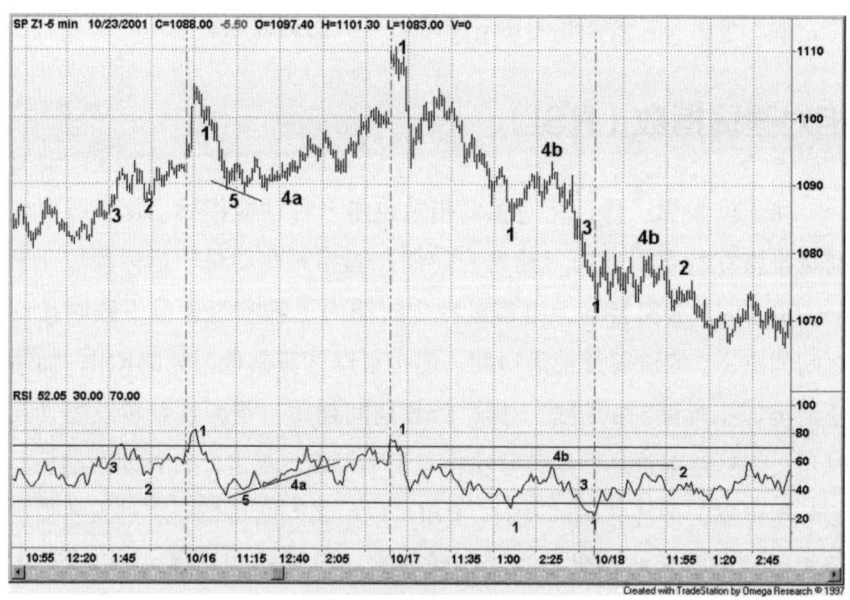

图7-4

2.RSI跌到50附近

如果行情很强劲,RSI或许不容易跌到30。所以,只要RSI跌到50附近或稍低,就可以视为买进机会。这类情况下,50可以看成是支撑与阻力线。RSI折返走势经常会停顿于50附近。图7-4有一些适用的例子

（标示为2），价格存在些许趋势，虽然尝试折返整理，但停顿于50。总之，市场发展未必始终会进入超买或超卖区。如果RSI停顿在中线附近，或许也是不错的进场点。

3.RSI高于50适合买进

RSI不一定要用来判断行情超买或超卖，也可以用来判断趋势。如果RSI大于50，意味着市场动能朝上，只适合买进。一般来说，只要RSI向上穿越50之后，就应该朝多方角度操作。反之，如果RSI跌破50，只适合做空。请参考图7-4标注为3的第一个例子，如果你在RSI向上突破50时买进，就可以参与一段涨势。至于第二个标注为3的例子，RSI跌破50代表理想的做空机会。

4.注意RSI的技术形态

RSI可以被看成像价格一样，运用各种技术方法进行分析，例如：绘制趋势线、评估阻力与支撑等等。RSI趋势线的可靠性类似价格。图7-4显示一些RSI的趋势线，显示适合交易的方向。请参考范例4A，在趋势线形成而没有遭到破坏之前，都适合买进。一旦趋势线遭到贯穿以后，可以考虑做空或结束多头头寸。甚至我们可以以此判断行情是否过度延伸，换句话说，观察RSI读数是否远离趋势线，若是如此，RSI就很可能会折返趋势线。我们也可以把价格形态的结论引用到RSI。请参考范例4B，RSI先出现双重顶，然后演变为三重顶，构成强大阻力区。指标几度尝试穿越顶部构成的阻力区，结果都是以失败收场，而且价格回调都相当严重。

5.注意价格本身与RSI之间的背离走势

如同随机指标的情况一样，要特别注意价格与RSI之间出现的背离现象。请参考图7-4的范例5，在价格趋势向上反转之前，我们发现价格走势与RSI之间先出现正性背离。换言之，价格创新低而RSI在对应位置没有创新低。背离现象属于最可靠的信号之一。

> **RSI指标公式**
> RSI=100−100÷(1+RS)
> RS=前x周期的阳线收盘价平均值÷前x周期阴线收盘价的平均值
> x是周期参数,通常是14。X越小,RSI的波动就越剧烈。平均值可以指数平均,也可以简单平均。

移动平均线收敛发散指标(MACD)

　　MACD是我采用的另一种摆荡指标。MACD采用指数方法计算平均值,这种方法比较强调近期数据,也就是说,给予近期数据较大的权重,但又不会完全舍弃过去的数据(只是权重较小而已)。MACD的读数波动于零线(中点线)的两侧。不同于稍早讨论的随机指标与RSI,它们的重点在于超买或超卖,但MACD的观察重点是零线(均衡线)。所谓的MACD图形,实际上是由两条移动平均线构成,一条是MACD线(属于快速线,图7−5显示为虚线),另一条是信号线(属于慢速线),信号线是MACD的9期移动平均线。当MACD线与信号线相互靠拢时,称之为收敛。反之,当两条线分离时,称为发散,这也是该指标名称的由来。行情趋势发展强劲时(不论上涨或下跌),两条均线就会发散。行情趋势转弱时,两条均线就会收敛,直到相互交叉。MACD与信号线之间的差值,在图形上绘制为柱状图。柱状图就扮演摆荡指标的角色,衡量快速线与慢速线之间的收敛和发散程度。随着价格涨势转强两条均线彼此发散,MACD柱状图就会朝零线上方加长。当两条均线彼此交叉时,MACD柱状图刚好落在零线上。同理,随着价格趋势转强而两条均线彼此发散,MACD柱状图就会朝零线下方加长。

第七章 运用摆荡指标

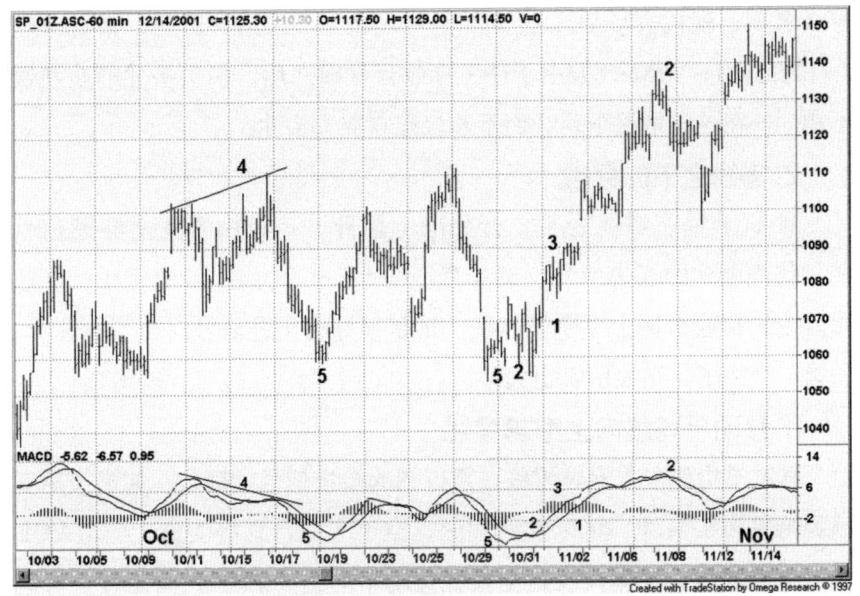

图7-5

如同其他摆荡指标一样，MACD也可以用来判断行情超买或超卖，尤其是在横向区间走势内。由于没有明显的超买与超卖界限，使用者必须通过最近的资料，主观判断MACD是否接近顶端（超买）或低端（超卖）。当然，MACD也只是一种技术指标，其信号有时有效，有时无效。可是，如果适当运用的话，MACD是一种功能很强的指标。

MACD构成的一些适当交易策略

1.当MACD线位于信号线之上时，适合买进

原则上，当MACD线（虚线）位于信号线之上，只适合操作多头头寸。反之，当MACD线位于信号线之下，只适合操作空头头寸。关于这项准则，可以观察移动平均线与柱状图。如果柱状图位于零线之上，就代表MACD线位于信号线之上，只适合买进。如果柱状图位于

133

零线之下，就代表MACD线位于信号线之下，只适合做空。请参考图7-5的范例1，当MACD由下往上穿越信号线之后，多头头寸的获利很不错——在这种情况下，我们不建议建立空头头寸。

2. 零线之下的穿越

MACD远在零线之下，开始向上翻升，一旦由下往上穿越信号线，代表强劲的买进信号。请参考图7-5第一个标注为2的例子。在超卖区内，快速线向上穿越慢速线，这是很好的买进信号。至于标注为2的第二个例子，则显示卖出信号。

3. 移动平均线向上穿越零线

移动平均线向上穿越零线，可以视为买进信号的确认。如果交易者已经持有多头头寸，可以在此加码，空手者适合直接买进。当MACD向上穿越零线，也就代表短期指数移动平均线（EMA）由下往上穿越长期指数移动平均线，这也是一般移动平均线穿越系统的买进信号。图7-5范例3显示买进信号。

4. 注意价格本身与MACD之间的背离现象

如果价格走势与MACD之间出现背离，这是最有效的信号之一。请参考图7-5的范例4，价格走势创新高，但对应的MACD走势却出现下滑的峰位，两者之间出现明显的负性背离，代表行情即将大幅度回调。

5. 观察MACD柱状图的技术形态

你也可以把一般的技术分析技巧直接引用到MACD柱状图。柱状图在零线之下形成底部，而且开始向上翻升，可以考虑买进（请参考图7-5的范例5）。如果柱状图的长度持续减短，代表趋势发展逐渐丧失动能（包括上升或下降趋势在内），这种现象经常发生在均线穿越或零线穿越之前。请记住，如果你想通过由摆荡指标预测还没有形成的走势，判断很可能发生错误。通常我采用柱状图的峰位与谷底判断趋势是否已经结束，或寻找头寸出场或反转的机会。

> **MACD公式**
>
> MACD快线＝短指数平均数－长指数平均数
>
> 信号线＝快线的9周期移动平均线
>
> MACD柱状图＝快线－信号线
>
> 典型设置是：
>
> 短指数平均数＝12周期指数平均数
>
> 长指数平均数＝26周期指数平均数
>
> MACD移动平均周期＝9

运用摆荡指标掌握交易时效

摆荡指标的最主要功能之一，就是协助交易者掌握进场与退场的时效。有了摆荡指标的帮助，交易者能避免盲目追价，等待更合适的进场点，也可以避免在最糟的情况下退场。交易者只要能够有效改善这些问题，交易绩效就可以明显提升。一般来说，行情发展都会呈现波浪走势。随着行情持续走高，指标读数随之攀升，多头在超买区也会产生戒心，因为这经常是行情停顿或反转的位置。摆荡指标可以针对超买情况提出警告。一旦摆荡指标逼近高限区域，就不是理想的买进时机，因为行情涨幅已大，走势拉回的可能性很高。当然，涨势也可能不会停顿，但拉回整理的可能性毕竟较高。然而，很多交易者在此大胆买进，根本不参考摆荡指标，甚至不了解行情已经显著超买。他们担心错失机会，涨势看起来非常强劲，每个人都谈论着赚多少钱，所以他们相信涨势会继续发展，结果买在最高点。事实上，这是交易者应该考虑退场，而不是进场的时候。假定行情超买而价格持续走高，如果你因为等待折返走势而错失进场机会，这是可以接受的。等待摆荡指标折返，或等待进场信号，绝对可以提高胜算。总之，尽量不要再超买区买进，即使价格可能继续走高。等待行情拉回，或许需要一点耐心，但保持耐心通常都是能获得回报。

举例来说，假定你观察5分钟走势图（图7-6）而考虑买进KLAC。在A点附近，股价刚出现一波不错的涨势而吸引你的注意。精明的交易者不会在这里买进。请注意随机指标的情况，当时的读数显示严重超买，稍后很可能会折返整理，然后才能继续上扬。即使股价稍微回调，但只要在超买区域买进，情况就不会理想。不要追价才是聪明的做法，应该继续观望，耐心等待随机指标进入超卖区。行情回调过程中，继续克制进场的冲动，直到B点为止。

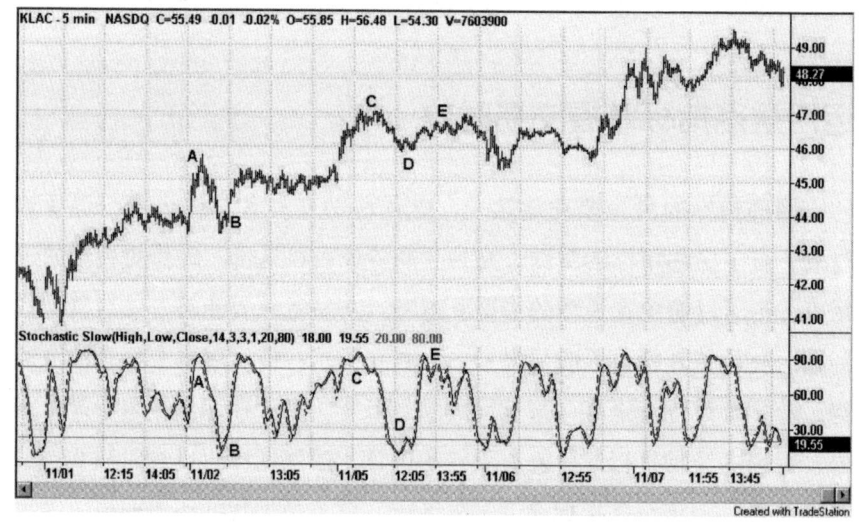

图7-6

这时相对于A点而言，进场买进的赚钱机会大增。进场之后，假定你决定继续持有头寸，直到明确的退场信号发生为止。不幸的是，当C点峰位发生时，假定你正在洗手间而没有掌握退场机会，当你回来时，股价一路下滑而直奔超卖区D点。当时很多人都决定退场，因为既有获利已经逐渐消失，甚至发生亏损（对于那些在C点追高买进的人而言）。可是，对于精明的交易者来说，当摆荡指标处于超卖区域时，就应该观察指标是否有回升的迹象，然后再决定如何采取行动。就目前这个例子来说，指标再度脱离超卖区，并且扶摇直上而到达超买区E点，然后在超买界限上下波动。这时你可以决定获利了结。当然，情况发展未必始终如此完美，但你至少应该给市场一些机会，看看是否能够由超卖区逃离出来，尤其是在长期趋势朝上发展的情况下。如果股价不能反弹，精明的交易者也会认赔出场，那些迟迟不愿认输的人，成功的机会实在不大。

> **误用振荡指标很容易赔钱**
>
> 　　为了说明这一点，我只能说多年来尝试运用随机指标来预测行情头部与底部，结果都不能赚钱，这足以证明随机指标的这方面功能很有限。在超卖区域内，我尝试猜测价格顶部，却发现行情经常都继续上涨。我也经常认为行情持续超卖而应该反弹，所以不愿结束多头头寸。最后，终于发现摆荡指标应该配合其他指标或价格形态运作。一直到我知道如何更明智地运用摆荡指标，操作绩效才得以明显改善。

摆荡指标的实际运用

相较于趋势跟踪指标来说，动能摆荡指标拥有一个明显的优点：更及时地显示反转点。在来回游走的区间行情中，趋势跟踪指标提供的信号经常有反复的问题，摆荡指标则能够准确地显示短期头部与底部。对于这类区间游走行情，在超卖区买进或超买区卖出的策略很有效。可是，最大的困惑就是不知道当时的市况究竟是否存在明显的趋势。换言之，我们不知道究竟应该采用趋势跟踪指标还是摆荡指标。根据统计，大约有20%的时候，市场存在明显的趋势。在这种情况下，显然应该采用趋势跟踪指标，如果误用摆荡指标，代价将非常惨重。因为只有在趋势不明确的市况下才适合采用摆荡指标。所以，可以考虑运用平均趋向指数（ADX）来判断是否应该使用摆荡指标。一般来说，ADX读数低于20，就代表市场缺乏明显趋势，行情大体上呈现横向来回游走。在这种市况下，趋势跟踪系统并不适用，交易者应该考虑以摆荡指标为主的系统。

我曾经尝试单独采用随机指标建立交易系统，但运气不是很好，结果并不成功。因此，我只把随机指标当作次要信号，或作为一种确认信号，告诉我可以建立哪一方向的头寸，或在哪里出场或了结部分获利。这也许会让机械性交易系统出现一些认为判断的问题，但金融交易有时候确实必须适应不同的市况、市场形态与资金管理方法。关于摆荡指标的运用，技术形态往往扮演很重要的角色，例如：双重顶、趋势线与背离现象。这些形态往往是摆荡指标最可靠的运用办法，但很难把他们纳入机械性交易系统。

背离现象

单纯利用摆荡指标来猜测行情头部与底部，其胜算远不如背离现象。除了本章之前讨论的一些例子以外，市场上还可能出现其他形态的背离。了解这些背离现象，并且知道如何进行交易，能让你充分发挥摆荡指标的功能。就摆荡指标的整体效益来说，背离现象可能是其中最突出的了。可是，如果你打算运用背离进行交易，就必须随时注意行情发展。因为背离现象不容易写入电脑交易系统，你必须经常注意摆荡指标的变化。接下来，让我们谈论一些有关背离的话题。

1. 价格与摆荡指标朝两个不同方向发展，是最寻常的背离

这是市场丧失动能的典型特征，价格走势已经不如先前强劲。如果这种背离现象发生在行情头部，往往代表很好的交易机会。举例来说，当摆荡指标在超卖区向上翻转，接着又下滑，但没有向下突破先前的低

点，而价格在这个时候却创新低。这种情况下，通常代表既有趋势已经丧失动能。图7-7标注为1的走势就是很典型的例子，标明位置刚好对应着连续几天杀盘的结束。

2.第二种类型的背离，是价格出现一段明确的下降趋势，然后呈现横向发展，但摆荡指标却向上发展而进入超买区

这意味着价格并不存在摆荡指标发展方向的动能，既有价格趋势经过一段休息之后，可能继续发展。请参考图7-7的范例2，随机指标上扬进入超买区得过程中，价格几乎完全没有上涨的意思。这种交易机会的胜算之所以很高，是因为价格没有出现应有的反应。换言之，价格没有随着摆荡指标上扬。在这个例子中，当随机指标进入超买区，很多空手者等着放空，既有的多头将彻底失望，造成股价重挫。虽然经过一段时间之后，才出现真正的大跌行情，但毕竟是很好的放空机会。因为股价在随机指标由超买区折返之后再也没有明显的上涨。

3.当价格创新低而摆荡指标没有创新低，这属于最常见的背离，但相反情况也同样有效

让我们看看图7-7的范例3，在下降趋势中，价格没有创新低，摆荡指标却创新低。不论是随机指标还是RSI，底部都下滑，但价格没有创新低。这通常意味着价格走势可能改变方向，因为摆荡指标虽然继续下降，但卖方却不能有效压低价格。就目前这个例子来说，如果交易者期待价格将大幅向上反转，恐怕也会失望，因为价格反弹程度很有限，差价利润也不大。可是，交易者毕竟应该了解这种背离形态。另外，这种现象也代表空头头寸至少应该做部分的获利了结。

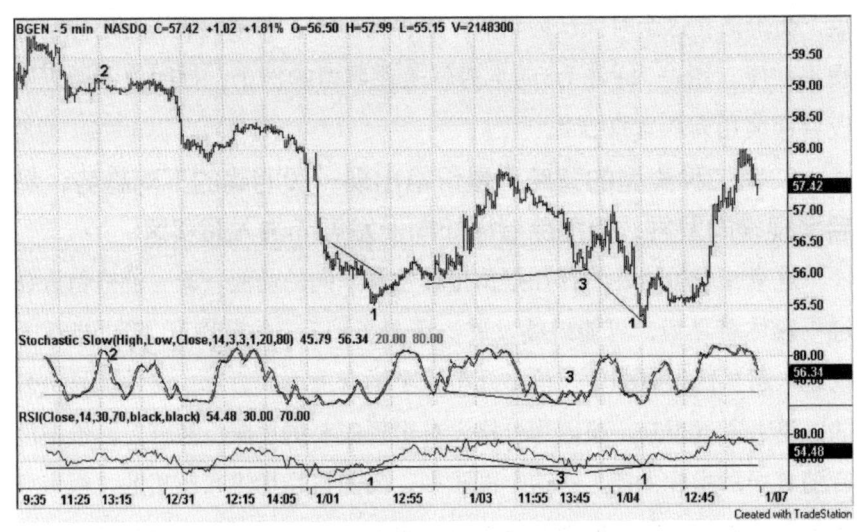

图7-7

4. 有时价格的趋势向上，但摆荡指标的趋势却向下

这种背离现象显然意味着行情不太对劲，价格走势随后很可能改变方向。请参考图7-3标注为6的两个范例，S&P指数不久之后都触底回升。

> ### 个股与大盘之间的背离
>
> 　　我经常运用的另一种背离，是个别股票与大盘走势之间的背离。举例来说，某一天，股票市场的走势很强劲，我做多一大堆股票，获利也不错。不久，大盘指数创新高，但我发现我持有的某些股票却没有跟着创新高。换句话说，我所持有的股票并没有反映大盘走势。这意味着大盘不久将回调，或者市场的领导类股已经轮换了。不论哪种情况，我都应该卖出这些股票，这种背离现象的另一种运用方式，是做空那些相对弱势股票。对于既有多头头寸而言，这些空头头寸可以视为避险。

顺着趋势发展方向进行交易

　　摆荡指标最有效的运用方式之一就是配合趋势跟踪指标操作。基本上，交易者都希望顺着主要趋势方向建立头寸，因此，首先要知道行情发展的主要趋势方向，然后在价格折返过程中利用摆荡指标建立趋势跟踪头寸。举例来说，对于明确的上升趋势，趁着价格回调，利用摆荡指标在超卖区寻找进场的机会。请参考图7-8，其中的A、B、C点与D点都是很好的进场机会。

　　上升趋势相当明确，但这四个进场点都对应着折返走势告一段落的位置，而且B点与D点刚好触及上升趋势线。请注意，随机指标当时都处于超卖区，进场的风险不高。这些多头头寸的出场位置如果设定为"随机指标进入超买区之后再度折返进入中性区域"，那么前三个头寸的出场点分别为AX、BX与CX。AX是很好的退场信号，因为价格与随机指标之间产生负性背离。价格创新高而随机指标没有创新高，意味着价格涨势即将告一段落。交易者之所以希望在随机指标跌破超买界限时退场，主要是担心行情拉回，所以这些出场点并不适合做空。反之，只要随机指标继续停留在超买区，就应该继续持有多头头寸，因为我们不知道价格涨势可能持续到何时。我不建议在退场点做空，因为空头头寸违反主要趋势的发展方向，不属于高胜算操盘。根据价格走势图判断，如果你建立空头头寸的话，即使成功，获利也非常有限，万一判断错误或空头头寸没有及时退出，损失就非常惨重。总之，请记住，你可以放弃某些交易机会，只要掌握胜算较高的机会，这些机会通常都顺着主要趋势方向。

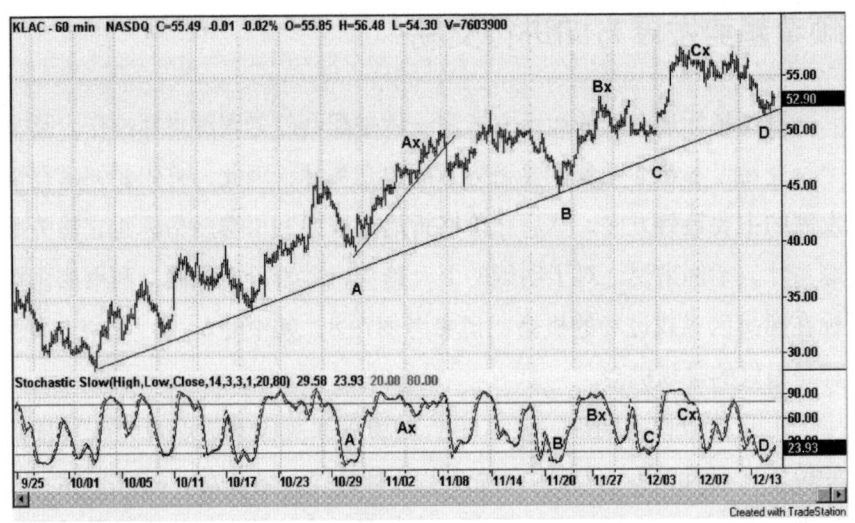

图7-8

采用多重分析周期

我发现,随机指标(或其他摆荡指标)最适合在多重分析周期内掌握趋势跟踪交易头寸的时效。首先,通过日线图判断主要趋势的发展方向。一旦有所结论之后,利用60分钟走势图进一步评估既有走势还有多少发展空间,或分析既有趋势什么时候可能拉回。确定交易方向之后,在更短期的分析周期下寻找实际进出场位置。让我们继续引用KLAC的例子来说明,在短期走势图内,我不只会利用随机指标来设定进场点,同时也会判断是否可以建立某一方向的头寸。如果随机指标在60分钟走势图内处于上升状态,我只会在5分钟走势图内寻找买进机会。不论头寸持有时间长达几天,或是短线进出,较短期的分析周期都能提供帮助。请参考图7-9,这份5分钟走势图是对应着60分钟走势图(7-8)由A到AX之间的发展。一旦60分钟走势图上看到A点的进场机会之后,就可以改用5分钟走势图寻找更精确的进场位置。根据实际发展观察,如果在60分钟走势图的A点进场,就必须忍受大约2美元的回调走势。

就5分钟走势图来看，等到随机指标折返到超卖区而回升穿越超卖界限，这或许是更恰当的买入点。在此建立的多头头寸虽然不能马上赚钱，但至少代表更理想的进场位置，风险较低。头寸建立之后，交易者可以回到60分钟走势图，然后继续持有头寸到AX点。当然，短线交易者也可以继续使用5分钟走势图来回操作。我在图7-9标注了一些上下箭头，分别代表可能的进出场位置。请记住，只要较高的分析周期显示多头趋势，短线头寸就只能买进或卖出而不能做空。图形中的两个D点代表价格与随机指标之间出现正性背离，都是很好的买入点。

请注意，不同分析周期下，不一定要采用相同的摆荡指标。有些人可能喜欢在日线图上显示成交量、趋势线、ADX与RSI，在60分钟走势图上显示MACD与移动平均线，在5分钟走势图上则采用随机指标。总之，在实际应用中，你可以尽情地发挥想像力。

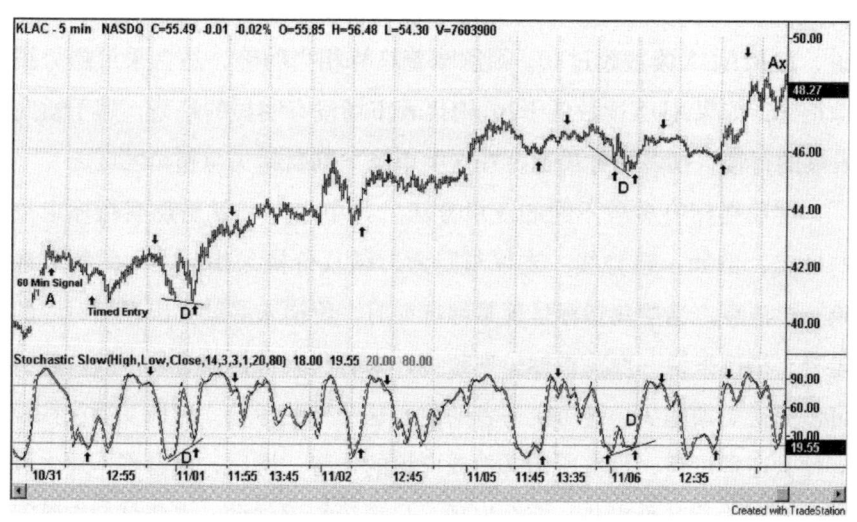

图7-9

成为更优秀的交易者

要成为更优秀的交易者，不只是要使用摆荡指标，而且还要充分发挥其功能。摆荡指标不能用来猜测行情头部与底部，而应该顺着主要趋势发展方向来使用。如果市场处于上升趋势，就利用摆荡指标寻找拉回走势的买入点。想办法在拉回走势进入超卖区之后再寻找适当的进场机会。掌握了行情在何时进入超买与超卖状态，就足可以让你成为更优秀的交易者。当行情进入超买状态时，精明的交易者绝对不会莽撞买进，他会等待更好的进场点。同样，当价格跌到超卖区，精明的交易者也不会因为恐慌而退出。实际上，超卖区是适合进场而不是退场的位置。摆荡指标的最主要功能之一，就是协助你挑选适当的进出场位置。只要稍微耐心等待，就可以找到更好的价位。

即使行情的趋势非常明确，而且摆动指标一直停留在超买区，这种情况下，耐心等待拉回的胜算仍然超过追价。当然，如果行情真的非常强劲，就应该采用趋势跟踪指标，因为摆荡指标在这类实况下并不适用。至于如何判断趋势的强度，ADX就是一个不错的指标。一般来说，如果ADX读数超过30，则意味着趋势相当明确，适合采用趋势跟踪指标；如果ADX读数低于20，则代表市场没有明显的趋势，属于横向发展的行情，摆荡指标最适合在这类市况下判断超买与超卖区域。

摆荡指标有多种不同的应用方法。其中之一，就是观察指标走势的形态，例如：趋势线、支撑与阻力，以及价格与指标之间的背离现象。要注意，当摆荡指标呈现某种特征时，价格未必就要出现相对应的走势。举例来说，摆荡指标呈现超买，未必代表价格就必须下跌。超买可以变得更加超买，这对交易者的耐心是严格的考验。行情发展往往没有什么道理可言，没有所谓必然或应该的走势。所以，交易者不要太顽固，不要确信某种走势一定会出现。只要行情够强劲，涨势就会继续挺进，不论摆荡指标显示多么严重的超买读数。交易者也可以结合各种不同的分析周期与摆荡指标，从不同的角度观察市场发展，或许可以归纳出更周全的看法。总之，如果你精通摆荡指标，就能够更精确地掌握进出场时效。

不用或误用摆荡指标的一些问题：

1. 进出场价位不理想

2. 进出反复，不断在超买区买进，在超卖区卖出

3. 认为市场表现太过分了，导致亏损头寸的持有时间过长

4. 在强劲的趋势中，摆荡指标提供太多错误信号

5. 追价

6. 在最差的时候结束头寸

7. 不知道在什么情况下行情发展才算是过度延伸

8. 错误地认为市场必须根据技术指标的指示而发展

9. 猜测行情头部与底部（交易头寸违反趋势发展方向）

10. 错失行情反转机会

运用摆荡指标的高胜算操盘：

1. 顺着主要趋势方向进行交易，等待折返走势进入超卖区再买进

2. 摆荡指标做头时再结束多头头寸

3. 不要在超买区追价买进，也不要在超卖区追价做空

4. 等待折返走势，寻找更好的时机

5. 运用摆荡指标寻找更好的进场点

6. 行情处于超买，买进必须谨慎；行情处于超卖，卖出必须小心

7. 在长期分析周期下判断主要走势还有多少发展空间

8. 注意价格与技术指标之间的背离现象

9. 注意摆荡指标走势的技术形态

10. 通过ADX判断趋势的强度

11. 摆荡指标长期停留在极端区域，意味着趋势非常强劲

12. 结合各种技术指标，彼此进行确认

13. 如果摆荡指标上升穿越零线，只适合操作多头头寸

14. 即使当行情发展过度延伸而造成你几乎不能忍受，也要尽量再多等待一会

值得反思的一些问题：
- 行情是否超买？
- 我是否正在追价？
- 我是否等待拉回走势？
- 由于行情已经严重超卖，我究竟应该认赔还是再多等一会？
- 我运用技术指标的方式是否恰当？
- 我是否顺着主要趋势方向进行交易？

第八章 突破与反转

任何重大走势都始于某种突破或反转。

突破：顺着动能方向进行交易

某些突破系统称得上是历史最悠久、结构最简单、表现最成功的交易系统。所谓突破，可以是指行情突破支撑或阻力位、创最近X天新高、突破趋势线等，很多交易者喜欢在这种关键时刻进场。突破系统之所以广受青睐，一方面是因为交易者可以顺着市场动能方向操作。在上升趋势中，价格可能突破先前的高点。当价格走势突破趋势线时，可能出现新趋势。价格也可能突破密集交易区。不论哪种突破，只要是真正有效的突破，随后都可能出现爆炸性的走势。突破系统的另一个优点是，如果出现大行情，交易者可以选择正确的立场。

图8-1显示了一些典型的突破范例。首先，在A点，价格突破短期间内两度出现的低点。这是顺着趋势发展方向的突破。一旦突破之后，价格加速下跌。在B点，价格反弹穿越下降趋势线，这个突破信号显示长时间以来的跌势可能告一段落。在C点，原先突破走势稍作整理之后，继续向上突破下降趋势线，进一步确认行情进入上升趋势。最后，在D点，涨势穿越先前走势的高点，出现高点持续垫高的上升走势。如图8-1所示，重大走势之前，都曾经出现突破，虽然这些突破包括连续

信号与反转信号。

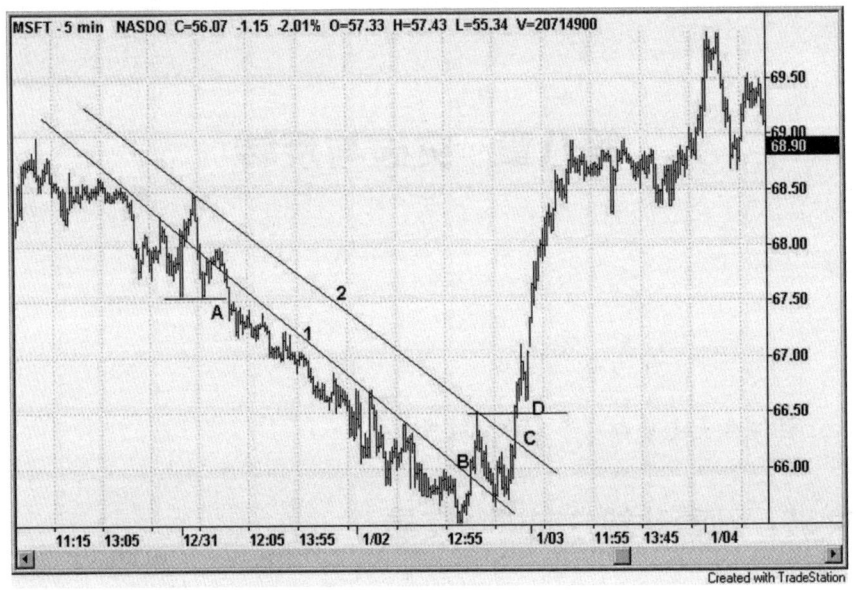

图8-1

什么因素促成行情突破

市场可能因为种种原因而发生突破。某些突破动力来自于消息面，例如气象预告、罢工或意料之外的利润报告。另一些突破则是因为重要价格或技术关卡遭到穿越。所谓重要的价格关卡，可能是指先前走势的高点或低点、明显的趋势线、通道、移动平均线、整数价位或密集交易区。如果知道这些重要关卡的位置，就可以预期突破走势可能发生在哪里。

突破走势经常引发爆炸性的力量，因为先前可能多次测试该水准而未能成功。如果价格走势曾经数次测试某个关卡，自然会引起注意。每当价格接近该关卡，交易者就要准备采取行动，不论突破是否成功。一旦该关卡遭到克服，通常会触发一系列的止损单，蓄积大量动能，促使突破走势继续发展。某些情况下，市场可能在特定价格区间内来回游走一段时间，最后挑选某个方向进行突破。一般来说，重要关卡遭到测试的次数越多，突破后爆炸的能量也越大。某些突破是因为市场的既有走势丧失动能，而反转走势则蓄积动能。如果有很多交易者结束或反转头寸，就可能导致市场突破既有的趋势，展开另一波新趋势。本章稍后会详细讨论一些可能引发突破的形态。

突破形态

突破先前的高点或低点

当价格穿越先前的高点则买进，价格跌破先前的低点则做空，这可能是最常见的突破策略之一。举例来说，如图8-1的A点，当价格跌破先前的低点，适合趁机建立空头头寸。另一种常用策略是既有走势突破先前特定期间，如20期的最高价（最低价）则买进（卖出）。所以，在图8-1的B点与C点，当行情突破最近20期的高价，适合进场做多。依此建立头寸，就可以站在行情发展的正确一方，前提是市场必须出现明确的动能。这类的突破，可能代表既有趋势的连续发展，也可能代表趋势的反转。

突破趋势线

除了先前的高点、低点或三重顶之类的价格位之外，市场也可能突破趋势线或移动平均线。图8-1中的B点和C点当时都曾经发生趋势线突破的走势，这类突破很重要，因为可能代表既有趋势结束而新趋势出现的信号。当趋势线遭到突破时，即使不建立新头寸，最起码也要结束与该趋势线方向一致的头寸。如果走势图上标明了趋势线，就很容易发现这种类型的突破。困难的问题是，交易者如何说服自己应该结束与该趋势线方向一致的头寸。

价格区间突破

很多时候市场并没有明确的走势，只是在横向区间内进行调整，并因此呈现通道、三角形、旗形或矩形的价格形态。在这些区间内，上有阻力，下有支撑，所以价格来回游走，但最后很可能会挑选某个方向进行突破。横向走势发展过程中，多空双方在此角力，双方都尝试掌握局面，但暂时都不能取得压倒性胜利。面对这类行情，你可以在上部阻力区把多头头寸转换为空头头寸，然后在下部支撑区把空头头寸转换为多头头寸，如此来回赚取差价利润。但一定要注意，不论是支撑还是阻力，两者都可能被突破。市场可能顺着长期趋势的方向突破价格区间，但也可能出现趋势反转。价格区间持续的时间越久，突破之后的走势也就越大，越容易吸引注意。关于突破的目标价位，一般的衡量方法如下：突破走势的垂直距离，大约等于价格区间的水平长度。如图8-2，Y点与A点之间的距离（突破走势的垂直距离）大约等于X点与Y点之间的水平长度。当然，这种衡量方法未必始终有效，但其有效程度或许足以促使交易者预先设定突破的目标价位。

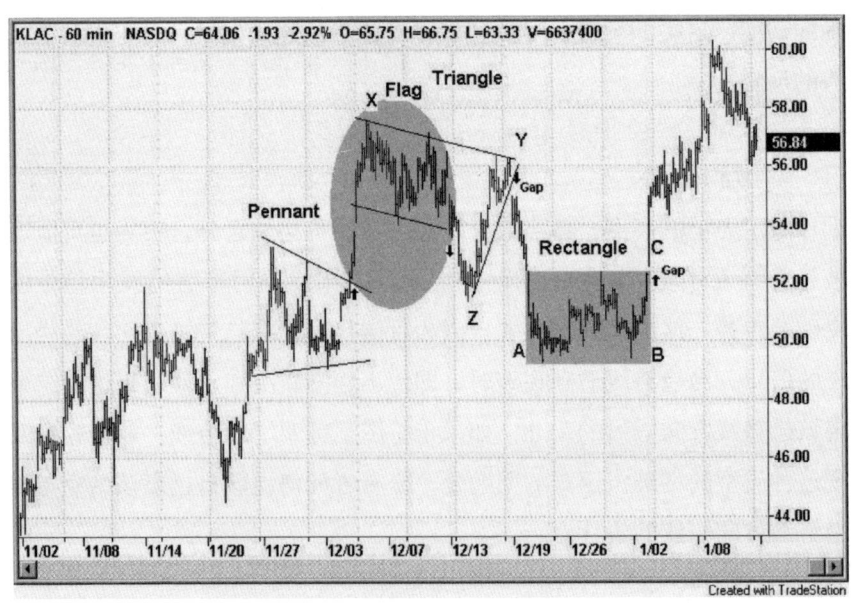

图8-2

矩形排列

矩形是上下具有明确水平阻力或支撑的横向整理区间，请参考图8-2的范例。在两个星期内，价格在3美元垂直距离内游走，每当价格接近下部支撑时，就会引发买盘进场与空头回补，于是价格走高。同样，每当价格接近上部阻力，就引发卖压，迫使涨势回调。可是，行情最终还是会朝某个方向进行突破。矩形突破之后，你可能想知道潜在的目标价位。如同之前所说，由突破点（C点）向上衡量矩形排列的水平宽度，结果就是目标价位。

三角形、平行四边形和三角旗形

某些排列不同于矩形，整理过程中，波段走势的高点或低点不能触及先前波段的高点或低点。这些排列各有不同的形状，例如三角形、楔形、平行四边形和三角旗形。由波段高点衔接的上限，以及由波段低点衔接的下限，两者可能彼此发散（楔形）、平行（平行四边形）或收敛（三角形）。这些排列的形状或许各有不同，但性质相似，都属于可能朝某个方向突破的密集整理区。平行四边形与三角旗形之间的主要差异如下：平行四边形的上限与下限呈现平行通道，通道的发展方向与既有趋势方向相反；三角旗形的上限与下限彼此收敛，收敛方向未必与既有趋势方向相反。请参考图8-2，其中分别显示了三角旗形、平行四边形和三角形的例子。阴影部分遮盖的平行四边形是三角形排列的一部分。

缺口

某些情况下，市场往往通过跳空缺口（GAP）进行突破，就如同图8-2现实的一些例子。跳空缺口意味着买卖双方之中的某方面力量胜过另一方。如果跳空缺口的动能得以持续累积，突破走势就能够继续发展。虽然绝大部分缺口迟早都会被填补，但突破缺口经常代表重大走势的起点。在重要支撑与阻力位或先前高点与低点的外侧，通常都会有大量的止损单，一旦这些市价单被引发之后，自然会带动激烈的走势，于是产生跳空缺口。除此之外，类似如谷物报告、利息政策或利润预警等突如其来的重大新闻也可能会引发跳空缺口。重大新闻发布时，往往会造成众多买盘或卖盘进场，价格自然会呈现大幅波动。有些重大新闻是在收盘后才公布，所以隔天的开盘价会向上或向下跳空。这种情况通常是重大走势的开始，必须非常注意。

新闻

虽然所有的突破都可以通过技术形态处理，但突破走势可以由基本面因素引发。新闻可以归纳为两大类。第一种是市场没有预期的新闻。例如，某一重要铜矿产区发生大罢工、某家公司宣布倒闭、石油输出国组织宣布减产。这些事件都会造成市场的重大走势，几乎完全不受稍早之前的趋势影响。第二种是市场已经预期而预作反应的新闻，比如降低利率。由于市场已经有所预期，当新闻正式公布时，经常引发反向的价格走势。假定某特定时间将公布重大消息，针对这类事件预先建立头寸，恐怕是非常危险的，因为价格可能大涨，也可能大跌。事实上，这种行为已经属于赌博的范畴。所以，对于这类情况最好暂时保持空手，等待市场充分消化相关新闻之后再做打算。

突破走势的交易策略

预先建立头寸

前面曾经提到，突破可能顺着既有趋势方向发展，也可能是趋势反转。预先预测突破方向并不简单。如果所预期的突破走势根本没有发生，交易者可能因此而严重亏损。当价格攀升到上部阻力区时，某些交易者往往不等突破实际发生，就预先确定价格将向上突破。如图8-3的S&P 500的五分钟走势图所示，当价格由点4到达点5时，某些交易者可能预测价格将向上突破而预先买进。然而当行情发展到点6时，之前在点5建立的多头头寸显然失败，交易者很可能反手做空，甚至在点7的时候仍然继续加码。行情在特定的价格区间内可能来回游走很长一段时间，如果每逢阻力或支撑，就认定价格可能突破而预先建立头寸，交易者恐怕会不堪亏损。事实上，交易者不应该预先建立头寸，只有在看到行情的实际突破后才可以考虑采取行动。

图8-3

突破之后追价

突破之后，立即顺着突破方向追价，这是另一种可能出现的错误。突破发生时，有些交易者会受到市场情绪的感染，无法克制自己而开始追价。除非突破之后的走势非常可观，否则追价的结果可能很惨，因为走势很可能折返。请参考图8-3的例子，在点8，当行情向上突破时，如果用市价单追价买进，撮合价格很可能是点9。请注意，这时行情刚出现10点的涨势，很可能拉回整理。对于很多交易者来说，他们无法等待三天或一小时甚至20分钟。他们认为，如果不立即采取行动，就会错失机会。抵制这种诱惑并不容易，但这也正是胜算高低的区别所在。交易机会很多，即使错过这个机会也没有关系。交易者不应该觉得某个机会绝对不容错失。宁可错失很多机会，也要保证谨慎筛选，只有胜算高、风险低的机会才是真正的机会。不妨耐心等待行情拉回重新测试突破点，只有在测试成功后才进场。当然，行情突破之后，走势可能不会拉回，这种情况下，你只好牺牲这类机会以提高胜算。

交易者错失最初的进场点而开始追价，与止损点之间的距离一定会拉远，使得风险与报酬的结构变得非常不理想。如果进场不及时，很容易被逆向走势震荡出局，因为价格一旦拉回突破点附近整理，交易者可能不堪亏损而认赔。追价往往也会造成移动价差扩大。如果你在行情急涨过程中买进，买卖报价会拉得很开，实际买进价格可能很不理想。如果等待行情拉回，就可以很轻松地利用限价单买进，甚至可能按照市场买方报价成交。

突破走势的高胜算策略

为了提高突破系统的胜算，可以从几个方面尝试改善。同时观察几个不同分析周期，更清楚掌握市况，配合其他技术指标运用。例如，ADX、随机指标或其他摆荡指标，观察价量关系，增加一些过滤设置，避免轻率接受信号。接下来我们将要讨论如何充分运用突破走势。

横向区间走势的突破

我们在图8-3看到S&P五分钟走势图出现横向区间走势的突破，但仅就这份走势图来说，实在很难了解当时应该如何应对。在这种情形下，首先要分析较长期的走势图。图8-4为60分钟走势图，其中的点1大约对应着图8-3的点1，当时行情正处于上升趋势，而且最近曾经拉回整理。另外，随机指标读数稍高于50，并且正在上升。这两点，主要趋势方向与随机指标状况，代表指数向上突破时的重要参数背景，突破信号有效的可能性大增。信号发生时，如果行情本身已经呈现明确的趋势，这类突破信号的胜算很高。总之，尽可能顺着主要行情趋势的方向进行交易，这样就可以避免不必要的风险。

图8-4

图8-5同时列举了随机指标与ADX图形。我们发现，点5、点6和点8都可能向上突破，但随机指标显示当时的涨势已经过度延伸，最好稍安毋躁。这段时期内，ADX显示市场没有明确的趋势，不应该针对突破走势追价。如果ADX很强劲（读数超过30），那么价格顺着主要趋势方向突破区间走势的信号成功机会就很大。

还有一种向上突破的可能特征。当天行情开低，但价格始终未跌破最初30分钟出现的最低价。这意味着开低的盘势并非来自于真正的交易者。一旦有心者进场之后，价格很可能向上突破。

图8-5的点7看起来是很诱人的做空机会，因为点6之后的反弹高点与区间盘整高限之间存在很长的差距，而且随机指标当时也反转下滑。点7显然有做空的理由，因为风险不高（止损可以设定在点6和点7所夹

155

的小峰位稍上方），而且只要点2、点4和点6衔接的趋势线遭到贯穿，跌势很可能一发不可收拾。可是，很多特征都显示你应该等待向上突破。走势在点7没有创新低，代表区间下限的支撑有效，我个人认为，这是理想的做多位置。这时ADX仍然呈现弱势，意味着行情缺乏明确趋势，随机指标刚由超卖区折返，价格正处在盘中走势图的趋势线上，但主要趋势朝上。事实上，你很难要求更多。话说回来，如果我进场做多，而且判断没错，我也会在点8稍前方的压力区获利了结，因为当时的状况明显超买。即使行情顺利向上突破，先获利了结一次也没错，最起码也要了结一些头寸。

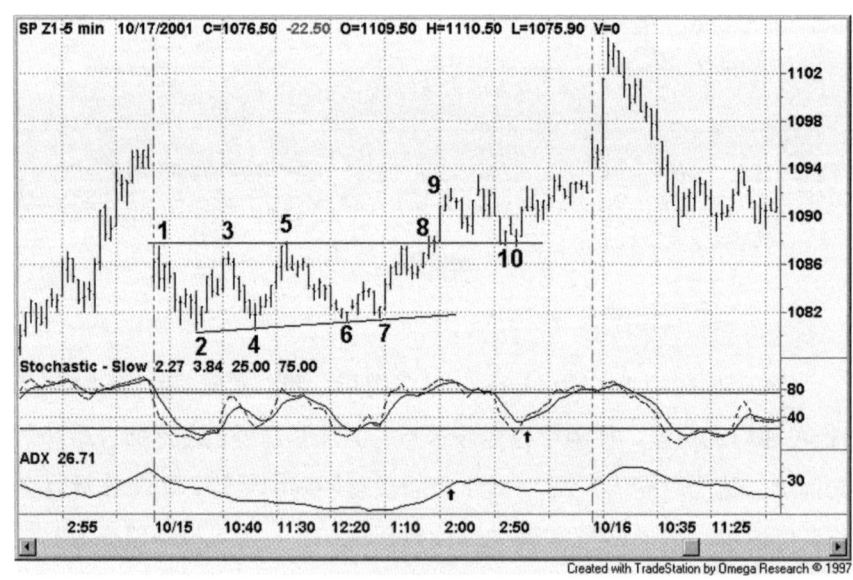

图8-5

一旦向上突破之后，交易者一定要克制追高的冲动。市场经常会在突破之后，回头重新测试当初的突破点。经过一段涨势，随机指标已经进入超买区，最好还是等待价格回调、测试支撑，或进入超卖区（如同点10的情况），然后才进场。如果你在点10买进，很容易判断这笔交易

第八章 突破与反转

是否正确，只要价格有效跌破通道上限，就可以认赔出场，损失非常有限。假定在点8买进，理想的止损点距离稍远，大约是当天的最低价，风险/回报率稍高，这是一种能够避免就尽量避免的情况。

如果使用ADX，指标读数太低，意味着行情顺着主要趋势进行突破的可能性不高，但比较容易突破趋势跟踪线。如果ADX很强劲，就很可能顺着主要趋势方向进行突破，趋势跟踪线也应该守得住。

趋势线突破

行情穿越趋势线或移动平均线而展开新趋势，这属于另一种类型的突破。我们虽然都希望顺着主要趋势方向进行交易，但趋势不论多么强劲，终究还是会被突破。每当价格逼近趋势线，通常不应该预期趋势线会遭到突破，但万一发生突破，也应该有所准备。分析周期越长，突破就越重要，但突破本身的结构和运作在每种分析周期下都相同。另外，趋势线的倾斜角度越大，遭到突破的可能性也就越高。

图8-6

请参考图8-6，这份棉花日线图显示了很多趋势线突破的例子。价格走势图上配备随机指标，有助于判断突破走势是否具备足够潜力。关于突破走势的操作，我喜欢采用随机指标，因为我希望知道自己进场时，行情还有多少发展空间。相对于行情已经进入极端区域的情况来说，随机指标只不过刚开始朝趋势跟踪方向移动，后者的交易胜算明显较高。请参考图8-6的B点，当时的情况很理想，因为行情已经由跌势转为横向盘整，然后向上突破盘整区间的上限与下降趋势线，成交量明显放大，随机指标尚在超卖区内。

通过成交量确认突破走势

当价格逼近趋势线或先前的高点与低点时，成交量是另一个观察重点。当价格接近趋势线而成交量没有明显放大，意味着该趋势线应该可以发挥效力。如果当时成交量明显放大，突破的可能性就会增加。在行情向上突破的过程中，成交量应该放大，因为这代表空手者进场买进、空头回补甚至翻空为多。在这种情况下，走势将蓄积客观的动能，直接穿越支撑或阻力区。如果成交量没有放大，则意味着交易者参与的兴趣不高，多空之间将有一番争斗，突破无效的可能性也相应提高。所以，如果突破过程中没有放量，后续走势就会变得非常不确定，不应该过早进场。

除非成交量显著放大，否则交易者不应该相信该突破走势有效。这种情况下，最好还是稍安毋躁，在场外观察一阵再说。这类的向上突破很可能拉回重新测试突破点，如果你发现当初的突破点确实提供有效的支撑，就可以考虑进场。如果当初是夹着大量向上突破，走势拉回重新测试突破点的可能性就相对降低，交易者或许应该考虑提前退场。

请回头观察图8-6，每当走势进行突破之前，成交量都明显萎缩，但突破过程则爆出大量。这两种现象可以用来判断突破走势是否可信。成交量先缩后增，则意味着交易者针对新趋势积极建立头寸。如果当初的空头反手做多，回补加上买进，代表两倍的成交量，这种活动绝对有助于行情的穿越关卡。很多交易者并不重视成交量，但成交量实际上是提高交易胜算的重要因素之一。

逆向走势的突破

假定市场存在明确的趋势，在逆趋势折返告一段落而朝趋势跟踪方向进行突破时，往往是很好的机会，因为你可以建立趋势跟踪头寸。请观察图8-7的思科（CISCO）日线图，1999年正是纳斯达克科技类股最红的时期，上升趋势非常明显，中间夹着几个折返走势。请注意趋势线A与趋势线B。当这两条逆向的趋势线遭到突破时，非常适合积极建立头寸。这类头寸的胜算非常高，理由是：1.价格已经拉回，而且经过一段整理；2.头寸是顺着主要趋势方向建立的；3.距离主要上升趋势线很近，头寸可以再次获得强劲的支撑，即使在此止损的伤害也不会太严重。反之，如果交易成功，上升的潜能通常都很高，例如突破趋势线B之后的情况。

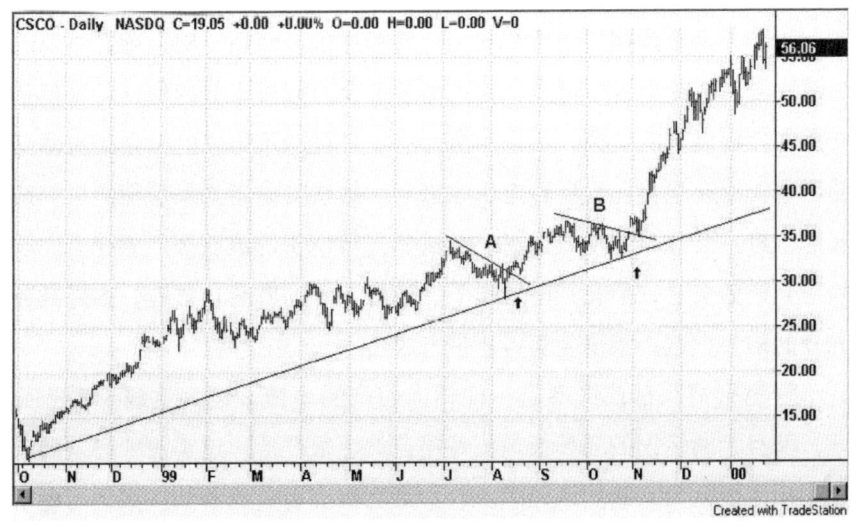

图8-7

先前高点的突破

当行情顺着主要趋势方向发展而突破先前的高点（低点），立即进场建立多头（空头）头寸，这种策略的胜算颇高。波段高点持续垫高，这是上升趋势获得确认的现象。因此，在上升趋势发展过程中，每当先前的高点被突破时，都可以考虑建立趋势跟踪头寸。就图8-7来说，这类进场点几乎有无限多个，因为股价不断创新高。在上升趋势中，如果交易策略设定为"只要价格突破最近10天的最高价，就进场建立多头头寸"，就不会导致逆势交易。如果趋势很强劲，你只需要进场一次，然后就可以继续持有头寸。万一趋势并不强劲，就必须采取明智的止损策略，直到你确实掌握一波行情为止。如果你决定针对这类突破走势进行交易，也应该采取对应的止损策略。例如：每当价格跌破最近三天的低点，就止损出场。请注意，这类交易失败的概率很高，但一旦成功，回报也非常可观。

反转

每个人都希望捕捉到行情向上反转的底部，然后一路大赚。所谓的行情底部，可能是盘中低点，也可能是三个月波段走势的低点，这都是交易者梦寐以求的机会。不幸的是，这也是可遇不可求的机会。头寸交易者通常都在趋势已经反转之后才进场，短线交易者如果想猜测头部或底部，经常会过早进场或退场。尝试捕捉行情头部或底部，意味着你必须建立逆势头寸，但在某些情况下，逆势头寸的胜算也很高。如果具备充分的耐心，这类策略确实可能带来成功。

猜测行情头部或底部是一件相当困难的事情。因为这属于逆势头寸，而且判断错误的频率很高，亏损自然也很严重。这类头寸必须要设定止损，而且要有断然认赔的决心。每五次交易，成功的次数很可能不到一次。因为失败频率太高，大部分人都不愿轻易尝试，或没有足够资金。所以，如果想针对反转进行交易，资本必须足够雄厚，而且必须持之以恒。不能因为失败几次就轻易放弃。本书稍后将讨论交易系统的测试方法，其中包括最长连续失败次数与最大可能亏损。这有助于你决定是否适合采用这项策略。

发生反转的理由

趋势线突破是最单纯的趋势反转。趋势线是多空力量处于均衡状态的位置，所以趋势线突破也代表另一方将开始掌控局面。除了趋势线突破之外，还有一些状况也可能造成趋势反转。举例来说，当行情完成一定长度的走势之后，市场进入超买区、超卖区或对横向区间走势的突破。下面我们讨论一些值得特别注意的反转排列或形态。

反转日

反转日是趋势发生反转的一种形态。在下降趋势中，某天（某根K线）的最低价低于前一天（前一根K线）的最低价，但收盘高于前一天（前一根K线）收盘价，这就称为反转日或反转K线。反转日的成交量通常很大，导致趋势反转至少暂时反转。关键反转日是指当天低价创波段新低，但收盘价却高于前一天最高价。另外还有所谓的两天反转，也就是说第一天价格继续创新低，但没有收在最低价，第二天价格突然向上拉高，收盘价高于两天前的收盘。

请参考图8-8，其中显示一些反转日的案例。各位可以发现，如果这些信号配合随机指标的超买或超卖读数，操作绩效就相当不错。当然，不是每笔交易都很成功，但成功交易的获利，绝对大于失败交易的亏损。这种策略的关键是，要对头寸持有一段时间，因为你是在新趋势的开端进场。反之，如果交易失败，必须立即认赔。如果在底部的反转日进场，止损通常设在前一天最低价的稍下方。

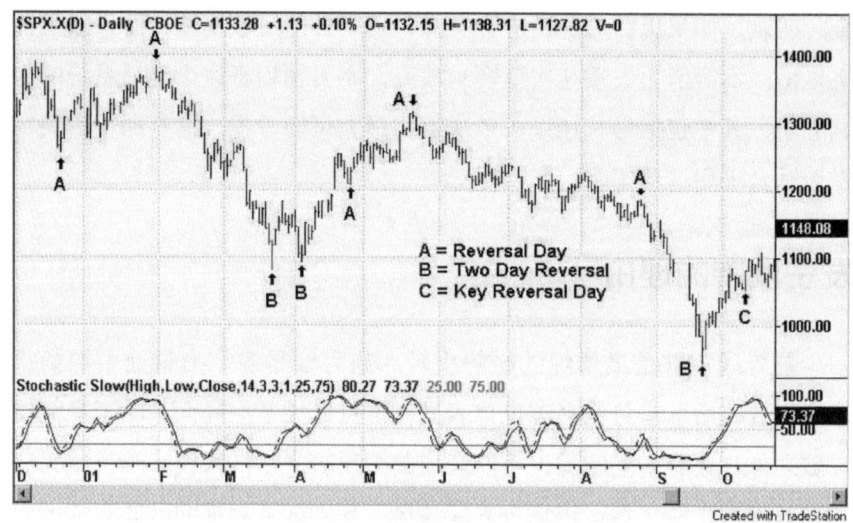

图8-8

我的第一个交易系统

我进行短线交易的第一套交易系统就是建立在反转日形态之上。我会注意那些价格创新高或新低（相对于前一天价格而言）的每种商品。如果发现这类现象，我就会在反转形态完成的价位设定止损单，只要止损价位遭到触发，就进场建立头寸。如果每天价格顺着我的头寸方向收盘，就继续持有头寸，看看隔天是否会出现更进一步的走势。某些情况下，如果行情继续朝正确方向发展，这类当日冲销的头寸可能持有数天之久。如果是在折返走势的末端建立顺趋势头寸，胜算通常很高。甚至到目前为止，我的交易系统仍然采用这种策略。

反转形态

价格反转排列的种类很多，例如V形反转、碟形（圆弧状）顶或底、双重顶或底、三重顶或底。如果行情上涨到先前高点位置而不能向上突破，就形成双重顶（或三重顶）排列，经常意味着涨势无法持续。

双重顶的形状类似于英文字母M，双重底则类似于英文字母W，所以又分别称为M头与W底。请参考图8-9的英特尔盘中走势图，其中显示双重顶排列与双重底排列。

每当行情上涨到先前的高点，如果没有能力向上穿越，很可能就会反转下滑。针对这类排列进行交易，首先要辨认双重顶或双重底形态，然后观察该排列是否突破既有的趋势。如果价格下跌到先前的低点而不创新低，不妨建立小量的多头头寸，因为止损位置——先前低点的稍下方——非常接近买点。如同图8-9显示的例子，当价格开始弹升而穿越趋势线A或阻力线B，则可以考虑加码。请注意，双重底未必就代表趋势向上反转，因为双重底的底部也可能被贯穿。可是话说回来，如果你能觉察这类的形态，总会有助于掌握交易机会。

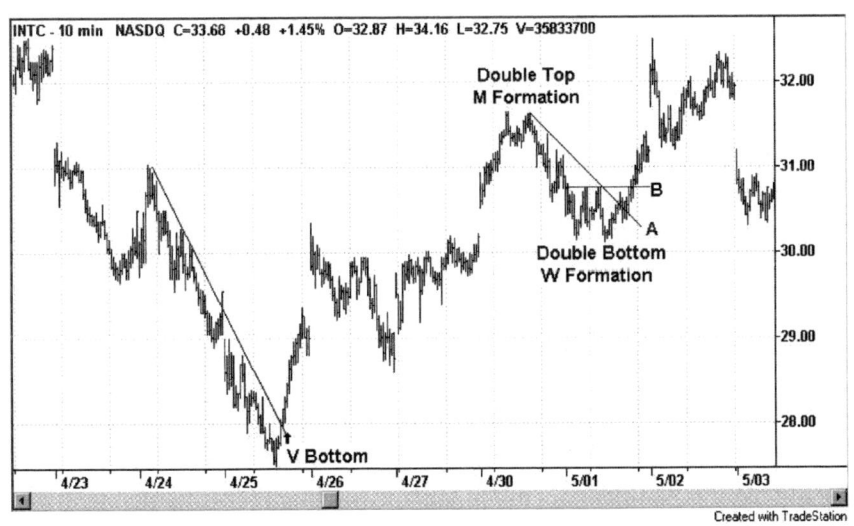

图8-9

V形反转是另一种值得注意的排列，但这种排列很快就完成，而且经常突然发生，所以很难预期。V形反转往往发生在强劲的趋势中，然后趋势突然反转。就如同图8-9显示的例子，一般人很可能想要做空而不是买进，因为主要趋势明显朝下。可是，一旦看到反弹走势突破下降趋势线，就应该放弃做空的念头。反之，你应该开始想办法寻找买点，把止损设定在V形反转的低点稍下方。当然，你或许还应该翻阅其他时间长度的走势图，评估是否值得买进。

碟形反转排列比较容易觉察，因为其形成过程很缓慢，让你有足够的时间慢慢琢磨。请参考图8-10，整个盘头过程大约花了两天的时间。股价创高点之后，稍微回调，然后又反弹，劲道仍然十足，但无法穿越先前的高点。在A点，当价格跌破上升趋势线时，可以考虑做空，但也可以等到B点位置，股价大跌显示上升趋势已经结束。

"无法再承担痛苦"的反转

站在行情走势的错误一边，由于无法继续承担痛苦，结果在最糟的关键时刻被震荡出场——我已经不记得类似的事情发生多少次了。因为不堪继续亏损，于是决定不惜代价通过市价单出脱头寸，有时甚至是反转头寸。这种情况下，行情总是会立即结束既有的走势，然后朝另一方向反转。对于交易者来说，这是最令人沮丧的事，而且还经常发生。这类反转不同于一般折返走势，前者的成交量明显放大，走势也比较激烈，发展速度很快。交易者必须想办法辨别这类走势，如此不但可以避免不必要的亏损，甚至可以找到理想的进场点。每当这类突兀走势丧失动能之后，通常会激烈反转。请参考图8-10，其中显示一个典型的案例。如果在点1做空，结果将遭遇一波强劲的反弹走势，因为隔天价格开高，但没有收在最高价，成交量放大。很多人会觉得惶恐，甚至不能承担痛苦，而在点2就回补出场。若是如此，只能看着行情又突然恢复下降趋势。关于这个案例，最值得注意之处，是开盘的成交量特别大，但价格开高之后却不能继续挺进，意味着突兀走势已经结束。这种情况下，交易者可以静观其发展，一旦察觉突兀走势的动能开始流失，就进场建立趋势跟踪头寸。价格通常都会怎么上去就怎么下来。既然先前的走势非常突兀，随后的反转走势也会同样激烈。所以，要尽可能掌握这种机会。面对这种情况，观察较长分析周期的走势图通常可以协助你判断行情还有多少发展空间。

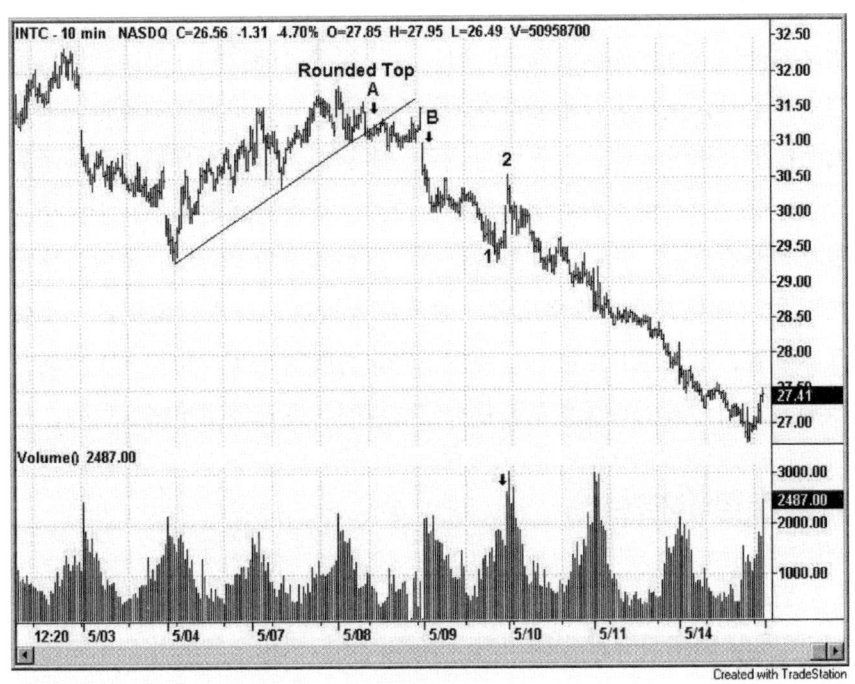

图8-10

暂时离开

　　每当发现自己再也不能承受，我会查看随机指标的状况，看看读数是否处于极端状态。若是如此，我就会暂时离开10分钟。回来时，如果情况仍然没有改善，那我就会不惜代价认赔出场。不过，我不会反转头寸，因为这相当于追价，胜算不高。也就是说，我会暂时退后一步，看看行情接下来如何发展。总之，这类走势通常会夹着大成交量出现。若是如此，走势很可能即将告一段落。

重要价位的反转

当股票、商品或指数接近或触及重要关卡（例如：道琼斯指数的1万点、纳斯达克指数的2000点或原油的20美元），或其他具有重要技术意义的价位（例如先前的高价）时，行情都很可能反弹。每当行情逼近这类关卡时，交易者经常会推波助澜。可是，一旦价格真的逼近关卡，就会产生胆怯的心理，大家纷纷退场。事实上，这通常都是自我暗示的心理障碍。当行情下跌而逼近整数价位时，买方会暂时缩手，干脆把买单移到整数价位。所以，在整数价位将有很多限价单成交，造成价格稍微反弹。旁观者看到价格反弹，通常都会抢进，导致行情更进一步弹升。接着，空头也开始回补，使得下降走势暂时结束，价格向上反转。原则上，当你看到行情跌至整数价位附近时，应该假定价格会反弹。

衡量走势价格目标

当行情突破整理区间时，交易者应该估计有效突破之后的目标价格，如此才能衡量风险报酬比率。如果风险与回报之间的关系不理想，就不应该进场。举例来说，假定交易成功的获利为20美分，但失败的损失则高达1美元。这种风险回报关系显然很糟，除了第六章谈到的斐波那契折返比率之外，还有一些技巧可以用来衡量走势幅度。我稍早曾经提到一种方式，利用横向整理走势的宽度衡量突破之后的目标价格。行情发展都存在某种固定的特质，所以不可以利用过去的波浪或区间大小来估计后续的走势幅度。在你的走势图上，如果股价在某横向区间整理的宽度为12.5厘米，不妨由突破点向上衡量12.5厘米为目标价格。同理，如果前一波浪的走势幅度为3点，也可以依此设定下一波浪的目标价位。另外，当价格突破通道之后，也可以利用通道宽度来衡量突破之后的目标价位。

请参考图8-11，当价格突破横向整理区间之后，涨幅几乎刚好等于整理区间的宽度。图形中的两个阴影长方形非常类似，只是方向相反。当行情发展到目标价位时，就应该准备获利了结，不要心存贪念。如图8-11显示的情况。

图8-11

进场时机

行情突破之后，交易者往往很难决定究竟应该立即进场，还是等待收盘后再做判断。这两种策略各有优劣。等待收盘价的确认，可以有效过滤很多反复信号，但也可能错失一大段走势。而在盘中进场，遇到假突破的可能性也大大增加。关于如何处理交易信号，每个人的态度都不相同。就我个人而言，我会把最初的突破视为采取行动的信号，然后采用其他技术指标与分析周期来掌握进场时机。万一错失理想的进场点，绝对不可以冒失追价，如果没有掌握到这个机会，就等待下一个机会。

利用止损单进场

如果你觉察到行情可能进行突破，可以利用买进或卖出止损单进场。让我们继续引用图8-11的例子，假定你预期价格可能突破横向盘整区间（第一个阴影长方形），你可以在横向走势上限的稍上方设定止损买单。一旦价格触及止损价位，你就会以市价买进。这种方法可以让你在第一时间进场，也不至于在场外干瞪眼或追价。只要价格向上突破，你就是当时造成大量突破的买单之一。此外，请参考图8-11左端的三角形排列。由于三角形排列可能向上或向下突破，所以可以在适当价位分别设定止损买单与止损卖单。这种处理方式颇值得考虑，因为只要某个止损单遭到触发之后，另一个止损单就变成了保护性止损。就目前这个例子来说，如果没有利用止损单进场，就会错失一大段走势。如果交易者无法随时注意盘面的发展，或者临场犹豫不决，利用止损单进场就是一种很好的方式。设定止损单之后，你知道行情只要出现突破走势，你就会进场。但止损单毕竟还是有缺点的，它不能防范假突破。

（编辑注：如果交易所或者经纪公司支持止损指令，那么"止损进场"的实现其实很简单：以市价指令建立大小相等的多空两个头寸，暂时锁仓，并且，在高价位为空单设置止损，或者在低价位为多单设置止损，或者多空头寸都设置止损，当价格触及止损点，某一方向的头寸离场，剩下的头寸就等同于"以止损价进场"。如果同时设置了双向的止损进场指令，当一个方向触及止损，实现进场之后，另一个方向上的止损就成了保护性止损，所以这是一个不盯盘实现突破系统的好方法。）

设定必要的进场过滤设置

为了避免陷入假走势，有些人会在系统内加入一些过滤设置，或设定缓冲区。对于突破走势的交易，过滤设置并非必要的工具，但它通常可以提供一些帮助。某些交易者规定，只有价格穿越突破点到达特定百分率之后，才视为有效的突破；另一些人则规定，除非连续3个收盘价都停留在区间之外，才视为有效突破。很多情况下，价格突破趋势线只是稍微探头而已，然后又立即返回。所以，除非价格突破趋势线超过3%、3点或连续三个收盘价都穿越在趋势线之外，否则都不算有效突破。这些过滤设置虽然可以剔除一些假突破，但也可能让你错失最初一段行情。请参考图8-11的A点，价格在下午盘一度跌破上升趋势线，但很快又站回趋势线以上。如果采用3点的缓冲，就不至于把这个假突破视为卖出信号。过滤设置可以完全按照交易者的需要订做。建立交易系统的过程中，不妨多尝试一些不同的过滤设置，直到完全满意为止。请记住一点，对于波动越剧烈的行情，过滤设置的缓冲区就需要放大一点，否则不足以过滤假走势。

区别高胜算与低胜算的突破

如果没有足够的耐心与决心，很难针对突破走势进行交易，因为假突破发生的频率很高。这种交易的成功率虽然很低，但是只要成功，获利的幅度往往很客观。所以，即使八成的交易失效，最终的结果仍然可能获利。如果能够谨慎挑选，耐心等待更明确的进场点，或许可以提高交易的成功率。观察成交量变化，配合使用摆荡指标，采用较长期的走势图，等待突破之后的折返走势，这些方法都可以提高胜算。针对自己熟悉的市场，分析哪种类型突破的成功率较高，这种方法也会有所帮助。意外的突破，效果通常最好。如果某个支撑非常强劲，大家都预期价格将在此反弹，结果却意外地突破，迫使多数交易者退场或转换头寸，结果将加重突破之后的跌势。反之，如果大家都认定某个关卡绝对可以突破，因此也都预先建立头寸。结果，当突破实际发生时，市场上已经没有剩余的力量来推动突破之后的走势。

典型的突破系统

让我们来观察一套最典型的突破系统：价格突破最近X期（我采用

10期）的最高价，则买进；价格突破最近X期的最低价，则做空。至于退场规则，可以设定为：突破之后，如果价格跌破最近3期的最低价，则结束多头头寸，穿越最近3期的最高价，则结束空头头寸；如果退场信号很快发出，交易可能发生亏损。这套系统可以让你顺着市场动能方向进行交易，一旦动能消失，就退场。

信号1

进场信号：如果目前K线收盘价高于最近10根K线的最高价，则在下一根K线的开盘时买进。

退场信号：如果目前K线收盘价低于最近3根K线的最低价，则卖出。

另一套简单的系统如下：当下降趋势线及缓冲区遭到突破时，则买进。此处的缓冲区可以过滤一些干扰因素，即没有重大意义的走势。当价格突破下降趋势线，而且突破幅度达到10点（或其他数量）则买进。至于退场规则，可以采用过滤设置，如果行情连续两天来回重新测试趋势线，即使收盘价跌破趋势线，你也不至于止损出场。除了过滤一些假走势之外，过滤设置还可以减少交易频率，这对于长期的交易生涯，足以产生重大的效应。

信号2

进场信号：如果目前K线收盘价高于趋势线达10档。

退场信号：如果目前K线与前一根K线的收盘价都低于趋势线。

30分钟突破系统

有一套最古老的当日冲销系统，这是建立在一个假设之上：如果行情朝上（下）发展，开盘期间的价位大多偏低（高），然后随着上升（下降）行情的发展，后续价格通常较高（低）。30分钟突破系统在开盘的最初30分钟内不采取任何行动。把最初30分钟的价格走势设定为开盘区间（换言之，由最初30分钟的最高价与最低价界定区间）。然后，交易者观察价格朝哪个方向突破开盘区间，就建立该方向的头寸。所以，如果采用30分钟走势图，只要价格突破开盘K线上端，就买进，止损则设定在K线的另一端稍下方。如果先前提到的假设成立，这套系统通常能够让交易者建立方向正确的头寸，而不需要猜测头部或底部。如果头寸方向与主要趋势方向相同，绩效会更理想。因此，假定行情处于上升趋势，你可以只接受买进信号，舍弃做空信号。这套系统可以多方面调整，举例来说，你可以等待特定时间段收盘价突破30分钟开盘区间后再接受信号。有些人把开盘时段设定为最初的45分钟或60分钟，另一些人则在地第二个30分钟结束后才决定进场方向。也就是说，即使第35分钟就出现买进信号，交易者还是会等到第60分钟才决定买进信号是否有效。如果当时的价格仍然高于最初30分钟区间的最高价，就买进。当然，你也可以在开盘区间最高价最低价之外设定一定的缓冲区来过滤假信号。

信号

进场信号：开盘30分钟之后，当前K线收盘价创当日新高买入。

退场信号：如果当前K线收盘价创当日新低则卖出。

成为更优秀的交易者

当行情突破交易区间、价格形态或趋势时，能够做出精确的判断和反应，才能成为更优秀的交易者。假设你手中持有头寸，看到行情开始转折，并且出现突破走势，你知道如何建立新头寸。每当行情发展到重要关卡价位时，虽然不确定价格是否能够突破，但交易者必须保持充分的心理准备，随时能够采取行动。优秀的交易者应该知道哪些位置可能发生突破，并通过一些工具判断突破走势的有效性，例如：趋势线、突破形态、摆荡指标、反转形态和成交量等。观察较长分析周期的走势图，也有助于判断突破的有效性。优秀的交易者知道哪些形态可能出现突破，哪些可能会反转，而且能够估算后续走势的幅度。交易者应该想办法正确估计目标价位，因为交易决策通常都取决于风险和报酬的关系。而且也可以避免你过于贪心。突破交易未必是极短线的头寸。一些最可观的行情起点都是突破，所以你只要掌握这种少数机会，就可以创造丰硕的利润。

如同其他情况一样，高胜算操盘通常都应该顺着主要趋势方向操作，只要遇到适当的机会，心态就应该积极一点。最后，让我再提醒各位：绝对不要追价。追价的风险太高，不妨等待折返走势。你可能必须耐心等待，但耐心通常都会获得回报。

突破走势的陷阱：

1. 忽略风险和报酬的关系
2. 不真正了解关键价位
3. 逆着主要趋势方向进行交易
4. 遇到假突破时，不能立即结束头寸
5. 在还没有发生之前就预测突破成功
6. 突破走势失败时，不愿意及时认赔
7. 没有衡量突破之后的目标价位
8. 忽略成交量变化
9. 错失第一波走势之后，进场太慢
10. 如果进场价位不理想，没有想到止损点距离太远
11. 没有耐心等待折返走势
12. 陷在拉回走势中
13. 追价，一旦行情折返整理，很容易发生重大亏损
14. 不能谨慎挑选进场点，很容易造成交易过度频繁的问题

高胜算的突破交易：

1. 突破走势的交易，需要耐心
2. 等待折返或其他较好的进场点
3. 顺着市场的动能方向建立头寸
4. 如果突破走势带动一波新趋势，应该继续持有头寸
5. 如果趋势非常明确，而且突破的对象是逆向走势，这种机会通常

很好

6. 利用止损单进场建立头寸
7. 当行情接近可能发生突破的区域，就应该有采取行动的心理准备
8. 最好的突破走势通常会立即发动。
9. 万一没有成功，立即出场
10. 通过前一段波段、区间或密集交易区来衡量下一波走势的目标幅度
11. 经过一段盘整之后，需要注意大成交量的突破
12. 注意成交量的变化
13. 注意价格变动比较积极的市场
14. 注意成交量增加的价格变动方向，以及该方向的突破
15. 利用过滤设置来过滤假突破
16. 如果止损距离过远，或许不值得冒险
17. 意料之外的突破，效果通常最佳
18. 朝着主要趋势方向进行的突破，通常比较容易成功
19. 趋势线越陡峭，遭到突破的可能性越高
20. 利用其他技术指标协助判断突破的有效性
21. 运用较长分析周期的走势图，进一步判断行情发展
22. 分批进场
23. 突破初期先做部分获利了结，防范走势折返
24. 注意突破之前可能出现的反转形态

值得反思的问题：

- 我是否进场太迟？
- 我是否在行情突破之前就已经进场？
- 我是否应该等待折返走势？
- 我是否利用成交量或其他技术指标来协助判断突破的有效性？
- 如果行情顺着主要趋势方向进行突破，我是否更积极地进场？
- 行情还有多少发展空间？

第九章　退场与止损单

多数交易者都非常重视进场信号与相关形态，但没有用同样积极的态度处理退场操作。普通交易者在进场时通常只抱着成功的信心，几乎没有做任何失败的打算。他们有没有考虑在交易成功时怎么出场，失败时又怎么出场。头寸建立之后，这些人只是等待，计算头寸已经获利多少，或傻傻地看着亏损持续累积。

任何人都知道如何进场，但成功的真正关键在于知道何时退出以及如何退出。我可以大胆地说，大多数交易头寸在某个时间点上都曾经获利，甚至那些靠抓阄而建立的头寸也是如此。一套有效的退场策略不但可以让获利增加，也可以让亏损减少。然而，非常令人惊讶的是，退场决策既然这么重要，一般都交易书籍对待退场的重视程度都不如进场。如果没有运用防护性的退场策略，交易者就不太可能成功。在这里，我准备尽力解释如何让失败头寸在还没有造成严重伤害之前就止损退出。

控制亏损与发展获利

在金融交易中，最经常被引用的格言或许是："立即认赔，让获利持续发展。"可是很奇怪的是，大多数交易者的实际做法却恰恰相反。如果获利，他们都想尽快了结，对于亏损头寸，通常都只能祈祷行情反转，结果却越来越糟。要想成为一名优秀的交易者，就要知道如何结束亏损头寸,在哪里设定止损,并且愿意继续持有理想的头寸,知道何时获利了结。进场只是完整交易程序的一部分,知道何时应该结束成功与失败的头寸,则是整个程序的另一部分,其重要性更甚于进场。多数交易者之所以发生亏损,主要都是因为成功头寸的获利程度不如失败头寸的亏损。成功头寸不能充分发挥获利潜能,其伤害不低于失败头寸的亏损。对于交易者进行的所有交易,平均来说,失败的次数通常高于成功。所以交易者如果想成功,每笔成功交易的获利程度必须超过失败交易的亏损。可是,我们实际看到的情况又如何呢?多数交易者总是赚了一点就获利了结,但让失败头寸积累了天文数字般的亏损。这种策略绝对不能让你成功。

过早出场

由于担心转赢为亏而提早退场,结果错失赚大钱的好时机,这种感觉确实不好受。当你赚了3毛钱就获利退场,结果看着价格在随后20分钟内涨了1.5美元,这恐怕会让你的心痛如刀绞。某些人因为害怕失败,过分强调赚钱的重要性,结果永远只能赚一些蝇头小利。如果你永远只想赚些小利,不愿意承担风险,当然不可能成为大赢家。没错,你的成功率很高,但可能损及长期获利能力。确实有些成功的交易者是赚钱就跑,但重点是他们通常也能及时认赔退出。

一切都是相对的

某些专业交易员——他们专门从事短线交易——每笔交易的获利都很有限。可是要注意,对于这些专业交易者来说,他们所愿意承担的亏损更小。换言之,他们认赔时的手脚更快。如果你能够在发生少量亏损之后就立即认赔,那么你也能够靠着蝇头小利而获得成功。总之,亏损与获利之间的程度,应该保持某种相对关系。如果每笔失败交易的损失都很小,成功头寸只要维持中

> 等程度的获利就可以了。如果失败头寸的损失为中等程度，成功头寸就必须保持大量获利。如果失败头寸呈现大亏损，成功头寸就必须有特大号的获利。

让获利持续发展

让我们先来讨论获利的主题，因为交易者都希望获利而不愿亏损。我从来就没有过早获利了结的问题。只要获利仍然持续发展，我总是继续持有头寸。我的问题发生在不能及时认赔，不在于过早获利了结。让我告诉各位一段故事，不过下面这段对话中，读者或许需要自己添加一些情绪性的形容词，因为本书的编辑不允许我采用那些字眼。

大约在一年半之前，当时SUNW股价还处于100美元附近，我曾经放空这支股票。当天，股价高开，然后开始出现明显卖压，所以我进场做空，办公室里的其他同事也是如此。过了两个小时左右，我不经意提到这个头寸已经赚了5点。显然我不应该说这句话，因为同事们一直催促我获利了结。股价持续下跌，难的看到反弹，我告诉他们，只要股价不继续下跌，并且给我一个好理由，我就回补。他们的头寸在获利4点以前就退场了，于是整个下午他们都尝试操作我的头寸。当我赚了7美元时，他们说："老天，赶快获利了结"。赚了8美元时，他们同样这么说。最后，我被他们惹火了，于是我把心底的说出来。我问他们（此处可以加上一些形容词）："我应该什么时候出场？到底是赚2、3、5、7还是8美元的时候？为什么赚到这个数字的获利就应该出场呢？你们从我获利5点就开始叫我退场。如果我在获利4点的时候就告诉你们，你们也会叫我在那时候退场。你们到底怎么知道什么时候是最佳的退场时机呢？你们已经全部退出了，而且没有人愿意现在进场做空，因为股价跌幅已经很大了。所以，除了帮我操作头寸之外，你们现在已经没有什么好做的了。拜托，让我自己来处理吧！"

结果，我继续持有头寸到临收盘前，每股获利10美元，这也是截至当时为止我获利最丰硕的一天。

当天我学到两个教训。第一，不要让其他人的想法影响你的交易；第二，不论赚了多少钱，只要头寸获利持续扩大，就不要了结。SUNW整天都处于跌势，根本没有理由提早结束头寸。这种走势不经常发生，如果发生，一定要充分利用。如果行情朝有利于自己的方向发展，就应该继续持有头寸，没有必要提早获利了结。一两笔重大交易的获利就足以弥补数十笔小额亏损。所以，只要掌握明显的趋势，就不要轻易放弃。不妨通过跟踪式止损单结束头寸，在行情折返的适当位置才获利了结，只要止损单没有被触发，就不需要退出。

"让获利持续发展"的原则，很多交易者都很难遵守，他们总是过早退场，因为他们所接受的训练就是这样，但某些时候，继续持有才是正确的做法。另一种方法是预先设定交易计划，除非出场止损单遭到触发，否则就必须根据预先设定的目标或条件退出。预先设定这些目标或条件，可以避免你胡思乱想。我稍后会解释，交易头寸绝对需要通过跟踪式止损单来保护既有获利，除非头寸建立的基本动机已经发生变化，否则就应该让获利持续发展。某些情况下，你可能觉得应该结束获利头寸，例如：市场出现明显的买进高潮，忽然出现重大走势，价格波动转趋剧烈。这些现象通常意味着你应该结束获利头寸，没有必要让既有获利承担得而复失的风险。重大走势发生之后，行情通常会稍微回调整理，不妨先做部分的获利了结。行情平静下来之后，你仍然可以重新进场。可是，如果行情发展得非常顺利稳定，实在没有提早获利了结的理由。

退场策略

分批退场

当头寸处于获利状态时，很多交易者会觉得不知如何是好。某些人可能会退场，另一些人可能会加码，更有一些人可能会做部分了结。有人就曾经拿这个问题问我："如果你拥有1000股股票，股价出现一波不错的涨势，然后陷入整理，你会怎么办？"加码、退出或只做部分获利了结，这三个决策都可能正确，但性质完全不同。所以，这是个很难回答的问题。

很多人的直觉反应是：嘿，股价刚大涨一波，最好还是获利了结，然后到高尔夫球场庆祝一番。另一些人的想法刚好相反，他会加码，因为"这支股票的表现强劲，而且刚开始进入整理，还没有转弱的迹象，很可能还有另一波涨势。我已经拥有一支股票，为什么要另外寻找对象呢？不妨加码，充分发挥资金的效率。"究竟哪个决策正确，当然取决于市场和交易者的目标以及风险容忍程度。我认为最好的办法是做部分获利了结，但仍然持有一部分头寸。如此一来，万一情况不对劲，最起码也已经获利一部分。如果行情继续上涨，除了剩余头寸参与涨势之外，仍然可以考虑加码。所以，行情处于整理状态，毕竟还是有向下突破的风险，但风险暴露程度至少已经降低，了结一部分获利。

合理的退场策略应包括分批退场的操作。你没有必要一次完全退出。可是很多人就是一次进场，然后一次退出，完全不考虑其他可能性。如果资金充裕，我建议交易者建立多手合约或300股的头寸。我往往会在第一波走势告一段落之后，先把三分之一的头寸了结掉，另外三分之一则按照正常方式退出，然后保留剩下的三分之一头寸做最后一击。至于亏损头寸，必须更严格遵守退场规则。如果头寸无法立即获利了结，立即了结三分之一的头寸，剩余三分之二头寸则采用正常的止损。如果你知道如何分批获利了结，就可以先实现部分获利，但仍然保留捕捉大行情的机会。

在来得及之前断然退场

一笔交易刚开始时很顺利，结果却转赢为亏，或转小亏为大亏，这是每个人都难以避免的经历。在这种情况下，你知道自己应该断然退场，但因为种种原因而没有及时掌握机会，因此陷在其中。没有在适当的时候退场，通常会付出惨重代价。错失退场机会之后，交易者通常有两种选择：等待另一个机会或者不计代价立即退出。等待下一个机会或期待情况自然好转，经常会造成更大的麻烦。一旦发现自己的判断错误，就应该立即退场，不要再犹豫。

> **该退场时就退场**
>
> 　　交易者经常有一种坏习惯（我也如此），总是想要赚取最后一分利润。假定你做空某支股票，看到股价刚创下24.10美元的低点，于是准备回补。递出买单之后，却看到股价上涨了10美分。现在，你不愿在较高的价格回补了。你想等股价再回到当初的低点，因为你太贪心了。为了买在最低点附近，你把买单设定在24.11，但股价再也没有回到这个位置。结果，你被套住了，股价由低点反弹20美分，然后30美分，50美分。没过多久，既有的获利就消失了，头寸只能勉强持平。最初，当你觉得应该退场时，如果采用市价回补的话，获利应该有60美分，但你太贪心了。现在，你面临的是盈亏保卫战，但还在期待股价创新低。
>
> 　　完美的交易可遇不可求。所以不要期待自己能够捕捉到最高价或最低价。只要觉得自己应该退场就断然退场，不要勉强争取最后一分钱。最起码也应该通过市价单结束一些头寸，剩余头寸或许还可以等待行情回到更理想的价位。这个原则同时适用于获利了结与认赔出场，也适用于进场。不要因为一两分钱而错失行情。如果您想要买进，就按照卖方报价买进；想要卖出，就按照买方报价卖出。否则，如果想要的头寸没有成交，你只能自怨自艾。

一旦进场动机不复存在就退场

一旦进场动机出现变化,就应该考虑退出。举例来说,如果你因为某支股票呈现相对较强的走势而买进。现在,如果该股票已经不具备这种相对强势,就应该退场。如果你因为某个支撑价位或某个技术指标而买进,如果该支撑价位没有发挥应有的功能,或技术指标没有出现应有的后续发展,就应该立即退场。只要确定自己的判断错误,就要退场。如果某一技术指标没有按照预期反转,那么不论你如何虔诚地祈祷,恐怕也不能让它反转。应该承认自己判断错误的事实,马上结束头寸。不论当时是获利还是亏损,只要建立头寸的动机不复存在,就应该考虑退场。举例来说,当价格逼近趋势线时,假定你判断该趋势线应该发挥功能而预先进场建立头寸。可是,如果该趋势线被贯穿,就意味着你的判断错误,应该马上认赔退出。

处理亏损头寸的重要性远远超过获利头寸

房地产投资人都知道,决定价值的关键三要素为:地点、地点和地点。对于金融交易者来说,成功的三要素则为:认赔、认赔与认赔。如何控制交易的亏损,其重要性甚至超过如何扩大交易获利。关于退场策略,首先要考虑的就是哪里退场才不至于造成严重伤害。唯有知道最糟情况下的损失,才可以考虑你可能赚多少钱。失败头寸应该在适当的情况下尽快退场。如果你因为不愿意承担损失而坚持持有失败头寸,这种态度绝非赚钱之道。学习如何认输,这是金融交易者所需要的最重要知识之一。继续持有成功的头寸虽然很重要,但如果不知道如何割舍失败头寸,就还有很长的路要走。对于资本充裕的交易者而言,只要处理得当,没有任何单笔交易足以造成致命伤害。坚持预先设定的止损,这一点很重要,因为些许亏损不会伤及筋骨,但如果听任亏损持续积累,将酿成一场灾难。

首先要了解一点,亏损只代表某个头寸失败,并不代表你的交易失败。每位交易者都难免发生一些亏损，这本来就是交易不可或缺的一部分。反之，在不合理的情况下，听任些许亏损演变为重大损失，这才是真正的交易失败。很多人认为，认赔就等于承认自己交易失败，实际上并非如此。有些人越早体会到亏损是一种常态，了解大约有半数的交易会以亏损收场，就越能及早以正确的态度处理失败头寸。所谓的成功交易者，就是那些知道如何处理失败头寸的人。不论你是多么笨拙的交易者，偶尔都会碰上赚钱的头寸。所以，如果你知道如何把失败头寸的损失控制在最小程度内，就有成功的机会。这意味着，只有成功头寸的获利还在持续扩大，就继续持有头寸。请注意，立即认赔并不代表你不给亏损头寸任何反败为胜的机会。交易头寸通常都应该有一些亏损的空间，但只要你察觉头寸明显错误，就应该立即退场。认赔的原则很简单，任何一笔交易都应该享有最大的获利潜能，但前提是它不能构成真正的伤害。

止损的功能

止损单是一项非常重要的工具，但很多交易者并不了解其用途，也不知道在哪里设定止损点。他们可能随意设定，完全不考虑实际市况。某些人只根据自己愿意承担的亏损额度设定止损。止损应该根据市场情况而设定在适当位置，不应该反映交易者的主观看法，否则止损点可能太接近，让交易头寸没有适当的活动空间，换言之，一个头寸可能完全没有成功的机会，就已经被止损出场了。更糟的是，如果止损设定得太远，损失可能变得太严重。

止损单虽然也可以用来建立头寸，但本章基本上都是讨论止损。止损单是用来防范自己判断错误而控制损失的交易指令。所以，止损单的最重要功能当然就是控制亏损程度。这一功能让交易者得以长期留在金融交易市场，也让他有成功的机会。没有止损单，交易者可能让失败头寸变得不可收拾，整个交易计划完全走调。想成为成功的交易者，首先必须了解如何保障资本。这涉及资金管理技巧、风险控制以及如何设定止损。

预先设定止损，可以让紧绷的心理稍微放松。你不需要不停地质疑自己的决策到底是否可行。万一判断错误，你知道自己将在哪里退场，甚至在交易进行之前就已经知道了。设定止损，就好像买了保险一样，晚上可以高枕无忧，因为你知道最大的损失是多少。实际进场之前，就已经知道最糟的退场位置，这方面的资讯可以让你得以控制风险，评估交易的风险与回报关系是否值得采纳。如果没有预先设定止损，哪怕是心理上的，就可能会招致麻烦。请注意，止损可以实际下单设定，也可以只是放在脑海里。绝大部分的交易者都没有足够的纪律执行心理止损。所以，除非你能够足够的自律，否则最好还是实际下单设定止损。

失控

让我告诉读者一些个人经验。某个交易头寸刚开始只出现小亏损，但因为我期待行情反弹而不愿出场。当行情又下滑了一些时，我竟然加码，因为我自认为价格必定会反弹。结果并非如此，情况继续恶化。原本只应该是2000美元的损失，现在已经积累为5000美元，我更不能退出，因为我无法承担这些亏损。我只好继续挺着，祈祷行情反弹，结果当天的损失竟然高达8000美元，相当于我能够忍受的最大亏损的四倍。如果预先设定止损，可能最多只会损失2000美元。可是我没有那么做，这使得当天的状况几乎让我崩溃，影响了接下来几天的交易。

止损并非万无一失

虽然止损很重要，但这并不是很多交易者所认为的安全帽。止损单可能让交易者疏于照顾头寸。此外，如果行情演变剧烈或出现跳空走势，止损单的实际成交价格可能远远不同于止损价位。你当初可能只愿意损失1500美元，但止损单的成交价格却让你实际损失2500美元。

过度的安全感

某些头寸建立之后，可能没有发生预期中的效用，但亏损程度并不严重。举例来说，头寸止损可能设定在10档距离之外，但实际上只发生3档的亏损。即使交易者已经十分认同这个头寸，但距离止损点毕竟还很远，所以他可能继续持有。他在适当价位设定止损，除非该止损遭到触发，否则就认定该头寸还是正确的。这不是很好的态度。你之所以建立某个头寸，必定存在某些理由或动机，如果这些理由或动机已经不适用，或者认为这个头寸已经不对劲，就应该立即退场，止损是退场的充分条件，但非必要条件。不要只因为止损没有引发，就认为头寸很安全。虽然头寸应该设定止损，但不一定非要在止损价位才能退场。只要觉得情况不对，不论是小赔还是小赚，都应该立即退出。养成这种习惯之后，可以帮助你节省很多钱，至少就长期而言确是如此。举例来说，你针对某一突破走势建立头寸，但随后没有出现预期中的跟进走势。这种情况下，你没有必要等到止损遭到触发才退场。如果交易没有按照预期计划发展，那么最终很可能还是会被止损退出。若是如此，为什么不提早退场而减少一些亏损呢？

安全假象

我通常都会采用时间止损，一笔交易如果在45分钟内没有出现预期的发展，我就退场。不幸的是，如果头寸在最初的20到30分钟内出现少量亏损，我经常会把它忽略掉。我的想法如下：损失并不大，而且还有很多时间，不妨再看看。结果，我看着头寸持续恶化，最后往往会发生没有必要的损失。关于这种现象，我应该多加尝试，但这也是预先设定止损产生的副作用。

移动价差

移动价差是止损单运用上经常遇到的问题。换言之，止损单的实际成交价格不同于预先设定的止损价位，尤其是当行情朝不利方向快速变动时。某些新闻事件可能造成价格跳空，例如：总统大选计票错误、降低利率或企业盈利报告等。另外，行情突破重大关卡时，也可能出现跳空走势。这种情况下，预先设定的止损可能被穿越，实际成交价格将远远不同于止损价位。假定某天开盘价较前一天收盘价高3点，也高于预先设定的止损，在这种情况下，止损单将立即变成市价单而进行撮合。碰到这种现象，除了骂两句人、自认倒霉之外，恐怕也没有别的办法。2001年1月3日，当美联储意外宣布调降利率时，我完全无能为力，根本没有办法通过止损单限制空头头寸的损失。请参考图9-1的QLogic(代码QLGC)一分钟走势图，虽然我没有实际设定止损退出。当时我在A点位置做空，以为股价无法突破先前高点。我同时也做空了其他一些股票。调降利率的消息发生在C点，当时爆发的涨势根本不允许我控制损失。我立即递出市价单试图回补，但买单撮合在D点，与预计止损点（B点）之间的距离高达12美元。至于其他空头头寸，每股损失也高达5至7美元。即使我预先实际设定止损单，我认为情况也不会有多大改善，移动价差实在可怕。

错误的止损

止损设定得太近

关于止损，除了完全不设定止损之外，最常见的错误就是设定价位不当。有一种非常令人沮丧的情况，当我们建立头寸之后，行情朝不利方向发展，触动止损之后，立即又朝我们当初预期的方向发展。一个理想的止损点，除了防范你发生重大亏损之外，同时也要让头寸存在一些活动空间，允许发生一些不利走势而不至于让正确头寸止损出场。止损设定得太紧密，头寸可能窒息。换言之，没有发展为成功交易的空间。

这可能是因为太担心发生亏损,过分强调"立即认赔"的观念,或缺乏设定止损的技术知识。把止损设定在市场的正常活动范围内或趋势线之内,很可能让你在最不该止损时被止损。他们对于行情的判断或许正确,但只要进场价格不太合理,或行情波动较剧烈,就很可能会被止损出场,结果还是不能有效掌握机会。遭到止损之后,行情立即朝他们当初预期的方向发展。于是,他们再度进场,进场点很可能也是稍早的进场点。

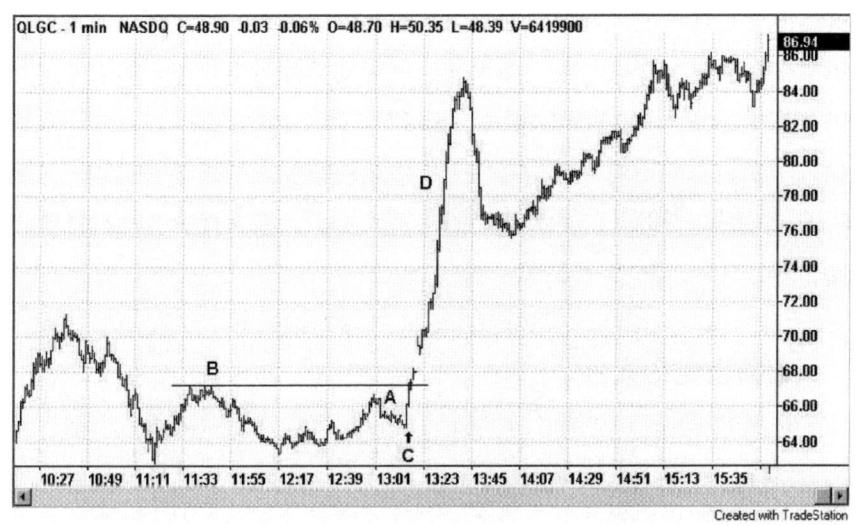

图9-1

止损设得太紧,经常成为亏损发生的原因。没错,亏损都不严重,但只要把止损设定在行情活动的正常范围内,止损就经常会被触发。止损设定太紧,将会压低交易的成功率,一些原本会成功的交易,最后很可能演变为小赔,因为你根本没有给它们机会。

我认识一位从事S&P500电子迷你合约交易的客户,他不允许发生2-3点以上的亏损。对于S&P迷你合约来说,每天很可能出现20点的走势,所以2-3点根本算不上什么,任何10分钟都可能出现2-3点的行情波动。换言之，对于10分钟的走势来说，3点很可能是正常价格波动的1个标准差，这类止损遭到触发的概率高达70%左右。除非进场点挑选得非常准确，否则很难有成功机会。所以，如果行情波动稍微剧烈些，他每天进行的交易大约有八成被止损出场，这对于我（经纪人）来说当然很好，但对他来说就很不好了。更令人惊讶的是，他对于行情发展方向的判断总是正确的。如果他能妥当设定止损，绝对会成为一位成功的交易者。大约进行了6个星期的交易，最初5000美元的资本就慢慢耗尽，虽然他总是继续汇入资金，但永远都没有由错误中学习教训。他太担心单笔交易造成的严重亏损，结果却让每笔交易都小赔收场。如果他只允许一笔交易发生100美元的损失（S&P500迷你合约的2点），或许应该挑选玉米之类的市场，因为其每天价格波动幅度大约是200或300。对于S&P500迷你合约而言，100美元的止损太少了，根本没有合理的发展空间。

止损设定得太远

止损设定得太近，是一个问题，反过来说，止损设定得太远，也是一个问题。如果采用特定金额作为止损，设定距离很可能远远超过安全位置。如果该止损遭到触及的话，实际发展通常都是先引发适当位置的止损，然后才引发实际设定的止损。换言之，合理损失原本只是300美元，但实际上损失却增加到500美元。如果这种问题变成一种习惯，交易资本恐怕很快就会被勾销，可是在某些情况下，适当止损位置可能真的距离市场价格很远。举例来说，如果行情刚出现一波重大涨势，下部第一个有效支撑位置可能距离很远。在这种情况下，由于最近的止损点超过你所愿意接受的亏损程度，你也许应该放弃机会，因为这笔交易的风险和报酬的关系并不理想。

行情波动越剧烈，止损就应该设得越松

请记住，行情波动越剧烈，有效止损就应该设定较远些。如果你

不能忍受较大水平的亏损，这些股票或市场就不适合当作交易对象。关于股票交易，我的止损一般都设定在50美分到1美元之间。可是，如果对像雅虎一类的股票，一天内可能出现15美元的波动，所以，当你的买单撮合时，股价可能已经出现1.5美元的变动。对于这类走势疯狂的股票，你必须愿意损失3-5美元。否则就会经常被止损出场，结果看着股价在1小时之后上涨8美元。请注意，对于相同的股票或市场，某些时候的走势可能很平稳，但有时候的走势可能波动剧烈，所以，价格波动剧烈并不是指某股票或市场的本质，而只是反映实际现象。2002年夏天，雅虎股价大约在12美元附近，每天的价格波动很少超过1美元，所以50美分的止损要比5美元更合适。夏天大豆价格的波动幅度通常会超过冬天。所在某些情况下，你必须愿意承担较大的风险。如果你觉得风险太高，就应该避开某些股票市场，而不是采用不适当的止损。

止损设定位置

前文已经提过，止损应该设定在股价正常波动范围之外，除非你对于亏损有特别的偏好。止损的设定位置不应该受到个人主观看法的影响（也就是说你所愿意接受的亏损程度），而应该取决于市场客观条件。止损单应该避免无谓被触发，如果你认为行情很可能发展到某个位置，止损就不应该设定在该走势的发展途径上。不论采用哪种分析周期、移动平均线、趋势线、先前高价低价等重要支撑或阻力的内侧。由于"自我实现预期"的原因，行情经常会被整数价位或趋势线吸引，所以止损最好设定在这些关键价位的外侧，而不是内侧。另外，关键价位与止损价位之间，应该保留适当距离。如果止损设定太接近关键价位，万一碰到较剧烈的走势，止损仍然可能无意间被引发。究竟如何恰如其分地设定止损，显然并不简单。本章的稍后篇幅将讨论各种形态的止损，并说明其用途与适当的位置。

止损类型

资金管理止损

这种止损只允许你发生特定金额的亏损。资金管理止损可以避免交易者伤及筋骨。可是，就我个人来看，这是一种最经常被误用，也是最不应该被使用的止损。对于任何一笔交易，很多人顶多只愿意接受特定金额的损失，例如500美元。换言之，这种止损是为了防范任何交易发生500美元以上的亏损。可是，这种止损完全不考虑当时的市场情况，除了本身的主观意愿之外，风险评估也应该取决于市况。在某些市况下，500美元已经太多了。另一些情况下，500美元让头寸根本没有伸展拳脚的空间。请参考图9-2，这是大豆的60分钟走势图。举例来说，假定你在A点做空而确定行情应该会继续下跌。如果你采用500美元的固定止损，这个头寸将在XA被止损出场。XA只是反映你个人的主观意愿，完全没有反映当时的市况，所以不是好的止损。如果你等待行情由低点反弹，在B点（而不是A点）才进场做空，同样是500美元的止损，但止损位置（XB）刚好是先前的高点X，所以是适当的。XB是技术上正确的止损，让你得以掌握随后一波跌势的行情，但X点则是随意决定的，完全没有反映市况。

同时在不同市场中交易，资金管理止损也会引起麻烦。某些市场的价格波动较剧烈，适用于这些市场的止损金额未必适用于另一市场。举例来说，500美元的止损对于玉米市场来说相当安全，一天内不太可能被触发。可是，对于相同的止损，S&P合约很可能在5分钟内就遭到触及。交易者必须了解市场或个别股票的市况，这样才能设定恰当的止损。采用特定金额的止损，这是懒人使用的方法，懒人方法通常都不是最好的方法。交易者必须具备技术分析的知识，而且愿意花时间研究，才能找到理想的止损位置。另外，你也必须知道自己愿意承担多少风险，才能决定是否应该进行一笔交易，或决定建立几手合约或多少股数的头寸，但止损位置不应该受到这种主观意愿的影响。

图9-2

通过资金管理止损来决定头寸规模

资金管理止损的适当运用方法,是配合技术分析设定止损,来决定头寸规模。实际建立头寸之前,交易者应该知道每笔交易最多愿意接受多少亏损。对于10万美元的账户,每笔交易所愿意接受的最大风险或许是2000美元。当然,这只是粗略的数据,不一定非常准确。一般来说,这项金额通常都是交易资本的某个百分比,相关的具体内容请参考本书有关资金管理的章节。至于止损应该设定在何处,则需要视个别情况而定。回头参考图9-2,在B点位置,你决定该笔交易的止损应该设定在XB位置,对于单手合约来说,相当于500美元。所以,用2000美元除以500美元,你就可以知道这个头寸最多可以建立4手合约。4手合约代表头寸的上限,你没有必要实际建立4手合约的头寸,除非胜算很高。一般来说,最初只需建立一半或三分之一的头寸,如果交易顺利,再考虑陆续加码到头寸上限。如果时效掌握非常准确,进场时的风险很小,最开始建立的头寸规模可以超过上限的一半。反之,如果进场时的单手合约合理止损必须设定在2500美元之外，显然就不应该进场，因为所允许接受的最大损失只有2000美元。

走势百分比幅度的止损

如同资金管理止损一样，走势百分比幅度的止损将显示每笔交易所允许发生的最大亏损。这种方法设定止损基本上由市况决定。至于这个百分比的计算基准，你可以挑选价格波动幅度、价格波动标准差或交易所规定的保证金金额的某个比例。我发现，对于任何特定一笔交易，所能接受的最大风险不应该超过每天真实价格波动幅度的30%。要尽可能采用较长期的走势图，来确定止损百分比。对于长线头寸来说，最好采用周或月份价格波动幅度来计算。对于期货交易，不妨采用交易所规定的保证金的25%到33%作为止损。即使是长线头寸，止损也不应该超过保证金额度。

对于股票当日冲销交易，我发现止损不应该超过股价每天平均波动幅度的25%~30%。如果股价每天的波动幅度为2美元，只要头寸发生85美分的亏损，显然就大有问题了。这通常意味着我的进场时机不对，或者判断完全错误，所以每笔交易的最大亏损不能超过每天价格波动幅度的30%。如果适当的止损位置超过这个限制，就不应该进行交易。举例来说，假定大豆允许的最大损失为300美元、玉米为100美元、S&P指数为200美元、IBM股票为1美元、戴尔股票为40美分。只有单手合约（或1股）的适当止损金额小于上述金额，我才会考虑进场建立头寸。

时间止损

止损不一定要根据市况或你所愿意接受的损失来决定。你也可以设定时间上的止损，一笔交易只允许在某特定时间之内出现预期的走势，否则就退出。本书稍早曾经提到，我个人很喜欢采用时间止损。理由？对于一些无效头寸，我的持有时间经常过久。止损的时间长度当然取决于个别情况。对于那些极短线交易者，止损长度可能只有10分钟。某些当日冲销者可能会采用45分钟的时间止损。对于采用60分钟走势图的当日冲销者，或许会把止损设定在收盘时。至于头寸交易者，或许可以采用5天的止损。如果交易者发展很顺利，头寸就不需要受限于时间止损。上面提到的时间长度只代表我个人认为合适的时间止损。当然，每位交易者都有自己觉得适用的时间止损。一旦设定时间止损之后，发展不顺利的头寸就必须在时限内退出。

最近我开始通过时间止损来结束没有指望的头寸。当日冲销的头寸如果在45分钟内还没有出现预期的走势，我就会退场，因为我认为自己的资金与精力还有其他更好的用途。适用时间止损的交易，包括那些处于亏损或小赚情况的头寸。一笔好交易应该在进场之后立即出现预期的走势（最成功的头寸通常都是如此）。经过30分钟之后，如果还无法赚钱，我就知道自己错了，我还会多给自己一些时间，到了45分钟就会开始退场（如果价格止损还没有被触发）。进行不顺利的头寸理当及早退出，但实际情况并非如此。我采用时间止损，主要是因为一些头寸刚开始的亏损并不严重，每股损失可能只有10美分，伤害不严重，很容易被忽视。可是随着时间的流逝，亏损可能变成20美分、40美分或60美分。等你发现事态严重时，可能已经过去两个小时，每股损失可能已经积累到1美元。这时损失已经非常严重而难以自拔了。一般来说，发展不顺利的头寸，情况通常都会越来越糟，所以还是应该及早认赔。

对于自己建立的头寸，行情将如何发展，交易者应该会有所预期，而且也应该考虑预期走势大约发生在何时。如果实际的发展并非如此，就应该考虑退场，不论盈亏或是持平。只要特定时间内没有发生预期中的走势，小赚或小赔都是可以接受的，没有必要继续耗下去，等待价格止损遭到触发。身为交易者，你应该挑选一些属于积极发动状态的对象，没有必要坚持一些跟自己过不去的头寸。与一些还没有发动的头寸耗在一起，还不如另外寻找机会。

技术分析止损

让市场告诉你适当的止损位置，这才是正确的方法。对于行情发展，万一判断错误，应该让市场告诉你在哪里止损，这才是最好的止损。行情应该怎么发展就会怎么发展。市场根本不在乎交易者允许发生多少亏损。交易者如果只根据自己愿意接受的损失来设定止损，位置未必恰当，因为止损可能位于市场的正常交易区间内。对于所采用的任何特定分析周期，如果止损设定在重要技术关卡的内侧，或在行情正常交易区间内，你的钱很可能会插上翅膀，因为头寸遭到止损的可能很大。

设定止损时，一定要给自己一些缓冲空间。不要紧贴着趋势线的外侧设定止损，不妨留下一个标准差的缓冲（请参考下文的解释）。至于如何通过技术分析设定止损，方法很多，举例来说，止损可以设定在趋势线、移动平均线、通道、X支K线低点、斐波那契折返比率、先前高点低点等重要支撑阻力的外侧。这是逆向行情最可能停顿的位置，如果这些位置遭到突破，很可能就意味着趋势反转，所以最好尽快认赔。

根据市况而设定止损的好处是，风险非常清楚，而且可以有效限制损失。如果某笔交易所承担的风险太大，胜算不高，你可以不进行交易。不要担心错失机会，顶多只是赚不到钱而已，这总比赔钱要好得多。

翻阅本书前面讨论的走势图，就可以看到一些正确与错误的止损。图9-3包括几个交易机会。A点是行情突破先前高点的位置。如果交易者最多只允许每股发生1美元的损失，止损将设定在N点（N代表NO（不）的意思）。这个止损很容易被触发，因为它位于同道下限与上升趋势线之间。实际走势虽然没有引发N点的止损，但这个止损毕竟不恰当。止损设定在1点比较恰当，该点位于通道下限与先前低点的外侧。如果1点被突破，下一个止损位置通常在2点，该点位于主要上升趋势线的稍下方，所以更理想。万一价格跌破3点（位于最近主要低点的稍下方），多头头寸绝对应该认赔。整体来说，我不认为这是很好的机会，因为适当止损点的距离都过远。可是B点代表比较不错的机会，因为点

4的止损只有几美分的距离,点5与点6对应着A点的点2与点3,这里同时显示数个止损点,主要是运用于多手合约的头寸,第一个止损可以结束一些头寸,第二个止损又结束另一些头寸。点3与点6的距离过远,每股损失大约高达7美元,所以不该考虑。点2与点5的损失还不算严重,但对于当日冲销者来说,还是距离稍远,似乎只适用于长线交易头寸。点2的距离甚至也太远,所以不适合作为该分析周期的短线交易对象,点4则不错,这个止损与当时的市价距离很近,适合建立短线头寸。只要进场的位置恰当,紧凑一点的止损仍然可以接受。关于A点,由于这是把止损设定在先前高点的稍下方,这类止损很容易被触发,但因为损失很有限,而且交易成功的获利往往很客观,或许值得一试。

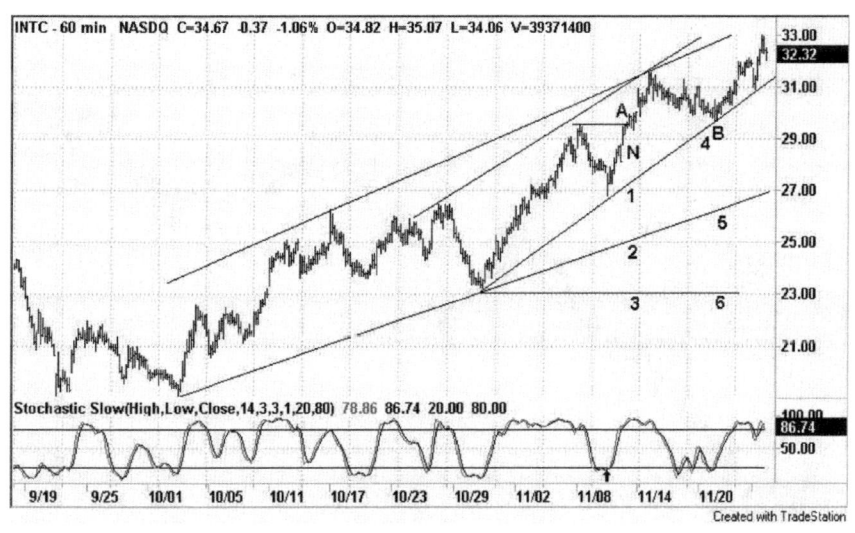

图9-3

在不同的分析周期下对退场点进行微调

在交易过程中,一定要参考较长分析周期下的走势图,这样才能更容易地看清重要技术关卡,也更容易了解在何处设定止损。可是,实际获利了结或止损出场时，可以采取较短时期的走势图。图9-4是对应着图9-3的10分钟走势图。实际进场之前，可以采用60分钟走势图寻找适当的止损点。找到适当的止损之后，改用10分钟走势图分析，你决定在A点建立突破走势的多头头寸，止损设定在点1。如果这是短线交易，点1的止损距离或许太远，不妨变成最糟发展情节的止损。头寸建立之后，随着时间的变化，移动平均线的止损点将陆续向上调整到点8与点9。换言之，永远把止损点设定在当时均线的稍下方。结果，A点建立的多头头寸，实际获利出场的位置将在点9，这也是价格向下穿越均线的位置。如果注意观察，读者应该发现C点已经非常逼近通道上限，参考图9-3或许更清楚，这是很好的获利了结位置，然后在场外观察拉回整理走势。

图9-4

价格在A点向上突破之后，耐心的交易者可以等待行情拉回重新测试突破点（B点）。观察图9-3可以发现，B点很接近通道下限。这个进场点很理想，所有的条件几乎都相互配合。上升趋势拉回测试趋势线。

头寸建立之后，短线交易者可以把跟踪式止损点设定在当时移动平均线的稍下方，直到止损卖单被引发为止。

根据技术指标设定的止损

止损的参考基准不一定是价格本身，也可以是某种技术指标，例如：把止损设定在RSI跌破50的位置，或随机指标没有出现特定行为，就止损出场。请参考图9-5，你或许希望在点1做空S&P指数，因为股价处于横向盘整区间的上限，而且随机指标在超买区做头，开始折返中性区域。对于这个空头头寸，你告诉自己"如果随机指标向上穿越先前的峰位，我就止损出场"。结果，45分钟之后，随机指标真的向上穿越先前的峰位（请参考图形标注的点2），一位严守纪律的交易者将在此退场。这种设定止损的方法执行起来比较麻烦，因为你只能采用心理止损，必须持续看盘，但从技术上来说，这是一种适当的止损方法。只要你愿意，几乎任何技术指标都可以作为止损的参考基准。

图9-5

跟踪式止损

头寸建立之后，如果行情朝预期的方向发展，使得头寸出现一些账面获利，这种情况应该如何处理呢？当初设定的止损，距离已经太远，你需要调整止损点，减少可能发生的最大损失，甚至另外设定止损单来保护既有获利。如果当初的止损设定为500美元，而头寸目前的获利也已经有500美元，万一当初的止损遭到触发，损失相当于1000美元。虽然头寸还没有实际了结，但账面获利毕竟还是你的获利。应该想办法保护这些既有获利。如果你所愿意承担的风险只有500美元，现在为什么要冒着损失1000美元的风险呢？保护既有获利与立即认赔，两者同样重要。

为了保护既有获利，你可以根据市况发展调整止损位置。很多交易者误认为头寸建立之后，只要当初设定恰当的止损，就可以安枕无忧，所以也就疏于照顾头寸。就我个人的经验来说，有太多的获利就是因为没有根据市况发展调整止损点而还给了市场。止损不应该是单次决策。应该依据市况发展而重新评估。头寸建立之后，应该持续观察行情发展，随时都要假定该头寸是新建立的。如果行情朝有利方向移动，经常会出现新的关卡价位，让你可以设定新的止损点，以此来降低头寸风险。如果既有的止损点距离不远，但又找不到适合的价位设定新止损点，最好的办法就是了结部分获利。

如果采用趋势跟踪交易系统，止损点就很容易调整。随着行情不断走高或下滑，或行情沿着明确的趋势发展，或显现明确的均线，就可以依此设定止损点。请参考图9-6，如果在A点进场，止损点可以随着上升趋势的发展而向上调整。只要价格创新高，而且波段低点也持续垫高，就可以把止损点移动到先前低点的稍下方。结果，这个头寸将在X点出场，获利相当不错。另外，假定头寸在B点进场，则可以依据上升趋势线设定止损。上升趋势线下侧的平行直线即是实际设定止损点的位置，两条直线之间的距离代表缓冲区，因为上升趋势线偶尔会经历虚假的突破。

第九章 退场与止损单

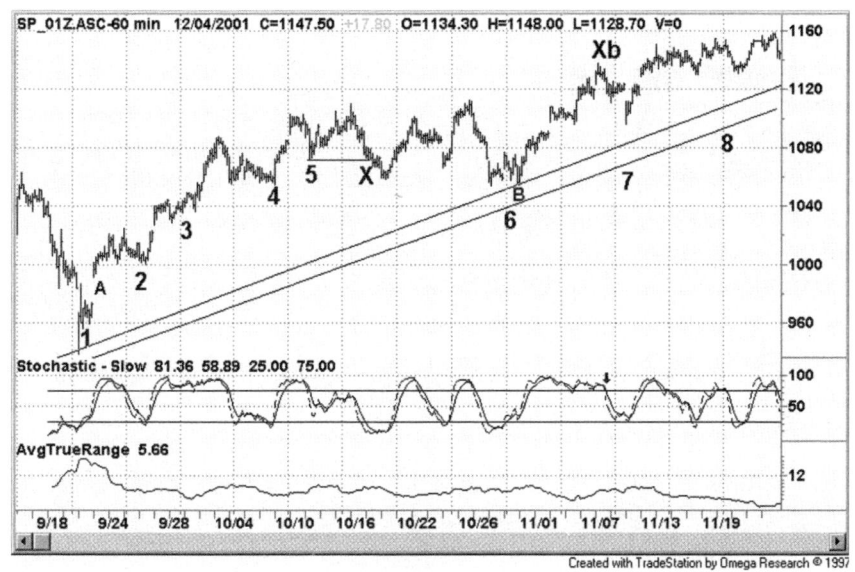

图9-6

获利了结

如果行情出现一段重大走势，使得头寸的适当止损点距离太远，这种情况是最难处理的。如果实在看不到适当的止损点，就必须考虑（分批）获利了结。结果当时建立新头寸的风险太高，获利了结就是合理的抉择。请参考图9-6的XB，这就是典型的例子。当时涨势显然已经过度延伸，而且随机指标已经由超买区折返中性区。此处大可先获利了结一次，然后另外再寻找进场机会。如果可能，至少应该做部分的获利了结，没有必要让整体获利承担风险。这种做法当然也有缺点，因为你所结束的头寸是一个继续在赚钱的头寸，你可能过早退场。若是如此，你应该在下一波回调走势重新进场，即使重新进场的价位更高也在所不惜。这是你所尝试建立的是一个崭新的头寸，已经结束的头寸就让它过去吧。如果新头寸发生亏损怎么办？你已经先获利了结一次了，目前拥有的是一个风险较小的崭新头寸。

> **逼近就取消的止损**
>
> 　　某些人非常擅长调整止损，但调整的方向不对。当行情朝不利的方向发展而接近止损点时，某些交易者会因此而逆向调整止损点，避免原有的止损遭到触发。这已经完全丧失当初设定止损的意义。经纪人通常称这种调整委托单为CIC单。当行情逼近止损点，交易者可以找到上百种调整止损的借口，比如：跌势已经回稳了、跌幅已经很大了或RSI已经进入严重超卖区，所以价格随时可能反弹。这种调整策略偶尔确实有效。但是如果当初设定的止损恰当，就不应该做反向调整。当初的止损是经过深思熟虑而设定的，其位置应该正确，所以不要讨价还价。

心理止损

　　某些人不愿意实际递出止损单，因为他们认为这会招致场内交易员、做市商或专业报价商故意引发止损。所以，他们把止损放在心里，只要行情触及该止损，才实际递出市价单结束头寸。问题是心理行情经常被借故取消，交易者总是可以找到无数理由来表明行情即将反转。如果行情没有反转，只能看着原本有限的损失逐渐扩大，懊恼当初没有真的递出止损单。除非你能够严格遵守纪律，否则就不要采用心理止损。如果止损点很接近，我就不太愿意实际递出止损单，因为我有太多不愉快的经验：止损点刚被触发，行情就立即朝预期方向发展。现在，我通常会把重要的止损关卡写下来，万一止损真的被触发，我会继续观察几分钟，判断该走势是否属于真走势，然后才实际递出市价单进行止损。这种止损只起到警告功能，让我做好退场的准备。我喜欢这种方法，但初学者最好还是预先递出止损单，直到你相信自己可以严守纪律为止。当我外出午餐或因为某种原因不能看盘，就会实际递出止损单，但基本上仍然偏爱心理止损的弹性。

灾难性止损

如果你担心实际递出止损单，可能被一些无意义的走势引发，不妨采用我所谓的灾难性止损。灾难性止损是远距离的止损，除非发生非常重大的事件，例如：突然宣布调整利率，否则这种止损不至于被引发。换言之，在正常市况下，灾难性止损不会发挥止损功能，但至少能够让你稍微安心，因为你知道该头寸不会因为特殊事故而造成严重伤害。

止损引发的理由

很多交易者都觉得自己是止损的受害者。他们设定止损遭到触发，但在退场之后，行情却立即掉头朝预期的方向发展。你觉得这是它们故意做的，但他们怎么总知道你所设定的止损位置呢？止损经常遭到触发，主要是因为大家都把止损设定在相同位置，场内经纪人与专业交易者们都非常清楚这些可能的止损位置。另外，场内经纪人也经常彼此交换客户设定止损的消息，所以普通交易者设定走势到达关卡价位，即使该关卡价位能够发挥预期的功能，走势也经常会有冲过头的现象，结果还是会引发过分紧密的止损。

止损尽量不要设定在技术关卡附近，例如趋势线、均线、先前高点或低点或道琼斯1万点这样的整数价位，因为这类止损过于明显，很容易被触发。如果行情出现三重顶，势必有大量的止损设定在附近，这些止损很容易被利用。至少专业交易者都知道哪里有容易赚的钱。如果行情已经逼近这些止损点，场内交易员只要稍微加把劲，就可以把价位引发到附近的止损位。由于这部分走势纯属人为，所以很快就会出现反向走势。总之，止损不适合设定在过分明显的位置，如果一定要设定的话，也要预留足够的缓冲空间。

止损并反转

某些交易系统不会单纯结束头寸,而是用止损建立反向头寸。换言之,这种交易策略让交易者永远留在场内,不是持有多头就是空头。止损点的作用就如同建立反向头寸的信号。例如,某人做多2手合约,如果这2手合约遭到止损,止损单也就是4手合约的市价卖单,其中2手合约用来冲销原来的多头头寸,剩下的2手合约则用来建立新的空头头寸。简单的移动平均线穿越系统就是把空头头寸反转为多头头寸。同理,每当短期均线向下穿越长期均线,就把多头头寸反转为空头头寸。过去我经常采用这种系统,因为"如果不适合做多,那就适合做空"。可是我发现某些行情既不适合做多,也不适合做空,只适合保持空手,尤其是当信号方向与趋势方向相反时。

止损与价格波动程度

某些情况下,价格波动会转趋剧烈,盘中的价格起伏程度加大。这就是价格波动程度增加的现象,持有头寸的风险也随之增加。当价格波动程度增加时,止损也要设定得宽松一些,否则就会被正常价格波动引发止损。碰到这种情况,或许应该减码。即使你所减码的头寸原本可以赚大钱,减码的抉择或许仍然是正确的。降低风险是金融交易的目标之一,所以你应该尽量避开价格波动剧烈的市场。除了观察走势图的价格摆动幅度或衡量价格平均真实波动幅度之外,你也可以利用价格标准差衡量价格波动程度。如果你知道当时价格的标准差,就可以在适当位置设定止损,避免正常的价格波动触发止损。

计算某市场的价格标准差:

1.选定你希望计算标准差的过去期间,最常用的期间为10期、14期或20期。以以下范例是计算最近10期收盘价的标准差。假定最近10期的收盘价分别为:

60,58,54,55,58,61,63,59,57,59

2.把这些收盘价加起来：

60+58+54+55+58+61+63+59+57+59=584

3.计算10期的平均收盘价：

584/10=58.4

4.计算每个价格与平均价格之间的差值：

60−58.4=1.6,58−58.4=−0.4,54−58.4=−4.4,……

5.求第四步中差值的平方：

$1.6^2=2.56$, $(-0.4)^2=0.16$,……

6.把第五步中的平方数相加=64.4

7.用第六步得出的数值除以10，求得方差：

64.4/10=6.44

8.标准差为方差的平方根：

$\sqrt{6.44}=2.537716$

标准差用来衡量每个观察点与平均值之间的距离。在上例中，如果价格偏离当前价格一个标准差，就意味着价格移动2.54，也就是说价格在这个范围内移动的概率是68.26%。如果使用两个标准差的价格变动（5.08），那么价格在这个范围内变动的概率是95%。也就是说，在95%的情况下，价格偏离上期收盘价不会超过5.08；在68.26%的情况下，价格偏离不会超过2.54。

运用标准差

利用标准差可以保证你不会因市场的随机走势而被止损出场。止损应该至少设定在目前价格的一个标准差之外，这样才能保证不会因市场的随机变动而触发止损。如果把止损设定在当前价格的2个标准差之外，这样基本能保证被触发的止损真实有效。这对于有些人来说可能风险过高，但这才是止损的最理想位置。我在TradeStation交易软件的走势图上通常都会标明一个和两个标准差的带状区间，不过区间显示了与每根K线图的最高点和最低点的距离，而不是与20期均线之间的距离。我通常会计算10期标准差。见图9-7，标注为1的带状是由每根K线最低点向下衡量一个标准差而连接成的曲线。标注为2的带状，则是由每根K线的最低点向下衡量两个标准差而连接成的曲线。同理，标注为3的带状是每个最高价向上一个标准差的曲线。标注为4的带状则是每个最高价向上两个标准差的曲线。标准差带状的运用方法如下：假定在K线A的收盘价买进（因为反转K线之后，价格可能上涨），止损设定在该K线最低价以下两个标准差的位置（Xa）。结果，几根K线之后，收盘价跌破上述止损（标示为向下箭头）。再看另一个例子，我在B点买进，止损同样设定在最低价的两个标准差之外。由于行情朝我预期的方向发展，带状2也持续上升。每当带状2止损上升，我就把止损点往上调整到带状2最近的峰位。如此一来，我的止损点永远都位于最高带状的两个标准差距离外。多头头寸将继续持有，直到某根K线收盘价跌破止损点为止。就目前这个例子来说，出场位置在Xb，获利相当不错。任何电脑化的交易系统都很容易利用程序执行这种标准差止损策略。第12章将会讨论一些编写交易系统的例子。

TradeStation的Easy Language代码，用以绘制标准差线

```
Inputs: Price(Close), Length(10), StdDev1(1), StdDev2(2), Displace(0) ;
Variables: SD(0), LowerBand1(0), LowerBand2(0), UpperBand1(0), UpperBand2(0) ;
SD = StandardDev(Price,Length, 1) ;
UpperBand1 = High + StdDev1 * SD ;
UpperBand22 = High + StdDev2 * SD ;
LowerBand1 = Low + StdDev1 * -SD ;
LowerBand2 = Low + StdDev2 * -SD ;
```

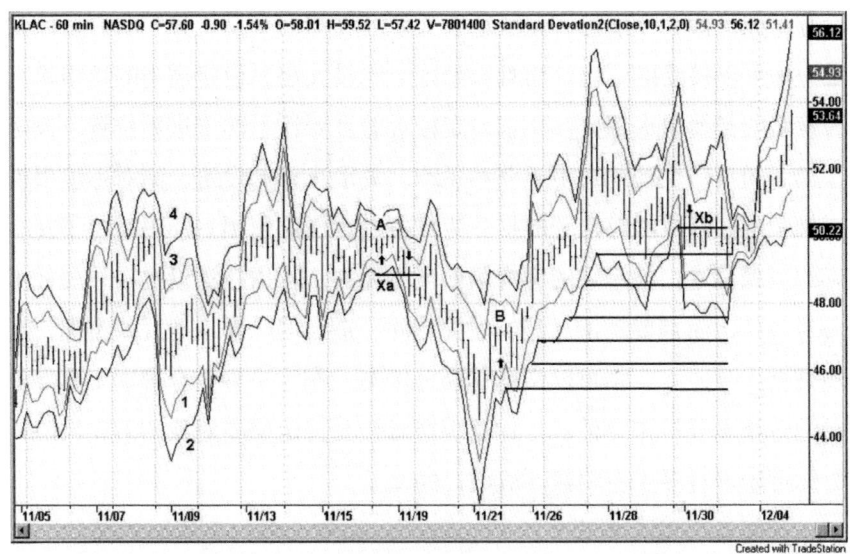

图9-7

```
If Displace >= 0 or CurrentBar > AbsValue
(Displace) then begin
    Plot1[Displace] (UpperBand1, "LowerBand1") ;
    Plot2[Displace] (UpperBand2, "LowerBand2") ;
    Plot3[Displace] (LowerBand1, "UpperBand1") ;
    Plot4[Displace] (LowerBand2, "UpperBand2") ;
End;
```

成为更优秀的交易者

如果你希望成为更优秀的交易者，就必须知道应该何时不计盈亏地出场。进场之前就应该制定退场计划。你需要预先设定获利了结的目标，以及认赔出场的价位。真正的交易者知道如何处理亏损头寸，也知道应该让获利持续扩大，但不可变得过于贪婪。过早获利了结，相当于没有充分发挥头寸潜能，这会造成长期的成本。交易者必须明白，认赔是一种可以接受的行为，而且小赔绝对胜过大赔。设定适当的止损是交易策略的必要组成部分。止损设定位置的重要性不次于进场位置。设定止损点的技巧也同样适用于获利了结。关于止损的设定，绝对不能根据交易者所愿意或能够接受的损失为依据。这样的止损只不过反映了交易者的主观喜欢，与市场的客观条件全然无关。止损应该设定在重要技术关卡之外，而且要预留足够的缓冲空间。适当的止损应该反映市况，而不是个人意愿。止损可以帮助你保障资本，作为一种资金管理工具，然后配合技术分析来评估：1.你是否愿意接受特定交易对象的潜在风险；2.你可以进行多少合约数（股数）的交易。

　　了解适当的止损设定方法，可以让你免于承担不必要的风险，也不会让止损因为设定得太近而遭到正常行情波动的触发。如果止损设定在行情正常波动范围内，就很容易遭到不必要的触发。为了避免这种情况的发生，止损应设定在重要的技术关卡之外，而且要保留足够的缓冲空间。这等于是双重过滤，一旦价格触及这个过滤设置，就需要保持警惕，准备随时退场。当价格越过重要技术关卡，并且穿越止损缓冲区时，就必须立即退场。止损有两种：一种是实际进入止损市价单，另一种则是暂时摆在脑海里。如果你采用心理止损，当止损被触发时，一定有断然退出的严格纪律。另外，你也可以采用时间止损，也就是说，如果头寸在一段时间内没有发生预期的走势，就止损出场。这种止损的执行也需要严格自律。总之，我要强调的是，退场的重要性绝对不低于进场。

退场和止损的常见错误：

1. 没有预先设定退场策略
2. 缺乏风险管理计划
3. 不知道应该在什么位置平掉发展不顺利的头寸
4. 让失败的头寸越陷越深
5. 不明白退场的重要性不低于进场

6. 根本不了解退场的适当时机

7. 过早地获利了结

8. 贪婪

9. 按一定金额设定止损

10. 对每个市场和每种市况都采用统一的止损金额

11. 设定止损时没有参考走势图

12. 止损设置得太近

13. 止损设置得太远

14. 没有采用适当的缓冲

15. 由于设定了止损而变得太大意

16. 当行情朝有利的方向发展时没有适当调整止损点

17. 当行情逼近时，取消原来设定的止损

18. 没有坚持心理止损

19. 忽略了止损

适当的退场策略：

1. 让获利持续发展

2. 立即认赔

3. 分批退场

4. 退场必须要有理由

5. 当初的进场动机发生变化，就应该考虑退出

6. 认赔是一种合理的行为

7. 实际进场前就知道退场位置

8. 确保任何头寸的损失都不会伤及筋骨

9. 必须根据市况设定止损

10. 止损应该设定在重要技术关卡之外

11. 采用缓冲区

12. 止损位置必须让头寸有足够的活动空间

13. 采用跟踪止损策略保障既有获利

14. 对于任何一笔交易，绝对不要让损失超过你所愿意接受的程度
15. 对于任何一笔交易都要知道自己能够承担多少损失
16. 在几个不同的止损价位上分批退出
17. 根据较长期的走势图挑选适当的止损点
18. 如果不能严格遵守纪律，就提前递出止损单
19. 利用时间止损单清除不能适时发挥的头寸
20. 不要介入那些风险超出你承受范围的市场
21. 止损设定在当时价格的两个标准差之外，就不会轻易被随机走势触发
22. 如果出现不利的行情走势，一定要坚持当初设定的止损

值得反思的问题：

- 我有没有设定止损？
- 是否有充分理由在某一特定价位退场？
- 我可以在这笔交易中承担多少损失？
- 这笔交易的风险和回报之间的关系是否合理？
- 止损是否设定得太近或太远？
- 就我所愿意承担的风险程度来说，头寸规模是否合理？
- 我是否足够自律来执行心理止损？
- 我是否会忽略自己设定的止损？
- 止损位置是否太明显？

第十章 高胜算操盘

苏菲猫

大约三年前的一天,我正走在回家的路上,一只可爱但营养不良的苏菲猫开始亦步亦趋地跟着我,当我停下时,它也停下。我转过街角,它也跟着我转过街角。它始终跟在我后面1米左右。幸运的是,我住的地方离一家兽医院只有两个街区,所以我把它带到兽医那儿,并顺便看看是否有人走失了小猫。结果没有,于是我请兽医给它做了检查,并准备收留它,直到找到他的主人为止。我觉得它应该是一只家猫,因为它是如此温顺,容易让人接近。我带它离开了兽医院,回到家里,吃了点东西然后打了个盹。醒来后我们一起出去寻找它的家。我没有找到它的主人,但很快就习惯了带它一起散步。我试过用皮带牵着它走,但看起来非常女性化,于是只好作罢。因为它非常喜欢往外跑,所以我每天晚上都带它去我家对面的公园散步。有一天在公园里,它看见了一群鸽子,并匍匐过去悄悄靠拢它们,它蹲伏得很低,在那看了鸽子几分钟,然后回到我身边。几天之后,它看到一小群麻雀站在灌木丛顶上。它又一次匍匐前进,悄悄潜行到那个地方,并试图用狭长的草叶隐蔽自己。这次它一动不动地在那里等待,注视着那群麻雀大约15分钟。最后麻雀从灌木上飞下来落在草地上,这时苏菲猫快速离开它的隐蔽处,一跃而起,在空中扑住一只麻雀,并敏捷地落回地面。我赶快跑过去阻止它伤害那只麻雀。麻雀被惊吓得有点发愣,但没有受伤,便飞走了。

我是想用这段故事来说明,金融交易应该有苏菲猫捉麻雀的策略。苏菲猫知道鸽子的体型太大,捕捉时风险太高。或许它可以捉到一只鸽子,但它们数量太多,体型太大,不能确保较高胜算,甚至在捕捉时会伤及自己。除此之外,它在家里刚刚吃了一顿可口的正餐,所以不值得为此去冒险。但是单独的、体型很小的麻雀对它来说就不能构成威胁。苏菲猫知道它只有一次机会,麻雀在灌木上站得很高,如果一击不中,它们便会飞走。因此苏菲猫耐心等待麻雀移动,以便有较高的捕捉胜算。这种等待回报给它一个完美的机会。如果一名金融交易者能具备这种素质,耐心等待市场呈现出低风险、高胜算的机会,他将会有很好的发展。

成为一名高胜算的交易者

能够在高胜算操盘和低胜算交易之间做出正确的判断,是一名金融交易者优于其他同行的先决条件之一。这样的交易者才能尽其全力,善用时机。当我告诉人们我是一名专业金融交易者时,大多数人认为金融交易和赌博没什么区别。的确,一些金融交易者的运气和赌徒一样,但两者之间是不同的,金融交易并不是赌博。一名专业交易者,如果能够遵循交易计划并采用严格的资金管理原则和明智的交易策略,便可持续不断地赚钱。那么如何做到遵循交易计划并获得稳定收益呢?其中最重要的就是不断寻找低风险、高回报的高胜算机会。除非能够做到这一点,否则金融交易和赌博之间就没有什么差别了。

一笔高胜算的交易,需要有明确的退出策略,并预先设定止损水平。这种交易通常表现出色,风险相对于回报的比率较低。另外,进行一笔高胜算的交易,你还必须有一个能明确地解释给别人听的良好的进场理由。有些人进行交易前缺乏理性的思考。无论他们能否获利,这种

第十章 高胜算操盘

未经思考的交易都不是高胜算的交易。随着你的交易越做越多,你便会了解一笔交易到底是按部就班还是偶然的随意为之。你的最终目的就是要减少那些临时起意,随意为之的交易。

高胜算操盘是由很多条件构成的,其中最重要的一点是确定这笔交易是否值得承担风险。进行一笔高胜算交易并不意味着你绝对不会赔钱,但是至少这笔交易在出差错的时候损失很小;而且在判断正确的情况下,会带来丰厚的回报。高胜算操盘的另一个重要因素就是要充分利用你所有的知识和工具,耐心地等待市场呈现出良好的交易机会。最为重要的是,不要去承担没有回报的风险。我认为交易者应该注重交易的质量而不是数量。如果没有经过深思熟虑,错过一些机会也并不可惜。减少交易频率可以帮你淘汰那些风险/回报率不理想的交易。

制定计划

本书接下来的大部分篇幅将对交易计划和交易策略的设定和执行进行讨论。交易计划是由资金管理和交易策略构成的结合体。它可以帮助交易者成就明智的交易,而使其远离那些考虑不周全的交易。交易策略是交易者用以执行交易计划的原则。它能保证每笔交易在操作前都有明确的理由,而不是仅仅凭一时兴起。不幸的是,很多人在交易时都没有交易计划和策略。优秀的交易计划只允许你进行高胜算的交易。制定计划后,最困难的部分就是实际执行。执行交易计划的方法之一就是采用纯粹机械性体制作为决策的基础。无论是你自己亲自设计的交易计划还是花钱买来的,都应该包括高胜算操盘的所有要素:退场策略和回归测试等。我们将在本书第十二章和十三章讨论相关内容。

高胜算操盘的一些要素:
- 运用不同分析周期进行确认并定期交易
- 追随主要趋势的方向进行交易
- 等待折返走势

- 预先制定退场策略
- 在开盘前制定交易计划
- 采用趋势跟踪指标和振动指标
- 每笔交易都有明确的理由
- 了解所涉及的风险
- 保持专注
- 严格自律

典型的高胜算操盘范例

下面是一个高胜算操盘的典型例子。在我随意选择的每种分析周期的走势图中，我采用了不同的技术指标。因为我确定无论在哪里运用它们，都是适用的。请看图10-1，这是一份原油日线图。阴影部分表示短期走势，我们将以之为中心。这份日线图清楚地显示出一个看涨上扬的主趋势，相对强弱指标读数位于50之上。但在超买区之下，这表示市场行情涨势很强，并且还有持续上扬发展的空间。市场强劲的上扬趋势持续数月。看起来似乎是打破32-34美元密集交易区间长达一个月之后的另一个上升。

请观察60分钟图（见图10-2）。这会有助于你寻找到一个很好的进场点。在这份图表中可以看出，其密集交易区间要比日线图清楚得多。但在此图中并未显示出市场强劲的上涨趋势。如果说你是一名颇具耐心的交易者，并且一直在等待原油行情的拉回，以便在长线时进场。那么在11月1日到11月3日之前，有一次小幅度的行情拉回，至密集交易区间的下线，随机指标当时（点D1）出现正性背离。你还可以看出，在A点，市场行情正处于检验先前制定的即早些时候设定的止损点。随机指标正由超卖区折返到近期向上的趋势。还知道市场行情的主趋势呈明显的上扬趋势。现在你可以判定这是一个不错的买进机会，因为距市场行情打破预先设置的低点很近，所以风险被剔除了。

第十章　高胜算操盘

图10-1

图10-2

下一步是观察一份短期走势图（图10-3）来寻找交易机会。在A点之前，你可以看到，市场行情在当天早上出现一个向下跳空缺口，呈现出大约30分钟的下跌之势。紧接着开始反弹（你可以运用第八章里介绍的30分钟突破系统来进入这笔交易）。随着市场行情看涨，MACD开始向上方穿越，并开始呈现向上的趋势，这表明这是一个买进时机。一旦市场价格突破当日最高点，开始创出新高，这便是一单成功的交易，首先是短线交易，紧随其后便是准备好长期交易。在这份走势图中，你可以轻松看出先前的低点在什么地方。即使你对行情判断错误，你承担的风险也比较小，损失有限。根据潜在利润的限度，行情涨到密集交易区的顶端33.80美元是合理的。在这笔交易里风险/回报率是0.3/1.5。即使你判断错误，这笔交易还是有很好的潜在损益风险比率，因此不应该错过。对于一笔长线交易，你可以运用图10-2中的密集交易区来评估判断市场的波动幅度。其目标价位约在36美元，风险与回报的关系更为理想。

图10-3

还有其他一些可以进行交易的位置。我认为胜算很高的有两个：一个是当行情突破密集交易区的B点时；另一个是当行情突破密集交易区后，折返回重新测试上升趋势线的C点。C点是更佳的交易点，因为进场点处于拉回走势，并位于上升趋势线附近，风险要低得多。尽管在B点时进场交易，最终可以获利，但如果多付出一些耐心，等到C点时才进场，那么你的等待会使你得到更理想的价格。

就这些交易的退场位置来说，在长期走势图中可以看出，由于行情处于如此强劲的上升趋势，应该尽可能地长期持有，可以采用跟踪性止损的方法来保护既有利益。我们可以看到第一个退场点在图10-2中的D2点。行情正到达通道的顶端，随机指标出现负性背离，行情开始由超买区折返中性区。并且已非常接近通过衡量密集交易区而得到的目标价位36美元。所以，无论怎样都应该开始考虑在这个时间前后退场。

每笔交易都要有合理的理由

为了成就高胜算的交易，每笔交易都应该有一个明确的进场理由，以避免因莽撞或一时兴起而随意进场交易。这也正是计划交易的优势所在，并也是其能够帮助交易者提高交易绩效的原因所在。很多交易者在交易前几乎没有花时间详细地考虑风险和回报的关系，他们缺乏耐心，不愿等待折返或反弹，一味追价。其实一笔愚蠢的交易是由很多原因造成的。因此，进行每笔交易之前都应该有一个明确的理由。在你采取行动之前，给自己片刻时间问问自己："我为什么要进行这笔交易？"如果问过自己之后，你确定有一个明确的进场理由，那你就可以去做，反之，最好放弃这笔交易。

"为什么我想现在买进？"下面就是这个问题的答案：

良好的答案：
- 个股行情呈现相对的强势，并且其所属类别的股票也表现良好
- 主趋势向上，走势刚拉回到移动平均线附近

- 传出负面消息，但价格并未下跌
- 有向上穿越的移动平均线
- 从交易系统中得到买进信号
- 行情突破主要阻力，上涨空间很大
- 昨天出现反弹，今天看起来会持续发展
- 行情跌到日平均线区域之内，现在看起来有反弹迹象
- 随机指标由超卖区折返
- 价格跌到交易区的底部下限，MACD进入超卖区

不好的答案：

- 我想赚钱
- 我已经损失了很多钱，我需要一飞冲天的股票把损失的钱赚回来
- 我感到无聊
- 市场已经开盘
- 我已经持有这支股票，现在价格比当初的买入价更低
- 是我经纪人推荐的股票
- 相关消息即将公布
- 已经跌了很久，应该反弹了
- 股价一定会上涨
- 我不想错过这一波行情
- 我还有些多余的钱可以投入交易
- 我在寻找短线逆势操作的机会
- 道听途说

不要做得太过分

有时候一位交易者完全知道自己应该怎样做，却仍会赔钱。这是因为他没有把精力集中在他应该集中的市场行情上。一些交易者同时关注过多的市场，或持有过多的头寸，使得自己的注意力过于分散。交易者

们与其关注多个市场，不如花些时间成为某个最擅长的股票的专家。最优秀的交易者一般都只操作单一市场或单一股票，并成为其中的专家。当交易者关注过多的市场时，个别的交易将会遭受到损失，因为交易者不能够轻松地集中注意力来等待高胜算的交易。如果交易者把注意力集中在少数市场、股票或板块上，就可以很容易地选择进场点的时机，并且能够更好地控制风险。我知道除非是市场出现大涨或大跌的行情，我才会尽可能多地建立多个头寸坐等获利。反之，我建立两三个头寸时，就是我操作绩效最好的情况了。因为只有这样我才能更好地专注其中。当你持有15个以上的头寸时，你能否使所有的交易都成为高胜算操盘，就很难说了。除非采用纯机械性的交易系统，否则你永远不可能正确地同时关注很多头寸，尤其是把握退场的时机。

耐心等待更好的交易机会

我不断地重复耐心的重要性。我必须要强调这一点。这就像一个精明的赌徒，只有牌好且胜算很大时才会大胆下注；以为交易者也必须要等待高胜算的机会。你不必涉入你所看到的每笔交易，也不必急于冲入那些适合于操作的交易。作为一名交易者，你可以什么都不做，你可以在场外静观其变，就像苏菲猫等待麻雀一样。在进场前要等待，直到你能得到一个很好的证据，证明此交易有高胜算的可操作性。对于那些走势不明显，波动幅度和成交量都很小日子，你不一定非要进行交易。在这种日子里，你是处于劣势的。在过去的几年里，如果我能够在那种日子里离开市场回家休息的话，我的总体交易绩效可能会更好。在某些情况下，不进场才能显示出你的精明之处。我曾经过度频繁地交易，因此伤及自身。如果我是一名更有耐心的交易者，并且只从事那些看好的交易，我肯定会少走弯路，更早地获得成功。

多年来的经历让我认识到，错过一些行情是可以接受的。有时候我企图捕捉市场上每个可以赚钱的机会，但我慢慢学会克制自己去等待更好的入场时机。进行一笔交易，不仅要有一个正确的理由，时机也要尽可能地正确。急冲冲地入场交易通常意味着你的时机已失。一名较好的交易者要等待那些胜算较高而风险/回报率较低的交易机会。在淘汰那些平庸的交易时也会错失少量良好的交易机会。一些走势是容易预测的，这样的机会是值得等待的，应该以这样的机会取代那些因一时兴致而进行的交易。那些害怕失去机会的交易者会发现，虽然自己总是身处在市场中，但多数的交易都表现平庸。交易者一旦学会等待高胜算操盘机会，他赚钱的机会将会大幅度提升。

> **我早期得到的一些忠告**
>
> 我所得到的第一条忠告是在我刚开始从事交易的时候。每天只需从事一笔良好的交易就可以维持生计。你所需要做的就是静坐场外等待完美的机会，然后赚取6-10点的利润。每天你掌握一两次这种机会，就会感觉非常不错。只要耐心地等待，而并不需要一整天都试图去赚钱。

风险与回报

风险和回报的合理配比是高胜算操盘的重要组成部分。要做到这一点，需要了解交易在最糟糕的情况下会有多大损失，而在最顺利时，获利可以达到何种程度。当然，回报相对于风险的比率越高，交易越好。但我们应该设定一个可接受的最高数值。对于短线交易，我觉得这一比率至少是2∶1或3∶1；对于长线交易，我寻求的回报/风险比率至少是5∶1。正确掌握交易时机可以降低风险水平。

确定了最低的回报/风险率之后，就可以通过观察图表来决定是否要进行交易。首先要确定风险水平，并将之设定为止损。然后估算出在一切进展顺利的情况下可以获得多少利润。这一点并不容易做到，但运用斐波那契比率，或测量先前密集交易区波动和走势幅度，观察在到达末端读数前震荡幅度，并运用较长期的走势图找出阻力位，是可以做到的。如果你观察到交易的风险为200美元，你愿意接受潜在回报只有100美元的交易吗？我希望你不会。但如果潜在回报是400美元、500美元或1000美元呢？你当然应该接受这笔交易。即使犯了错，这种冒险也是值得的。

一些交易的历史数据显示其赚钱的机会很高，可以适当放宽回报/风险比率的限制。同样，当你试图捕捉反转走势或进行其他有风险的交易，因为失败概率高，风险限度应该适当降低，否则很容易触发止损。

> **为什么职业赌徒会赢钱**
>
> 一名杰出的赌徒经常赢钱，这是因为他清楚任何一手牌的胜算机会。他只会在损益比率很好的时候才会下注。比如说，他需要一张6组成顺子，而得到6的概率是11∶1。某人下注10美元后，轮到他下注，只有台面上的钱超过110美元，他才会跟注。如果他最多只能赢得50美元，继续跟注就毫无意义了。因为那意味着以11∶1的风险去博取5∶1的回报。但如果台面上400美元，他就会下注。因为这意味着40∶1的赔率。即使他没有拿到6，这样的下注策略也是非常精明的。

头寸规模

了解如何正确运用头寸规模对交易者会有极大帮助。很多人认为这是交易中最为重要的环节之一。当市场呈现良好的交易环境时，明了何时扩大或缩小交易规模对交易者来说是很大的优势。而那些总是采用相同头寸规模的交易者，等于不能判别不同市况或不同的风险水平。我在一些交易中会用很小的部分来测试水深。例如，在刚开盘的半小时内，市场会随机波动然后才会确定发展方向。我通常在最初的半小时内很难赚到钱。如果我想在早上进行交易，我的交易量通常很低。对于价格波动强烈的市场行情也是如此。在这样的市场中进行交易比较困难，所以在进行相关交易时也不是很自信。而当市场趋势明显，并刚折返到趋势线附近，距离止损点不远时，我认为这才是高胜算操盘的机会，我的交易规模会相应扩大。此时我并不害怕冒险，因为损益比率是值得冒险的。大多数优秀交易者的交易规模都不会太大。他们宁愿等待，直到有合适的机会，然后大规模扩大头寸，大赚一笔。在这个行业中，你每个月只需要两三天好日子来获得利润就够了，不必试图每天每笔交易都能大赚。

了解市场的运行规律

了解个股和市场的行为模式可以改善你赚钱的胜算几率。我注意到大多数市场的行为模式较其他的市场而言都是独一无二的。这可能是归结于市场交易者们的心理。不同的市场中有着各不相同的交易者，他们的行为模式也各不相同。某个市场或许习惯性地出现明确的趋势，而另一个则习惯性地出现区间整理走势。当一个人坐下来玩牌时，往往想了解其他玩家的玩法，以及他们的言谈举止。当你更好地了解了市场的行为模式后，会注意到在短期和长期走势之间重复出现的类似的形态。者能够提醒交易者可以获利。举个例子，我经常交易IDTI股票，他每天开盘后，看起来似乎都会跌几块钱，很快又会涨6美元左右。这种情况只出现在上升趋势，并且涨势还没有过度延伸时。我适应了这种运行模式，并在其中获利。这种运行模式并未出现在其他股票中，而且它只延续了几个月就消失了，但当时它属于很明确的模式。把注意力集中在少数几个市场并记住其行为特征，然后充分运用，你将会在其中获利。

> **早盘的石油类股票交易**
>
> 我发现了钻油类股票的一种趋势。在过去的三个月中,它们每天在上午10点会出现45到90分钟的涨势。在一分钟走势图中可以看到,它会先下跌,然后停顿。一旦出现这种情况,你必须动作快,因为每个人都看见了同样的事情并都准备买进。这是我最近交易的法宝,我会继续运用直至其消失为止。因为这种市场表现经常出现,并且是高胜算的交易,我自然会运用很大的头寸规模来操作。此交易中,止损通常设定在当天最低价稍下方,或采用45分钟止损。

低胜算交易

如何识别并避开低胜算的市况,是增加赚钱机会的方法之一。这就像我大学毕业之后,在巴黎看到的一家旅馆。旅馆前门上写着"这家旅馆有虱子",虽然房间的确很便宜,但还是不值得住在那儿冒险。任何留在那儿的人都承担了没有必要的风险。那些稍有耐心的人只要多走一点路,作为耐心的回报便可以找到一家条件稍好的旅馆,价格可能会略高一些,但风险/回报率却比较低。

例如,在强劲的趋势行情里,试图猜测顶部或底部的位置就是低胜算的交易。猜测底部,如同企图接住掉落中的刀子。当价格直线下跌时,你坚持去猜测底部的位置,就会受伤。2002年2月4日就是我表现相当惨淡的一天。原本可以赚一大笔,结果却勉强持平。股市在几个星期前做头,最近呈下降趋势,行情开低。图10-4显示的是S&P500日线图,行情清楚地呈现跌势。图10-5显示的是QLGC日线图,这是一支我所以交易的典型股票。这支股票在建立双重顶后走势呈明显跌势。

图10-4

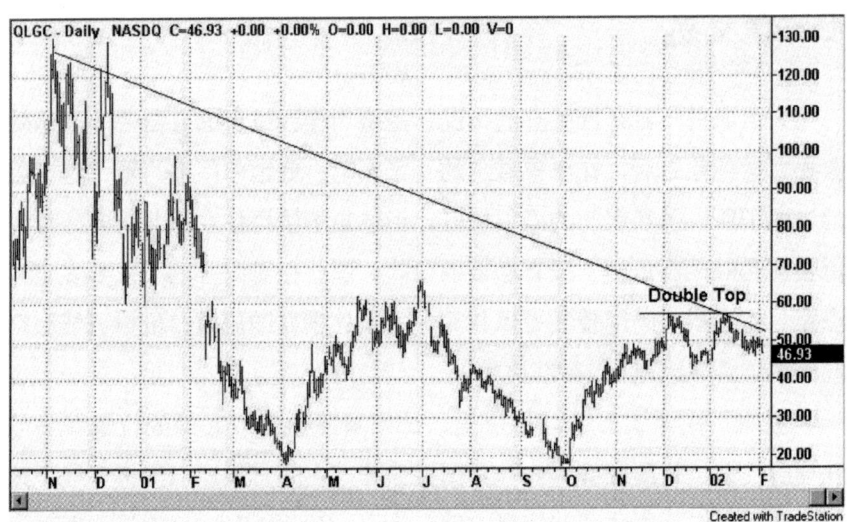

图10-5

结果我做了什么？我利用我能得到的每个机会去大量买进，因为我认为股价会反弹。图10-6是5分钟走势图，向上的箭头标示了我进场买进的位置。除了在第四次进场交易，每股赚了20美分之外，其他几次的进场平均每股损失50美分。行情明显长期下跌，我却在此时试图捕捉底部，这就等于是浪费资金。这样做唯一能确定的就是给经纪商增加了佣金。那天我最终还是赚了点钱，因为我还做空了一些股票，空头头寸的规模超过多头头寸。希望这一天教会我再也不要去从事低胜算交易。我在行情走低时四度买进，尝试捕捉底部；尽管我确信股价会反弹，但明智的做法还是不进场交易，静观其变。

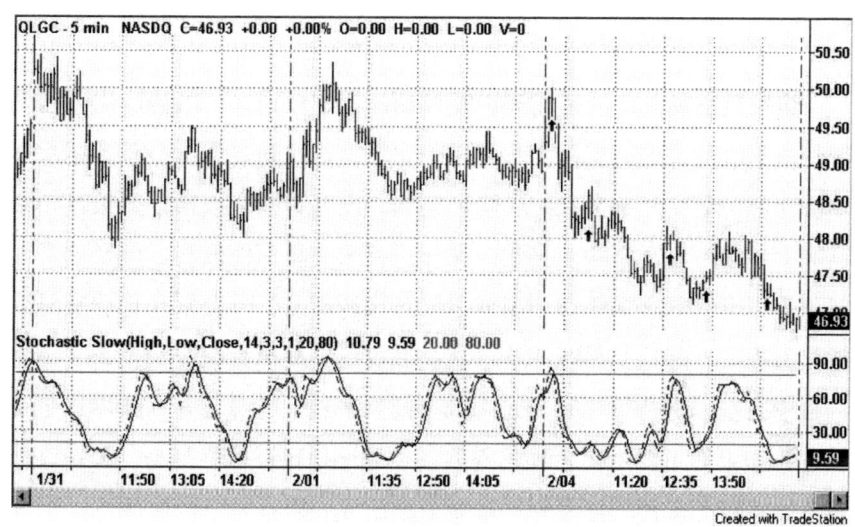

图10-6

另外几种情况也应避免买进。在价格出现大幅涨势处于超买区时，在行情处于通道上限或压力区时，都不应该买进。当行情跌破上升趋势线时，也不是良好的买进时机，因为这暗指趋势很可能朝下发展。没有预先制定退场策略或忽视止损都是让你亏损的坏习惯。随着交易越做越多，交易者就会逐渐学会判断高胜算操盘和低胜算交易。最终，杰出的交易者们会自然而然地判别出哪些交易值得冒险，哪些不值得冒险。

成为更优秀的交易者

成为更优秀的交易者就意味着能够判断出高胜算和低胜算机会。就像我前面提到的苏菲猫所做的一样。如果你能做到这一点，就能够像专家一样开始交易了。我的观点是，做到这一点的最佳方法就是在不同的分析周期下观察行情发展，从而避免建立逆向头寸。运用组合的时间架构和不同的技术分析技巧，就能够找到那些具有更高获利潜能的交易机会。

为每笔交易制定明确的理由并详细地拟定计划，可以帮助你识别出哪些是不值得冒险的交易。然而，除非你肯花时间去分析，否则你永远不会知道一笔交易有多大的风险和获利。没有这两个因素，是很难判断良好交易和不良交易的。当然，并非所有的交易都能成功，但是如果你能预先尽可能地剔除胜算不高或风险过高的交易，你会发现你的交易绩效显著提升。降低交易频率并寻找高胜算的交易机会是成为优秀交易者的重中之重。进行每笔交易之前都要问问自己："我为什么要做这笔交易？"如果你不能给出合理的答案，最好还是跳过这笔交易。如果想成为高胜算的交易者，你需要具备两个决定性要素：具有纪律规范，等待良好交易机会；具有资金管理技巧，当机会出现时，采取正确的行动。

成为低胜算交易者的14个简单步骤：

1. 不把握交易时机
2. 在波动剧烈的市场中交易
3. 开盘时交易
4. 逆势交易
5. 不观察走势图
6. 不顾市场行情，凭消息交易
7. 总是建立相同规模的头寸
8. 一直试图接住空中落下的刀子
9. 过度频繁交易

10. 不能判断高胜算操盘和低胜算交易

11. 漫无目的地交易

12. 不注意退场策略

13. 考虑交易时忽略资金管理

14. 在超买区追价

如何成为高胜算交易者：

1. 同时观察多个分析周期

2. 顺应主趋势交易

3. 等待折返走势

4. 像苏菲猫一样思考

5. 耐心等待最佳时机

6. 了解成功与失败的几率

7. 错过一些机会也未尝不可

8. 运用机械性交易系统

9. 只在风险/回报率合理的情况下进行交易

10. 学会调整每笔交易的风险

11. 胜算越高，头寸规模越大

12. 不要去赌

13. 只有在所有事情都看起来合情合理的时候才进行交易

14. 每笔交易都要有合理的理由

15. 制定计划

16. 在开盘前制定好交易计划

17. 严格执行计划

18. 保持专注

19. 了解市场的运行规律

20. 全面考虑交易的方方面面

值得反思的问题：

· 我是否有很好的理由进行交易？

- 我的考虑是否周全?
- 我是否了解风险程度?
- 头寸规模是否恰当?
- 我是否等来了黄金时机?
- 我是否顺应主趋势进行交易?

第四篇
交易计划

第十一章 交易计划与行动计划

如果你早上醒来后,边喝着咖啡,边等待市场开盘,直到开盘后才开始盘算如何进行具体操作,那么你将不会有太大成就。优秀的交易者会提前做好功课,在开盘前就已经做好准备应付市场可能出现的各种情况。他不会漫无目的地交易,而是制定交易策略,严格遵守风险参数。他准备充分,因为已经制定了交易计划,一切尽在掌握。他还会制定当天的行动计划,无论市场出现哪种行情,他都能从容应对。

什么是交易计划?

交易计划是交易者用来做出明智决策的指导方针。它包括两部分:首先是交易系统或交易方法,可以提供买入或卖出信号;其次,是资金管理参数。进场、出场、止损点设置、头寸规模、风险程度等都在其范畴之内。交易计划还包括交易对象,也会考虑交易者的个人情绪因素以及交易风格。一套完整的交易计划还应包括如何评估交易绩效,这一点经常被人遗漏。只有从错误中吸取教训,才能取得进步,所以绩效评估很重要。所有这些都是交易中的重要因素,如果能够把这些因素结合起来,就为成功奠定了坚实的基础。

交易计划是需要量身定制的,因为每个人的交易风格和风险偏好都不尽相同。交易计划如果不符合交易者的风格和思想,就很难贯彻执行。一套好的交易计划能够帮助交易者发挥自身优势，避免不利状况。交易计划不会频繁变更，因为它包含了交易者的交易系统和资金管理计划。与之相反，行动计划是针对每天的市场情况而制定的。所以行动计划中会包括调整止损点、重要经济数据公布后的应对方式，以及等待行情回调至趋势线附近才进场等这些具体操作。

交易计划就相当于交易者的商业计划。就像每个成功的企业都有自己的商业计划一样，一位交易者也要制定自己的交易计划。设想制定交易计划的目的是为了说服某人为你提供资金进行交易，这样就不难理解交易计划所应包含的内容。商品期货交易顾问提供的披露文件实质上就是一套完备的交易计划，因为交易计划的所有组成要素都包含在这个披露文件中。

制定交易计划

制定交易计划既耗时又费力，但有些人急功近利，会忽略交易计划而直接开始交易。忽略制定交易计划是错误的，因为没有指导方针很难获得成功。制定交易计划有助于交易者确定并遵守明确的规则，同时避免在市场过热或遭受亏损时可能出现的情绪化举动。

交易计划并不一定要写在纸上，但书面的交易计划有助于定期回顾。如果你还没有一份书面的交易计划，我强烈建议现在就拿起纸笔制定一份。即使是一套简单的计划也要比没有计划好得多。你至少应该知道每笔交易的风险上限以及不同的交易条件。一个交易计划可以简单如下：

只要市场低开，并且在30分钟后进入价格区间的上半部，则买进一手合约；若价格跌破当日低点，则卖出，或在收盘时卖出。

这虽然看起来很简单，但却是一个交易计划：它包含了交易策略、资金管理参数，以及头寸规模。交易者可以每天都遵循这套交易计划，而不用辛苦地考虑应该做什么。但是如果要制定一份详尽专业的交易计划，则应该以"说服某人为你提供资金进行交易"为指导原则。愿意为你提供交易资金的人需要确切掌握以下情况：

- 你将如何进行交易
- 你采用什么类型的交易系统
- 你的交易对象是什么
- 你将承担多大风险
- 你可以承担多大损失
- 你合理的盈利预期是多少
- 交易成本有多大
- 出现意外变数的可能性
- 如何预防亏净所有资金
- 你每次交易会承担多大风险
- 你会在多少个市场中交易
- 头寸的持有时间有多长

如果能够预先知道所有上述问题的答案，你的交易绩效会有显著提升。如果能够按照计划执行，提前拟定交易策略，在开盘时只需要把握好进出场的时点并调整风险就可以了。花些时间制定一份交易计划会使交易变得更加简单。

为什么要有计划？

交易计划的作用是确保你无时无刻都在进行高胜算交易，并在交易之前对风险程度有所了解。交易计划包括一些经过检验的高胜算操盘策略。如果没有交易计划，交易者很可能会漫无目的地今天做多，明天放空。有了交易计划，你就可以在交易中有的放矢，并减少情绪化的决策。因为情绪化的交易决策很少有好的结果。不要在起伏无常的开盘期间制定交易决策，而是要提前做好准备，这样可以提高成功的几率。没有交易计划的帮助，很容易草率行事、追逐行情，甚至不知道该何时退场。交易计划还可以避免过度频繁的交易。不坚持交易计划，会很容易陷入过度频繁交易的误区。交易计划可以使你整天保持专注，不必为琐事分心。最后，根据交易计划你可以知道你所承担的风险有多大，并知道该何时出场。你可以提前了解可能遭受的最大损失，即使发生最糟的状况，也不会打乱你的交易。

交易计划组成要素

交易方法或交易系统

首先应包含在交易计划中的就是交易系统。所谓交易系统，实际上就是关于何时进场、何时出场的一整套规则和条件。接下来的两章将讨论如何建立和反复测试交易系统。交易者可以针对不同的市场和情况制定不同的交易系统。交易系统不一定很机械化，但必须能够清楚说明做多或做空的基本条件。挑选最适合自己的交易风格和技术指标可以建立一套让自己满意的交易系统。

通过历史数据检验交易系统的可行性。如果系统在过去不能良好工作，将来也不太可能适用。当然也可以通过更残酷的方式检验交易系统：那就是实际的交易亏损。交易系统最重要的作用不在于教你如何开始交易，而在于它设定了何时退出交易的规则。不要忽略出场，因为它正是交易成败的分水岭。一套完善的交易系统会包括在各种情形下的退场策略。在入场之前应该明确了解退场的原因和时机，并设定退场原则，这样交易者可以轻松地进行交易，而不必谨小慎微地关注市场的每个微小变动。有了交易系统，你就可以知道每天应该交易什么以及如何交易，不会有什么让你出乎意料。一旦满足某些特定条件，你就知道时候到了，可以进场。如果未满足条件，你则需要按兵不动。

让我再强调一次，交易系统不一定是正式的、电子化的或机械化的系统；它可以是你在交易时所运用的任何想法或思路，重要的是这些想法或思路应该保持连贯。一个交易系统可以简单如下：

只要市场低开，并且在30分钟后进入价格区间的上半部，则买入；若价格跌破当日低点，则遇止损点退出；如价格波动已达到平均波动幅度的80%，则获利退出，或者在收盘时退出。

你可以有十几种类似的交易系统，重要的是他们都在你的交易计划之内，并表现良好。

资金管理

尽管交易系统是交易计划的重要组成部分，但资金管理计划才是所有交易系统的基础，我会在第16章、17章中对其进行讨论。如果没有资金管理计划，不管你的交易技巧多么高超，成为输家的可能性都会很高。交易者需要了解如何使用资本、能够承受多大风险、可以交易多期货合约或股票、何时应该增加头寸。资金管理计划还可以告诉你最多可以同时在几个市场内交易，以及每个市场内最多可以承担多大资金风险。

在制定资金管理计划时，要投入时间并注重细节。要详细规定资金分配的比例，以及在每个市场或市场组合中的合约交易数量。如何恰当地控制头寸规模是资金管理计划的重要组成部分，也是交易成败的关键。如果你交易的额度超过可承受范围，就很容易陷入危机，所以要特别注意这一点。

资金管理计划需要在开始交易之前制定完成。如果不能提前制定计划并了解相应风险，肯定会惹祸上身。很多交易者之所以亏损是因为他们没有足够的资金以维持其交易方法，从而导致风险过高，自己却浑然不觉。通过制定资金管理计划，交易者可以了解在一定时期内可以承担多大风险，能够承受多少资金损失。预先正确评估风险程度还可以避免亏掉全部资金。

何种市场适合交易

一些交易者拥有很好的交易策略，但却不清楚应该在哪个市场中进行交易。每个市场都有各自不同的运行规律：有些市场走势明显，另一些市场则波浪起伏。有些市场波动幅度很大，适合短线交易，但同时风险也很高。有些市场则流动性很差，应该尽量避免。交易计划应确定所要交易的核心股票或期货品种。有些交易者只适合交易原油期货或高科技公司股票；有些人则适合交易任何价格波动幅度大于2美元、日成交量超过200万股的股票。无论你打算交易什么，都应该预先决定，这样就可以集中精力针对目标对象进行交易。还要确保你所使用的交易系统在相应的市场上已经过反复测试，运行良好。我交易几个行业的股票，每个行业中选定五到十支股票。我每天交易的股票基本相同，唯一的例外是，我会尝试交易新闻事件中提到的某些股票，看它们是否值得交易。期货方面，近些天来我只关注债券、原油和股指。

持有时间

交易计划中还应包括主要交易分析周期及平均持有时间。分析周期因人而异，而持有时间则由你所采用的分析周期决定。如果你是巴菲特这样的长线投资者，你的头寸可以持有20年，如果你是超短线投资者，持有时间可以短至几分钟。从几分钟到20年，每个交易风格不同的交易者可以有不同的持有时间。如果你喜欢使用60分钟走势图，成功头寸的持有时间可以是3至5天，而失败头寸的持有时间要控制在1天左右。如果使用5分钟走势图，对获利头寸应持有45到90分钟，亏损头寸则应在30分钟后及时退出。当然这只是一个参考标准，根据个人的交易风格可以有一定弹性。我在短线交易时，一般会对获利头寸持有90分钟到两个小时，而在长线交易中，我的持有时间为3到5天。某些个别头寸的持有时间可以略长或略短，上述数据只是平均值。

风险因素

与在现实生活中一样，永远要对最糟糕的情况有所准备。在交易计划中，要假设任何方面都可能会出现差错。至少要了解交易中所涉及的风险因素,做到有备无患。如果你没有对风险进行过仔细分析,那么当风险来临时你就会措手不及。你可能计划得非常完美,但突发的恐怖袭击会打乱一切。有些事情我们无能为力,但必须要知道,金融市场中什么事情都可能会发生。

一些可能发生的意外状况:

- 你可能会亏掉所有资金;如果你从没想过会赔钱,那么干脆就不要进行交易。
- 你有一套完美的趋势跟踪交易系统,但却找不到一个具有明显趋势的市场。
- 美联储意外地降低利率。
- 市场开盘便低于止损点。
- 市场行情急剧波动,风险陡增。
- 市场锁住停板,你连续三天无法退出,每手合约比预期多损失3000美元。
- 佣金成本突然上升。
- 在建立20个多头头寸后,电脑突然死机,随后市场崩溃。
- 交易所的数据线被老鼠咬断,所有交易停摆。
- 你所持有的股票,因故暂停交易两天。
- 美国第七大公司宣布破产。
- 家里发生的一些事情导致你不能专心交易。

这些事情都曾发生在我身上过。

成本

在制定交易计划时,一定要考虑交易成本。我会在13章中讨论交易成本对交易绩效的巨大影响。目前至少要知道,成本是不容忽视的。要把尽可能地降低交易成本作为交易计划的一部分。最常见的交易成本就是佣金费用,但也不要忘了滑动价差和其他微小的花费也会积少成多。还要考虑到其他与交易相关的花销,比如购买实时报价与软件系统。如何支付这些费用？你打算动用交易账户里的钱还是准备了专门的购置资金？

评估交易绩效

交易计划应该为绩效评估留有位置，其中应规定如何评估绩效，以及何时开展评估。关于绩效评估，不一定要有书面日志（虽然建议这么做），但你应该有一套自己的方法监测头寸表现，并梳理各个交易，了解自己哪里做得对，哪里做得不对。从未平仓头寸开始，注意头寸是否仍然处于当初设定的参数范围内。如果不是或当初建立头寸的理由已不复存在，则要严格监控或想办法退出。至于评估的频率，则要取决于交易的分析周期。长线投资者或许只需每天观察一次，而短线交易者则需要持续不断地进行评估。

需要随时评估的事项：

- 价格是否达到目标区域？
- 是否接近目标区，并需要密切关注？
- 需要增持还是减持？
- 是否按计划发展？
- 是否有其他更好的资金用途？
- 应该马上出场还是再持有一段时间？
- 是否逼近止损点？
- 你是否忽略了止损点？
- 价格波动程度是否发生变化？

对未平仓头寸进行评估后，接下来要考虑亏损交易。我喜欢回顾那些退出及时、只有少量损失的亏损交易。对我来说，这样的交易才是最有意义的交易。一笔可能演变成重大亏损的交易，要能够及时认赔退出，我觉得这比那些获利交易更值得骄傲。那些让我及时退出，避免更大亏损的心态和行为，我会牢记在心。再次出现类似情况时，我就能够做出正确的反应。由于我经常让小赔的头寸演变成更大的亏损，所以我非常重视这方面的评估。如果我的某个交易亏损严重，我会尽量找到导致这种情况的原因，从而避免重蹈覆辙。接下来应该评估那些操作不恰当的头寸，不论最后结果是赚是赔。我希望以后不再重复类似的错误。最后要进行评估的是那些获利交易，我希望从中获取经验。这不需要花费太多时间，可能只需占用收盘后的几分钟，但花费这几分钟却是非常值得的。从不对自己的交易进行回顾的人永远不知道自己行为的对错。不仅要回顾交易本身，还要经常检查交易计划的可行性。有时候你不断赔钱，问题可能就出现在交易计划上。

行动计划

　　制定完交易计划后，接下来要考虑制定行动计划。行动计划包括日常的交易决策，以及执行交易计划的具体行动方案。行动计划不同于交易计划。举例来说，按照交易计划，每当价格逼近趋势线的半点之内，且止损位在趋势线另一侧的半点内，则买进2手合约。行动计划则是用来判断行情是否符合上述条件，以及判断进场时点。

　　交易决策最好在非开盘时段内拟定，作为市场开盘后的行动指南。每天晚上回家之后，我都会分析当天的行情，列出一份清单，标明我准备买进与做空的股票。我还会寻找我准备介入的支撑和突破位，当然我也要明确自己准备在哪里退场。第二天开盘时，我手上会有一张清单，上面列举了我准备交易的股票以及交易价位。这就是我当天的行动计划。交易计划涉及风险偏好，以及技术指标等因素，而行动计划则是每天的具体操作方案。我会在每天的午餐时间对行动计划重新进行评估，并做必要的调整。我会为下午寻找新的交易机会，并重新评估风险水平和止损点。

　　最近我制定的行动计划包括：在上午10点时买入石油勘探类股票，在午餐时间买入技术类股票，并各持有90分钟。如果在30分钟后没有出现预期走势，我就退场。这套操作模式颇为有效，只要情况没有太大变化，我会坚持这样的行动计划。

行动计划可以让你保持专心。如果没有行动计划的规范，可能会出现一些不应有的交易，比如你可能会因为一时冲动、无聊、新闻事件、或持续亏损而进行不理智的交易。这些不理智的交易都可能是缺乏行动计划的结果。有了行动计划就可以根据不同的市场情况采取不同的交易策略，并应对各种可能出现的市场反应。不论发生什么事情都有充足的准备。当然，有时候我也会因为错失机会而懊恼，但是我会尽量克制自己，严格执行计划。市场永远都有机会，错过一些机会无关紧要。

纪律规范

虽然纪律规范不属于交易计划的一部分，但它却是把所有要素结合在一起的粘合剂。交易者必须严格遵守纪律规范才能贯彻执行交易计划。如果偏离计划，就很容易陷入亏损，然后做出一些情绪化的决策，比如介入一些不该涉及的市场，频繁交易，承担过高风险，头寸持有时间过长。总之，交易者很容易陷入低胜算交易的陷阱。

在连续获利或亏损之后，纪律就很容易松弛。绝不能让亏损改变你的交易计划。即使遭受了损失，也不要变得更加激进或固执。任何商业活动都会有亏损，你要做的就是忘掉亏损，继续寻找下一个交易机会。最严重的错误就是为了挽回败局，而增加交易规模。如果你持续亏损，就要停下来仔细检查一下自己的交易计划，问题可能出现于此。反之，也不要因为手气很顺就忽略了交易计划。很多人会因为几笔获利的交易而变得骄傲，自以为所向无敌，于是交易变得越来越草率，规模也越来越大。优秀的交易绩效通常都是交易计划的功劳，所以一定不要忽略交易计划。

成为更优秀的交易者

要想成为更优秀的交易者，就必须养成制定交易计划和行动计划的习惯。交易时必须要有一套综合了风险和策略的宏观计划。除了交易计划，还需要为日常交易制定行动计划，它将有助于你专注于高胜算机会。如果没有事先制定妥当的计划，交易就会变得没有头绪。优秀的交易者在开盘之前就应该知道当天要做什么，无论市场是涨是落，他都能从容应对。交易计划中包含的交易系统可以让你轻松地进行日常操作而不需耗心劳神。如果交易系统通过历史数据检验运行良好，很可能也适用于未来交易。只有保持连贯的交易策略才能让你持续不断地获得盈利。

要成为更优秀的交易者，还需要有一套完整的资金管理计划和风险参数。如果不了解自己的风险限度，很容易被淘汰出局。你需要了解自己能承受的最大风险、期货及股票的交易数额、何时提高头寸规模。这些都不是交易时段内应该考虑的事情，而是应该在交易开始之前做好准备。不要只是想想，要坐下来，写在纸上。遵守纪律贯彻计划对交易绝对有所帮助。如果你的交易计划可以让一个陌生人很轻松地了解你的交易方式，这就是一个完美的交易计划。

另外，还要定期回顾自己的交易成果，这也是交易计划的一部分。首先要检讨还没有平仓的头寸，然后才是已经了结的交易。从过去的经历中学习是获得进步的最佳途径，所以不要忘记这一点。在进行回顾时，也不要忽略计划本身。要不时地检查交易计划中的缺陷并不断完善。对于交易者来说，交易计划是宝贵的资产。

缺乏交易计划/行动计划会导致如下问题：

1. 毫无节制
2. 疏忽好的交易策略
3. 不知道应该承担多大风险
4. 不知道在哪些市场进行交易

5.不知道应该交易多少手合约

6.过度频繁交易

7.账户破产

8.对于市场中出现的机会毫无准备

9.不知道应该何时退出

10.没有绩效评价

有效运用交易计划和行动计划：

1.把交易计划看成是商业计划书

2.两个计划把交易的方方面面整合在一起

3.要符合交易者的交易风格

4.让你专注于有效的交易策略

5.让你从容应对市场变化

6.让每笔交易都有充分理由

7.遵守资金管理计划

8.以轻松的心态进行交易

9.知道自己可以承受的最大损失

10.行动计划让你进行深思熟虑的交易

11.预先设定出场点

12.回顾过往的交易

13.避免情绪化决策

14.知道在哪些市场中交易

15.要严格遵守纪律，按计划执行

值得提醒自己的问题：

- 我是否制定了交易计划？
- 我是否制定了行动计划？
- 我是否拥有交易策略？
- 我是否拥有资金管理计划？
- 我是不是经常偏离计划？

- 我是否严格遵守纪律？
- 我是否回顾过往交易？
- 我最近在什么时候检讨过交易计划？

第十二章　系统交易

交易计划中应包含交易系统，这是由简单的买卖法则构成的一套交易方法，是进行系统性交易的基础。交易系统对交易者来说具有至关重要的作用。如果没有交易系统——哪怕是非常简单的交易系统——交易将会变得毫无头绪，甚至非常危险。交易系统不一定是非常详细、电子化的程序，但它一定包含了一套可供遵循的交易指导原则。你可以自行设计或直接购买交易系统，但一定要符合个人的交易风格。没有任何一套交易系统可以同时满足每个人的需要。一个人感觉有效的系统不一定适合另一个人。总之，交易系统可以帮助交易者按照行之有效的规则进行交易，从而获得更高的胜算。

何谓系统？

简单来说，交易系统就是一套用来制定买卖决策的规则集合。这套交易规则可以非常简单，比如：短期均线向上穿越长期均线则买进，短期均线向下穿越长期均线则卖出。而一套复杂的交易系统可能会要求满足10项条件以后才能进行某一操作。一个好的交易系统不仅要提供进场信号，还要有退场和止损信号。只能告诉你何时进场的系统只能算是半个系统。虽然很多人认为交易系统应该是编写在交易软件中的电脑程序，但其实交易系统也可以以其他形式存在。交易者在实际操作时所使用的任何规则、模式或条件组合都可以被看作是交易系统。我就曾经使用过完全靠书面日线图来生成信号的交易系统，我会在纸上记下进场与退场的价位，然后等待市场价格接近相应价位水平。交易系统可以在走势图上直接观察使用，比如某支股票没有跟随大盘一起下跌，则买入该股。这种情况很难写入电脑程序，但它的确是一个可以遵循的明确的入场信号。交易系统也可以以基本面分析为基础。比如：如果原油库存比前一周降低，则买入原油期货；如果库存升高，则卖出。我经常采用非正式的交易系统：我知道哪些价格形态可能有效，只要看到它们，就进场交易。因为我总是同时观察多个分析周期的走势，而单个软件系统很难做到这一点。因此我会同时运用多套不同的系统，然后通过视觉做信号确认。我也会运用主观判断，尤其是在退场时。因为我一直使用相同准则制定交易决策，所以这也属于交易系统。

完全机械地使用系统信号进行交易的人被称为系统性交易者。他们看到信号后，不假思索地进行交易，从不偏离系统。另外一些人收到系统信号后，会做进一步筛选，经过考量市场状况或得到其他指标确认后再选择性地进行交易。这类交易者被称为主观性交易者。这两种交易风格各有优劣，稍后本章会做详细讨论。

为什么要采用交易系统？

我可以大胆地说，绝大多数专业交易者都通过某种系统制定交易决策。不论是电脑化的交易系统还是一套书面的规则条件，这些系统都可以让他们保持在正确的轨道上。某些人采用纯系统性的方法，每笔交易都按照电脑提供的信号进行。另一些人则会做进一步筛选，把系统作为参考，最后决策则根据主观判断，尤其是那些关于头寸规模的决策。无论采取哪种方式，最重要的是他们都有一套可以进行高胜算操盘的法则。尽管有些杰出的交易者从不把规则写在纸上，但他们在决策时都会寻找一些特定的行情结构。

第十二章　系统交易

这些专业交易者都非常清楚，交易系统可以帮助他们掌握高胜算交易机会。他们知道，根据一套经过历史检验的系统进行交易可以大大提高赚钱的几率。当然，交易系统的信号也可能完全错误（这是没有问题的，只要有50%的正确几率就已经很不错了），但只要你长期运用这种高胜算的法则，成功交易的获利绝对可以超过失败交易的亏损。反之，如果完全忽略交易系统，交易结果很大程度上会依赖运气。一套经过历史数据验证系统可以减少运气对交易绩效的影响。运气成分减少得越多，你就越有可能成为一名优秀的交易者。

有些交易者之所以发生严重问题，就是因为不采用交易系统或交易计划。他们进行的交易，通常没有明确理由，也没有一贯规律。对任何两笔交易的思考模式可能完全不同。当他们看到价格向上突破，就急于买进；而第二天对于相同的走势却认为是假突破而做空。优秀的交易者必须采用前后一致的法则。拥有一套系统，就有了一套明确的法则可供遵循。有了交易系统，就不容易犯一些无谓的错误。根据交易系统的信号进行操作就不会举棋不定。唯一的问题是你准备多大程度地遵守交易系统。观察行情发展时我经常会有这样的思维过程："目前处于牛市，所以我应该做多。不！等一下，价格似乎有点下滑，好像更适合做空。但是……，好像价格回落得太多了，我是不是应该买进？"这样的交易显然毫无章法，有了交易系统就不会发生类似的问题，它会清楚地告诉你应该如何去做。

交易系统的另一项重要功能就是能够告诉你何时退场。某些人非常擅长设定进场点，但是一旦建立头寸之后，却完全不知道何时退场。他们或是过早获利了结，或是让亏损积累太深，因为在进场时从来没有考虑退场的位置或时机。而一套有效的交易系统会帮助交易者考虑退场的问题，只要遵循系统的指令，就知道该何时退场。

购买或编写交易系统

编写一套交易系统并不困难，甚至几分钟就可以完成。但是如果想编写一套真正值得信赖的系统，恐怕要花不少时间，甚至要不断修正、测试，直到一切妥当为止。如果你曾使用过交易软件，就应该知道仅仅学习编写交易系统就已经非常困难了，当你真正花费大量时间和精力开发一套系统时，就会明白为什么很多人都放弃了编写交易系统的想法。也许他们都曾经尝试编写过交易系统，但很快就放弃了。于是只能使用尚不成熟的系统，或干脆放弃使用系统。但是如果你想取得进步，就应该有一套可靠的交易系统。

购买系统

如果编写系统对你来说过于繁琐，或者根本不知道从何着手，那么最简单的办法就是购买现成的系统。翻阅杂志或浏览网页就很容易找到这类产品的广告。我个人很怀疑这类系统，因为如果这个交易系统很好，我是不会卖的。我会悄悄地用它进行交易，赚取回报。如果我有什么好东西，是不会把它分享给我的竞争对手的。卖家可能根本不会使用这套卖给你的系统，你买到的通常都是一些过时的系统。

另外，这些广告所鼓吹的理论交易绩效大多具有误导性。他们宣称通过这套系统可以在三年内把1万美元变成13.2万美元。然后你会在广告的某个角落发现一些微小的字体：滑动价差和佣金未包含在内，且所有获利都再次投入交易。然而在现实生活中，没有人会把所有获利全部投入市场，这是不恰当的资金管理方案，因为一两次重大亏损就可能让你损失掉之前的所有利润。忽略滑动价差和佣金会掩盖真实的交易结果。考虑所有因素之后，那三年13.2万美元的利润可能会变成区区7千美元。另外，广告上可能只会公布在最佳数据组合下测试的交易结果。说不定你拿另一套数据进行测试，结果就会变成亏损。另外一个购买现成交易系统可能会出现的问题是：如果这套系统与你的交易理念不符，你就不能正确地运用它。每个人都有独特的交易风格，只有适合自己的规则才能产生好的效果。

但也不要因此而感到失望，我知道有些人曾经利用现成的交易系统取得不错的交易成果。市面上还是有些不错的交易系统的。如果交易者能够严格自律，遵循系统指令，还是可以赚钱的。市面上有一种叫作"黑盒子"的系统，这类系统只提供信号，但不告诉使用者系统运作原理以及信号生成机制。我个人无法接受这种系统。因为我对任何工具都要进行分析以确保符合我的风格。但这种"黑盒子"对有些人还是有效的。

自行编写系统

如果你打算使用机械性的系统开始交易却不知如何着手，不妨考虑购买现成的系统。另外，现成的系统也可以帮你编写自己的系统：全面了解他人的系统，逐步分析其运行机理，改善不足之处，使其更好地适应自己的风格，或者直接借用某些好的想法。我在本章中提供了一些我在TradeStation软件中使用的程序编码，你可以以此为基础编写自己的交易系统。你还可以在网络或杂志上找到一些免费系统。自己开发的系统要比别人的系统更加简便易用。即使开始的时候使用别人的系统，你也可以将其慢慢改造为自己的系统。

本章和下一章的大部分篇章都在讨论电子化的交易系统，但相关内容同样适用于手工系统。如果你没有系统编写和测试软件，你就需要通过手工来完成，且这项工作是一定要完成的。我早期的系统没有一个是用计算机编写的，所有事情都是用手工完成，结果并没有太大差异。计算机的作用是让你的工作更加有效率。我曾经花几个月的时间对系统进行测试，虽然别人已经告诉我，该系统没有任何问题。因为你不能把任何东西视为理所当然。自从使用TradeStation编写和测试系统以后，我所花费的时间大大降低，特别是在进行历史数据测试的时候。过去需要几个星期才能做完的事情，现在只需要几分钟，节省了大量的时间。我不知道如何利用这些空闲时间，所以决定开始写这本书。

> **我的第一套系统**
>
> 　　我很幸运，刚一入行就开始使用交易系统。尽管它们都非常简单，我还是用手工进行测试确保它们运行良好。我的第一个系统是我在场内交易时使用的圈叉图。场内交易员没有电脑可用，所以很多人都通过手工方式记录圈叉图，每当价格出现一定数量以上的变动，就记上一个圈或叉。当初在场内担任办事员时，我就学会了如何绘制圈叉图。后来，一位资深交易员告诉我应该注意哪些形态，并教我有关圈叉图的交易方法。简单来说，圈叉图是采用趋势跟踪方法的价位突破系统。我通常都是利用之前密集交易区间的宽度来确定退场价位，或者出现反向信号时出场。
>
> 　　后来，我开始同时关注多个市场。我会随身携带商品期货走势图，并随行情发展不断更新走势图。我大概同时跟踪10个市场，使用一套反转日系统（我现在仍在使用这套系统）。这套系统很简单：如果当日最低价低于前日最低价，且市场走势积极（根据不同市场确定不同的衡量标准），则遇止损点买入。

交易系统应具备的特质

在编写或挑选交易系统时，要注意以下事项：要确保交易系统符合你的交易风格；要保证交易系统简单易用。系统越复杂，就越可能只适用于某些特定的数据组合。系统还需要适用于各种不同的分析周期及市场平台。一个行之有效的交易策略应该具有普遍适用性。至于交易结果（下一章 将详细讨论），优良的系统应该能够带来正面的盈利预期，应该稳定可靠，即使偶有亏损也应远远低于利润。

简单

交易系统应尽量保持简单。对系统过度粉饰，只能是画蛇添足，适得其反。很多交易者都会犯这样的错误，不断地在系统中添加过多的技术指标和变量。其实很多最好的交易系统都是最简单的。一般来说，信封大小的空间就可以写下一个交易系统，人们可以很轻松地理解每个指标和规则的用途，否则这个系统就太复杂了。

交易者能够使用的各种指标和变量的组合多达上千种，但他们通常只偏爱其中的少数几个。我从来不会使用过多的技术指标和方法。我会寻找一些适用于大多数市场环境的技术指标，并避免使用那些新奇古怪的指标。资金管理要比世界上的任何技术指标都更为重要。总之，只要找到几个你喜欢的技术指标就够了，尽量保持简单。如果你的系统中有42个变量，那就太过分了。变量或参数越多，就越可能出现差错。而且一旦出错，你都不能找出错在何处。随着系统中加入的规则越来越多，系统变得笨拙庞大，你很难对其进行分析和改善。人们不断加入过滤参数，试图捕捉每一个盈利的交易机会。这其实是非常错误的想法。过滤条件应该尽量保持简单。简单的系统要比那些复杂的系统更容易适用于不同的市场环境。

符合个人的交易风格

交易系统必须符合交易者的风格与习惯。一个人用起来得心应手的系统，却让另一个人不断亏损。原因就是两个人的交易风格不同，对系统给出的信号有不同的理解。举例来说，有些人会在价格突破某一区间时执行买入操作，而另一些喜欢随机指标的人则会认为当时的行情显示超买，不会买入。有些人喜欢对头寸只持有几分钟，而有些人则喜欢持有几个小时。这是固有的交易风格，很难改变。我无论多努力都无法成一个超短线交易者。只要头寸表现良好，通常我都会继续持有。我的交易系统中也反映了我的这个特点。不能忍受些许亏损的交易者更适合使用随机指数。而持有时间较长的交易者则应该采用移动平均线系统。有些交易者可能不喜欢做空操作，只习惯买入。所以他们的系统只设定做多规则，而忽略所有卖出信号。

使用交易系统最重要的就是操作便利，并相信系统生成的信号。为了做到这一点，你必须了解自己是哪种类型的交易者，知道自己的优缺点在哪里。你还需要分析自己的性格特点，清楚自己的操作喜好。你从事交易是为了寻找刺激还是为了赚钱？你喜欢每周交易一次还是每天交易50次？你是否喜欢分析反转、趋势、突破等这些技术指标，还是有其他偏好？你是否另有全职工作，不能随时看盘？如果是这样，你的交易系统就需要能够在开盘前或收盘后下单，因为你不能像其他全职交易者一样在盘中随时下单。无论你是什么类型的交易者，只要能够得心应手地使用系统，并坚信系统发出的信号，就可以成为一名更优秀的交易者。

了解自己是哪种类型的交易者

你是否了解自己是哪种类型的交易者？是否知道自己需要什么样的交易系统？为了找到答案，不妨先问问自己以下问题：

你需要什么样的交易频率？

你最喜欢按什么样的分析周期进行交易？

你是否更习惯于按趋势交易？

你是否喜欢根据突破点进行操作？

你是否永远都想要捕捉趋势反转的机会？

你喜欢使用哪种技术指标或价格形态？

你的特点是主动激进，还是消极避险？

你能否接受沉闷的走势？还是喜欢快进快出？

你能否持有隔夜头寸而不至于失眠？

你能否听任一笔交易自然发展？

你是否担心每一个价格跳动？

你希望积少成多,还是一夜暴富?

你可以掌控的最大头寸是多少?

你想靠交易为生,还是为了好玩,顺便赚些零花钱?

在单笔交易中你可以心安理得地承受多大损失?

你是否知道如何处理亏损头寸?

允许自己判断错误的频率是多高?

你允许账户净值出现多大比例的亏损?

你在单笔交易中可以承受的最大损失是多少?

诚实地回答上述问题以后,你就可以了解自己的交易风格,并制定适合自己的交易系统。

不同类型的交易风格与交易系统

行之有效的交易方法有很多种,但最重要的是要找到一套最适合自己的方法。接下来我会提供一些不同类型的交易系统的范例,你可以以此为依据开始编写自己的交易系统。我在以下的讨论中会使用TradeStation的"简易语言"编码。

突破系统

突破系统可以算得上是最古老,最简单,也是最有效的交易系统之一。这种系统可以让交易者在趋势开始时或进展过程中介入交易。每个趋势或主要动向都始于对前一个高点或低点的突破。所以如果你想以突破点为参考进行交易,那么突破系统就是最适合你的系统。但是这种系统经常会产生一些错误信号,会导致逢高买入,逢低卖出。通过这种系统获利的关键是要把握一两个主要的突破走势,确保利润可以弥补由错误信号导致的亏损。突破系统比较适合有耐心的交易者,因为他们愿意等待突破之后的折返走势,而且在头寸获利持续扩大的情况下,愿意继续持有。如果过早退出,就容易错失大好机会,长此以往,必然会成为输家。很多人都采用止损单作为进场工具,我不太赞同这种做法,因为突破当时很可能已经处于超买状态,最好还是等待行情反转再考虑进场。我所采取的方法是当市场满足突破条件时,让系统给我提醒;然后再用另一套系统,以较小的分析周期,等待回调机会,这样一来我就可以拥有更高的胜算。

一个最简单的突破系统,可以把进场信号设置为价格突破之前某个时间段内的最高点或最低点。我们现在只考虑进场信号,至于退场和止损,稍后会在本章讨论。

TradeStation的使用者可以编写如下的入场信号:

```
Input: Length (10)
If Close > Highest (High, Length) [1] Then Buy
On Close;
```

根据这条信号编码,当收盘价超过过去10个参考时段内的最高点时,则买入。(译者注:所谓"收盘"是指单个柱状图的收尾价格,不是每天的收盘价。如果采用5分钟走势图,则每5分钟就有一个收盘价。)

"输入变量:长度(10)",这段编码让你很方便地调整参考时段的长度。输入变量一般位于整段编码的最顶端。[1]的作用是规定了从当前柱状图的前一个柱状图开始计算长度。因为当前柱状图还没有结束,还不知道最高点的位置,所以不应把当前柱状图包括在内。

如果想要在柱状图结束之前生成买入信号,则编码如下:

```
If High > Highest (High, Length) [1] Then Buy
```

为了避免收到错误信号而造成信号反复,可以在系统中加入一个过滤设置作为缓冲。有很多处理方式可以做到这一点。比如,把最近10个时段内的最高点再加几个点作为突破标准。在下面的例子中,如果收盘价超过过去十个时段内的最高点以上5点,则在收盘时买入。这样可以避免仓促入场，因为价格可能会在轻触突破点后又迅速回落。

```
If Close > Highest (High, Length) [1] + 5 Points
Then Buy On Close;
```

你还可以根据市场的波动添加缓冲区。价格波动程度会随着行情或市场而变动，如果波动剧烈，突破点的设置就更加重要。通过添加标准差，可以过滤掉一些偶发性的突破走势。标准差可以直接添加在编码行内，也可以作为独立变量，如下所示：

```
Buffer = StdDev (Close, 10) [1]
If Close > Highest (High, 10) [1] + Buffer Then
Buy On Close;
```

另外，还可以根据移动平均线设置突破系统的缓冲。如下例所示，如果收盘价格连续两天高于之前35个时段的移动平均线，则买入。这样可以确保对均线的突破并不是昙花一现。在这种缓冲中，可以设置任意时段的移动平均线，即可以随意更改35这个数值。

```
If Close > Average (Close, 35)  And Close [1] >
Average (Close, 35) [1] Then Buy;
```

有时候成交量明显扩大，如果你希望把这个条件也写入系统，就需要设置单独的变量，然后把它与其他变量绑定在一起，才能获得所需的信号。如下所示：

```
Inputs: Length (10), LengthV (5);
Condition1 = High > Highest (High, Length) [1];
Condition2 = Volume > (Average (Volume,LengthV)
*1.25);
If Condition1 and Condition2  Then Buy On Close;
```

条件1与第一个例子一样,即突破过去10个时段内的最高点。条件2则规定了当前时段的交易量要比过去5天的平均交易量大25%。整个信号则代表价格突破且成交量高于平均值,因为这样的突破走势可能更为持久。这也正是我们所需要的条件。

有些突破系统所需的走势形态很难被编入电脑程序,比如通道、趋势线、双底部等。这种情况下,你就需要通过肉眼直接观察走势图以获取信号。虽然不能写入程序,但只要是一套交易规则,就仍属于交易系统。

趋势跟踪系统

对于那些根据趋势进行交易的人来说,移动平均线和趋势线是他们系统的核心。由于趋势线很难被编入电脑程序,所以在编写趋势跟踪系统时主要依赖于均线。习惯于使用通道或趋势线的交易者需要通过直观观察并配合软件系统进行交易。

与突破系统一样,趋势跟踪系统也要求使用者有较好的耐心,持仓时间越长,效果越好。如果行情上下震荡频繁,该类系统就容易出错。解决办法就是使用更长时间段内的均线,而这样做又带来一定缺陷:当趋势开始发展时,你获得的信号会有所延迟。这样的优劣取舍需要由交易者自己决定。均线系统提示的趋势起始点与真实起始点之间会有一定的时间延迟。移动平均线本身就是一个延迟指标,所以任何使用均线的系统都只能在某些趋势开始之后一段时间才发出信号。但如果趋势明显,均线系统还是能够捕捉到大部分市场走势的。

最基本的移动平均线系统就是那种"双均线/穿越"系统,即短期均线穿越长期均线,则买入:

```
Input: Length1 (10), Length2 (35);
   If Average (Close, Length1) Crosses Over Average
(Close, Length2)  Then Buy On Close;
```

这条编码的作用是，当10均线向上穿越35均线，则发出买入信号。尽管信号是在当前柱图收尾时发出，有些人则希望在下一个柱图开始的时候才真正下单。因为在真正收尾之前，你永远都不知道信号是否会发出，有时候看起来似乎会穿越，但收尾前的最后几分钟行情可能会急转直下，谁都无法预料。对上述编码稍作改动就可以达到这一目的。如下所示：

```
Input: Length1 (10), Length2 (35);
If Average (Close, Length1) [1] Crosses Over Average (Close, Length2) [1] Then Buy On Open;
```

系统还可以设置另一个条件，即顺着50日或200日均线的方向进行交易，从而不至于违背主要趋势。可以通过设置一定条件来确定均线的移动方向，比如，如果当前的移动均值高于10天以前的均值，则均线向上移动：

```
Input: BarsBack (10)
Condition1 = Average (Close, 50) > Average (Close, 50) [BarsBack];
```

有些时候你可能希望当前柱状图尽量与均线接近，然后才会买入。因为这样可以避免高价买入后，价格回调至均线附近。为达到这个目的，我一般会加入一个条件：价格必须处在均线周围一个ATR（平均真实波动幅度）之内。你也可以设置为更多的ATR，或使用标准差以及点数。以下条件编码能够保证当前时段的收尾价处于35期均线的一个ATR之内：

```
Input: Length2 (35), ATRlen (10);
Condition2 = (Close - Average (Close, Length2)) < AvgTrueRange (ATRlen (10))
```

以上只是关于均线的几个简单例子,读者在编写自己的系统时可以尽情发挥自己的想像力。

基于摆荡指标的交易系统

不论如何强调趋势跟踪交易的重要性,有些人仍然想要猜测顶部和底部。以摆荡指标为基础的交易系统就比较适合于这种类型的交易者。如果行情在支撑位与阻力位之间胶着徘徊,最适合使用摆荡指标系统,在超卖位买入,在超买为卖出,尤其在短线交易中。基于摆荡指标的系统还可以满足那些需要不断跟踪行情的交易者的需求。根据摆荡指标编写信号代码的方法有很多种,但是摆荡指标的最佳信号——价格与指标之间的偏离程度——却很难编写为电脑程序。一般来说,偏离程度只能在图表上通过肉眼直接观察。但交易者仍然可以通过很多方式在电脑程序中使用摆荡指标。以下就是一些可以在摆荡指标系统中使用的信号和条件。

最典型的随机摆荡指标信号就是:慢速K线穿越慢速D线时买入。

```
Input: Length (14);
If SlowK (Length) Crosses Above SlowD (Length)
Then Buy On Close;
```

还可以添加另外一个条件:慢速K线处于慢速D线上方的同时,随机指标还要穿越超卖区域(适买区域)。因为慢速D线已经处于慢速K线下方,所以只需规定慢速D线超过某一水平即可获得相应信号:

```
Inputs: Length (14), BuyZone (30);
If SlowK (Length) > SlowD (Length) and SlowD
(Length) Crosses Above BuyZone Then Buy On Close;
```

使用相对强弱指标(RSI)也可以设定类似的穿越规则:

```
Input: RSILen (10), BuyZone (30);
```

```
If RSI (Close, RSILen) Crosses Over BuyZone
Then Buy On Close;
```

你还可以把适买区域的范围更改为任何数值。如果想要在指标超过50时再发出买入信号，则只需把上述代码中的30改为50。

如果你想避免在超买区域买入，只要加入一个条件，确保只有当指标低于超买区域时才会执行买入操作。这样可以避免追逐行情。

```
Input: SellZone (70);
Condition1 = SlowD (Length) < SellZone;
```

最后我们要讨论的例子适用于趋势强劲的市场。如下例所示，买入信号发出时，随机摆荡指标处于超买区域。虽然超买区通常不适合买入，但因为指标可能长期处于超买区，所以这种操作策略可能更适合当时的市场情况。此处的买入信号包含了另一个技术指标ADX（平均趋向指数）。当ADX显示涨势强劲，且随机指标超过某一读数时，则买入：

```
If ADX (10) > 30 and SlowD (14) > 85 Then Buy On
Close;
```

在我们还没有讨论退场策略之前，你也许会在上述例子中意识到，当随机指标低于70时，就应该考虑退出了，因为强劲趋势已有疲软迹象。同样，此处只讨论了随机指数的几个例子，回顾第七章，你也许可以得到更多编写程序的新想法。

根据市况调整策略

交易者需要根据不同的市场状况灵活调整操作策略。比如，震荡剧烈的市场所用的交易系统通常不适用于趋势明显的市场。如果我看到市场震荡剧烈，通常会在场外观望，或者采用随机指标系统，而不会采用移动平均线系统。在这种情况下，我尤其会避免任何与突破相关的系统。我不会在高价附近买进，相反我会寻找高点或低点的反转机会。如果市场趋势很明显，我会使用趋势指标并辅以随机指数对趋势进行确认，或者等待市场回调的机会。在这种情况下，我不会试图捕捉行情顶部，而是通过随机指标寻找超卖区的买入机会。

平均趋向指数（ADX）往往可以协助你判断市场趋势的明显程度。ADX分别位于20和30时，所采取的交易系统就会完全不同。

可以通过以下编码达到这一目的：

```
If ADX (Length) > 30 Then Trending Market System Else;
If ADX (Length) < 20 Then Choppy Market System Else;
Middle Ground System
```

止损与退出

没有止损与退出参数的交易系统是不完整的。而且退出与入场在交易中具有同等重要的地位。只有入场信号的交易系统就如同滑雪初学者第一次滑下山坡，很容易就能滑下去，但最后恐怕要撞到树上才能停下来，这可不是什么好玩的事情。赚钱与否，是在退出的时候才最终确定的，而不是在入场的时候。所以至少要在设定退场规则上花费同样的精力。我虽然在软件系统中写入了相关的退场规则，但很多时候都是在不同的分析周期内通过直观观察而确定的退场参数。有时候一些头寸与预期的表现不一致，我就会在系统给出退场信号之前了结头寸。没有必要机械地等待系统信号而流失部分利润。

要确保系统中包含了止损与退出策略，最简单的办法就是设置止损及反转系统。换言之，只要某些条件成立，预设的止损单就会生效，不但结束既有头寸，同时也建立反向头寸。这类系统可以让你永远会停留在市场内。可是这种系统有一个问题：在短线使用上，可能会导致逆势操作，也就是说头寸方向与市场主要趋势相反。我过去经常采用这种止损反转系统，但现在，每当遇到逆势信号时，我都会留在场外。

止损

我在所有交易系统中都封装了一个标准化的止损设置，以防我没有预先设置止损。如果价格偏离进场点的程度达到两个或两个以上标准差，我就认赔出场。

```
Exitlong From Entry("Buy1") at$ Close - 2*StdDev
(Close, 10) [1] Stop;
```

（编辑注：EasyLanguage语法允许出现为了方便阅读而对运行程序无意义的词句，也就是把注释直接写在了程序语句中。上文中，如果去掉无意义的词句应写为：

```
Exitlong Entry("Buy1")$ Close-2*StdDev(Close,10)
[1] Stop;
```

采用这类止损规则，必须要定义进场信号。以下编码就是把买入信号定义为"Buy1"。

```
If SlowK (Length) Crosses Above SlowD (Length)
Then Buy ("Buy1") On Close;
```

止损也可以设定为：价格跌破某一均线并超出一定缓冲区，如下所示：

```
If Close < (Average (Close, Length1) - Buffer)
Then Exitlong ("Stop1");
```

或者价格跌破5日最低点：

```
If Close < Lowest (Low, 5) [1] Then Exitlong
("Stop2");
```

退出

除了反转信号以外，另一个常见的退场方法是在一定数量的柱形图之后退场：

```
If BarsSinceEntry = 10 Then Exitlong;
```

或者当随机指标进入超买区域：

```
If SlowD (Length) > 85 Then Exitlong At Close
```

或者市场过度偏离趋势线或均线：

```
Input: SD (5), Length (35), Period (10);

If (High - Average (Close, Length)) > StdDev
(Close, Period) * SD Then Exitlong At Close;
```

上述退出规则规定：当价格偏离均线5个标准差时退出。这样做的原因是，当价格偏离支撑位太远时，最终会折返回调。以上只是几个简单的例子，你需要测试不同的想法，找出最适合自己的退出规则。也可以同时设定一套以上的退出规则，只要任何一套规则满足条件，就可以退出。

同时使用多套系统

你不一定只能使用一套系统。有些人会同时使用多套系统交易相同的商品或股票。他们可能会采用五套系统，如果每套系统都发出相同的信号，就建立五个相同的头寸。如果信号彼此冲突，就可能一个头寸也不建立，因为不同的信号会相互抵消。这是一个很好的方法，因为某些系统可能非常适合于震荡行情，而另一些系统则适用于趋势明显的市场。对于任何可能出现的市场情况，都要有一种与之相符的交易系统，那么不论市场状况如何，你都可以应付。如果很多系统都发出类似的信号，通常意味着交易绩效会很不错。在这种情况下，应该采纳所有信号，头寸规模也应相应扩大，从而获得不错的回报。

系统性交易与主观性交易

对于交易系统发出的信号，使用者究竟应该被动接受，还是可以做主观的选择和判断，这个问题确实很有争议。对于纯粹的系统性交易者，只要系统经过妥善的测试，就会不假思索地接受每个信号。换言之，信号就是命令，没有任何讨价还价的余地。这类系统可以排除情绪干扰。而采用主观性系统，使用者可以接受一些信号、否定另一些信号；他们把信号当作提醒，然后判断是否应该接受，尤其是当价格已经出现延展性走势之后。某些人运用价格形态作为交易工具，由于很难将其编入电脑程序，所以系统必然要涉及很多主观判断。另一些人则根本没有一套实在可见的系统。但不管怎样，即使是那些完全通过主观判断进行交易的优秀交易者，还是有一套明确的买卖规则。

如果不接受系统的每个信号，可能会产生问题：你所否决的某个信号，其获利或许足以弥补最近五笔交易的亏损。所以，当使用者怪罪交易系统表现不佳的时候，原因可能是他们没有严格遵循系统的指示。绩效不理想，使用者负有最大的责任，而不是系统本身。虽然交易过程中允许使用主观判断，但系统性交易者不能随着心情的悲喜而随意否决信号。如果你采用的系统经过严格测试，而且你想成为一名系统交易者，那么就应该接受系统的每一个信号，因为说不定哪个机会就可以让你大赚一笔。然而有些行之有效的方法或形态并不能写入电脑程序。优秀的交易者通常可以捕捉到系统难以发现的机会。比如，你很难通过电脑程序判断当前的行情处于艾略特波浪的第几浪，也很难判断价格是否已经满足38.2%回调目标。头颈肩、蝶形、旗形之类的价格形态，几乎不可能通过TradeStation写成电脑程序。可是，这些价格形态有时候可以提供低风险高回报的交易机会，我一直在注意寻找这些形态。有时候你知道某些宏观经济数据即将公布，所以最好还是暂时留在场外观望。第六感也是无法通过电脑程序处理的东西。很多情况下，我会因为"觉得不对劲"而结束头寸，尽管价格距离止损或获利目标还很远。遇到一些特殊情况或重大事件时，也许你就不应该接受系统提供的信号。举例来说，假定价格突然大幅跳水而触发交易信号，你是否真的愿意按系统信号来操作呢？信号发出后的很短时间内的价格变动就会导致几百美元的差别。所以在这种情况下，最好还是耐心观察，看看有没有其他更适合进场的机会。即使信号所指的方向没有错误，也不应该急着进场。

总之，很难判断是否应该严格按照系统进行交易。有人会赚钱，有人会赔钱，但我唯一确定的一点就是，只要是自己用起来得心应手的方法，就要毫不犹豫地坚持使用。

常见的错误

编写或找到一套适合自己的系统显然不是一件容易的事情，在这个过程中经常会发生一些错误。除了系统不适合个人风格外，还有其他一些常见的问题。比如交易资本不充足、过早放弃某个系统、系统不能带来积极的回报、系统过分复杂、系统没有经过历史数据的检验。如果系统没有经过适当的测试，最好不要使用，因为它很可能会造成很多不必要的损失。实际上，很多人使用的系统根本没有经过测试。在还没有以实际资金进行测试之前，最好不要投入太多资本。刚开始，要在一些价格波动较小的市场做少量交易，直到对系统有足够信心以后，才能以正常的资金规模进行操作。

对系统没有设定目标

有些人会不断修改系统，但永远都不会觉得满意。他们花太多时间编写程序，可实际运用系统的时间反而不多。如果预先设定系统的绩效目标，就可以避免这种问题。一开始就应该知道自己想要什么。如果目标很明确，也就很容易找到合适的系统。假设你希望系统可以达到55%的胜率，而且成功交易的获利是亏损的两倍、每笔交易的最大损失不超过3000美元或不超过获利金额的5%。如果能够接近上述目标，就已经很不错了。对系统不要吹毛求疵，否则你永远都无法真正开始交易。

一个系统例子

以下是一个在TradeStation中使用的简单系统。其中使用的信号我在之前已做过说明。通过这个例子，读者应该可以大致了解交易系统的编写方法和组成方式。

买进信号：价格穿越最近10期内的最高价，采用0.5个标准差作为过滤条件（标准差根据最近10期的数据计算得出）。卖出信号也是靠相同的方式设定，只是方向相反。进场信号很简单，但出场信号则相对复杂，我通过ADX指标设定了不同的退场条件。如果走势强劲且趋势明显，就继续留在场内，直到两条均线交叉为止；如果ADX较弱，系统将在10个时间段后获利了结；如果ADX强度处于中性水平，则在随机指标进入超买区域后退出。最后，如果价格偏离入场价格超过两个标准差，则止损退出。

```
Input: Length (10), BSE (10), LengthADX (10),
SD (.5) Length1 (10), Length2 (35);
{************入场信号**************}
If Close > Highest (High, Length) [1] +
   StdDev (Close, 10) [1] *SD  Then Buy ("Buy1")
On Close;
```

```
If Close < Lowest (Low, Length) [1] -
    StdDev (Close, 10) [1] *SD Then Sell ("Sell1")
On Close;
{***********止损*************}
ExitLong ("Stop1") From Entry ("Buy1") at $
Close -
    2 * StdDev (Close, 10) Stop;
ExitShort ("Stop2") From Entry ("Sell1") at $
Close +
    2 * StdDev (Close, 10) Stop;
{***********退出*************}
If ADX (LengthADX) >30 Then
If Average (Close, Length1) Crosses Below
    Average (Close, Length2) Then Exitlong
("ExitL1");
If Average (Close, Length1) Crosses Above
    Average (Close, Length2) Then Exitshort
("ExitS1");
         Else
             If ADX (LengthADX) < 20 Then
                 If BarsSinceEntry = BSE Then
Exitlong ("ExitL2");
                 If BarsSinceEntry = BSE Then
ExitShort ("ExitS2");
         Else
             If SlowD (14) > 85 Then ExitLong
("ExitL3");
             If SlowD (14) < 15 Then ExitShort
```

("ExitS3");

成为更优秀的交易者

要成为更优秀的交易者，就一定要采用某种交易系统。不论是电脑化的软件系统，还是直观的视觉判断，也不论是简单还是复杂，你都需要有一套能够经受实践检验的交易规则。如果不能使用一定的规则理智地进行交易，你就会不断亏损，而且连亏损的原因是什么都不清楚。如果采用系统进行交易而不能赚钱，只有两种可能：或者系统不够好，或者没有严格遵守系统指示。如果交易者不能遵守系统指示，那就需要更换一套更适合自己的系统。如果系统不够好，就应该及时发现并放弃使用或进行修复。通过历史数据对系统进行测试，可以尽早发现系统的不足。如果没有交易系统，你的交易就会变得杂乱无章，而且连亏损也不知道原因所在。

即使拥有完备的软件交易系统，仍然可以使用自己的主观判断，因为你不可能把每一个有效的交易策略都编入电脑程序。有时候甚至因为直观感觉情况不妙，就需要在系统给出信号之前退出交易——如果不是经常因此而损失大好局面，这样做也未尝不可。总的来说，对于一套有效的系统，你应该尽可能采纳所有信号，因为你无法预知哪些信号有效，哪些信号无效。

交易系统的重要之处在于它不仅要提供入场信号，还要提供退场和止损信号。即使你一直都通过直观观察的方式设定止损位置，这也算是交易系统的一部分。不论是软件信号，还是直观观察，止损和退出都是交易系统不可或缺的部分。提前设定退场点，可以让你减缓交易压力，不需担心过早或太晚退出，因为系统会替你操心这些事情。

编写和测试交易系统并不是件容易的事情。但是如果要想成为一名优秀的交易者，就一定要花时间去完成这项工作，因为它是进行高胜算交易的基础。

采用交易系统而发生亏损的原因：

1. 过早地放弃系统

2. 忽略了佣金和移动价差

3. 不能严格遵守系统的指示

4. 对系统信号将信将疑

5. 相信那些有误导性的宣传

6. 系统不符合使用者的交易风格

7. 系统要求的资金规模过高

8. 系统没有经过历史数据的检验

9. 添加了过多的变量和条件

10. 系统没有普遍适用性

11. 过于复杂

12. 系统本身存在缺陷

高胜算的系统交易：

1. 只采用获利预期为正值的交易系统

2. 学会如何进行系统测试

3. 使用能够适用于不同市场的系统

4. 具有清晰明确的交易规则

5. 退场与入场同样重要

6. 系统中必须要考虑止损

7. 系统可以提供稳定的回报

8. 保持简单

9. 使用分析周期较长的系统作为提醒，并监控止损点

10. 使用分析周期较短的系统来确定入场和退场时点

11. 系统的最大损失不要太大

12. 了解自己最多能够承受多少损失

13. 观察多个系统的信号进行确认

14. 在必要的时候可以运用主观判断

15. 如果你是一个真正的系统性交易者,就应该采纳每个系统信号

值得自我反思的问题:

- 我是否真正拥有一套系统?
- 我的系统是什么?
- 我的系统是否太复杂?
- 我的系统是否包括止损和退出规则?
- 系统是否经过历史数据检验?
- 我是否信赖这套系统?
- 我是否经常怀疑系统信号?

第十三章 系统回归测试

当你编写好一套系统，便以为万事大吉，准备投入实战交易时，我的建议是：不要操之过急。除非你"深知"这套系统行之有效，否则就不要贸然行事。检验系统是否可行的方法有很多种，首先就是通过实战交易对系统进行测试，但如果测试失败，结果恐怕会让你很受伤。第二种方法就是通过虚拟交易对系统进行测试。在虚拟交易中使用系统可以避免一些无谓的风险。然而，最有效的系统测试方法就是通过历史数据进行回归测试。也就是说，通过真实的历史数据来检验系统在过去的行情走势中能否正常运行。不久之前这项工作还需要通过手工来完成，但如今，有了复杂强大的编译和测试软件，人们已没有理由忽略系统回归测试这一重要环节。

为什么要进行回归测试？

通过历史数据对系统进行测试，可以保证系统在未来的实战交易中也能够正常工作。不要相信某个系统绝对可靠、无需任何测试。如果系统不能适用于历史行情，就不要期望它能在未来的真实行情中表现出色。经过测试后如果发现系统只能勉强维持或根本不起作用，就应该尽早放弃，以免造成时间和金钱上的损失。

值得注意的是，历史数据并不能告诉你系统在未来的真正表现。

即使测试显示系统在过去表现完美，但在未来实战中也可能让你损失惨重。然而通过全面的回归测试，你就能够了解系统可能会导致两个月的持续亏损，总亏损超过一万美元。如果过去发生过这种情况，就没有理由相信将来不会重演。只有了解系统可能导致的最糟糕情况，才能在未来的交易中避免使用那些糟糕的系统，或者因为一两次亏损就放弃一个优秀的系统。系统导致连续亏损是正常现象，所以一定要了解连续亏损的严重程度。

回归测试中的常见错误

在我们深入讨论回归测试之前，我想花点时间谈一谈回归测试中的一些常见问题及注意事项。有时候避免错误是掌握正确方法的捷径。道理很简单，如果能够避免做错误的事情，你就别无选择，只能做正确的事情。我的那只苏菲猫就是一个很好的例子：我允许它在什么地方磨爪子它并不清楚，但我却可以告诉它不能抓挠沙发、窗帘、地坛、家具以及我的小腿。这样一来，它可以选择的地方就是我允许的地方了。而现在，我需要让它明白早上5点并不是叫我起床的合适时间，如果它不在那时候舔我的脸叫我起床，它就是一只更完美的猫了。在阐述完常见错误后，我也会解释什么是正确的做法，但首先让我们先把那些错误的做法揪出来。

不知道如何评估测试结果

完成回归测试后，人们常犯的一个基本错误就是不知如何评估测试结果。如果不能对测试结果做出有效的评估，就无法判断系统的真实效用。有些人非常重视系统的最高净回报率或高回报交易率，但如果系统同样会产生大规模亏损，上述数据就变得毫无意义。评估测试结果时，还要考虑其他一些因素，比如交易笔数、单笔交易利润、持续亏损数量、最大单笔亏损、最大单笔获利、平均交易笔数，以及回报分布情况等。只有综合考虑上述因素才能判断系统优劣与否。

数据局限和过分优化

数据局限是指根据有限的数据资料设定系统规则。这是系统编写与测试中的一个常见问题。如果根据一个趋势强劲的走势图便设定"买进并持有"的交易规则，这就属于数据局限错误。有时候交易者只能注意到那些与自己观点一致的走势图区域，而跳过那些表现差强人意的部分。由此而制定的系统只有在某些特定的数据下才能表现良好。如果没有经过其他数据的测试，就不能贸然使用这个系统。过分优化是系统编写人员常犯的另外一个错误。如果对于系统参数要求十全十美，就容易出现过分优化的问题。有些人会尝试所有的均线组合直到系统达到最佳表现。但是这样开发出的系统只适用于那些经过测试的数据。回归测试时一定要考虑这个因素，不要为了取得较好的测试结果而不断调整系统参数，因为这样的系统通常都不适用于未来的实际交易。

不质疑系统

不质疑系统的测试结果也是一个常见的错误。有些交易者看到不错的测试结果，就心满意足。实际上，使用者应该尝试寻找系统的缺陷，并观察是否有数据局限的问题。有时候系统会因为一两笔关键交易而显示出很强的盈利能力，但是如果行情不同，系统是否还能有同样优异的表现？你对移动价差是否有合理的估算？是否测试了足够的交易样本？如果你对测试结果从不质疑，在实际运用中就可能遇到麻烦。对于表现不佳的系统也要有质疑的态度，要对其进行深入研究，找出缺陷所在及改进方法。通过寻找系统的不足你可以学到很多关于交易的知识。在没有足够质疑和深入探究之前，不要轻易放弃一个自认为表现不佳的系统。

没有足够的测试样本

样本不足是系统测试中的另一个常见错误。应该至少测试30笔交易，这样的结果在统计上才有意义。当然测试的笔数越多越好。如果没有足够的测试数据，很难判断测试结果是不是由偶然因素造成。如果在测试时只得到六个信号，其中的五个表现良好，你并不能仅仅以此为证据就判断这是一个好的系统。因为紧随其后的可能是一连串的亏损。而三十个样本基本上能保证测试结果真实可靠，并不只是出于运气。足够多的样本还可以保证覆盖各种类型的市场环境，从而确保系统在各种市场行情中都能稳定运行。另外还要在多个目标市场中进行测试。一套好的系统应该可以适用于各种目标市场。

在对盘中数据进行测试时，不要只采用几个月的数据，而是要获取几年的数据。一年的数据也不足以判断系统的真实表现。很多系统经常在一年内表现出色，但三年的绩效就惨不忍睹了。对期货的盘中数据进行测试是一项既昂贵又耗时的工作，因为你必须对每一个单独的期货合约进行测试。然而，金融交易本来就不是轻松简单的工作，只有投入时间、精力和资金才能获得理想的结果。

缺少新鲜样本

所谓新鲜样本就是指那些从未被用于系统编写或系统优化的数据资料。缺乏测试样本也会造成新鲜样本不足。新鲜样本对系统测试有着至关重要的作用。对系统进行最终测试时，都应该使用那些从未被用过的新鲜样本。针对某些数据进行优化过的系统，在使用这些数据进行测试时可能会表现出色，但只有通过新鲜样本的测试才能保证系统的真实性能。使用新鲜样本进行测试最接近于实战交易，而且不需要承担资金风险。

忽略了佣金成本与移动价差

在进行系统测试时，很多交易者会忽略移动价差和佣金成本。这样的测试结果可能比较理想，但在实际应用时却会亏损，原因是他们低估了交易成本。任何交易都会产生佣金和移动价差，所以对系统进行测试时一定要考虑这些成本。很多时候交易者对移动价差的估计不足，他们会认为信号发出时的价格就是订单被执行的价格。可实际上，根据我的经验，最终的成交价格与下单时的价格一般会相差0.3到1美元。如果你还记得那次美联储突然宣布下调利率的经历，我的几支股票出现了5美元之多的移动价差。所以，一些在模拟交易中表现很好的系统，在实际交易时却只是小输小赢。很多看起来不错的交易系统，考虑佣金与移动价差之后，结果却亏损。所以，不要忽略这些成本，否则任何测试结果都不会准确。

回归测试入门

数据匹配

数据匹配就是按照历史数据设计与之相匹配的交易系统。通过数据匹配而设计的系统对某些特定时间段或特定数据可以有完美表现。如果通过观察走势图发现走势震荡频繁，你就可以编写一个针对于这一时间段的系统。你还可以在市场崩盘之前设置一个过滤规则来生成做空信号。这样的系统在测试时会表现得非常出色，但这无异于自欺欺人。因为同样的信号很难在实战中捕捉到下一次市场的大幅下挫。你可以不断进行调整，使系统与历史数据之间完全吻合。但问题是，这样的系统是为特定的数据而专门设计的，有可能不适合任何其他数据。根据数据样本而设计出来的系统也许能够获得2000%的回报率，但如果市场在未来的走势中表现得稍有不同，这样的系统就变得毫无用处。作为交易者，你应该关心的是系统在新的数据下会有什么样的表现。所以使用新鲜样本进行的测试才算是真正的系统测试。经过数据匹配的系统在相应的数据下表现出色，但在实际交易中却会带来令人失望的结果。一般来说，结构越复杂、交易策略越详细、测试结果越出色，系统经过数据匹配的可能性就越大。

系统优化

系统优化是指系统设计者不断寻找某一特定时间段内的最佳参数和指标。拿移动平均线来说，他会不断尝试不同时间段内的移动平均线，直到获得最理想的测试结果。找到一组理想的均线后，他会继续为某个突破点的过滤条件寻找最佳参数，从而让系统表现得更加出色。你可以没有止境地尝试不同的参数和指标，不断地对系统进行优化。TradeStation交易软件可以轻松地实现这一目标。它可以自动对系统进行优化，几秒钟之内就可以反馈出任何技术指标的最佳参数组合。这看起来似乎是一个非常不错的功能，但却很容易让你对系统的真正表现作出错误的判断。

系统优化的目的在于提高系统的盈利能力，但也要注意不能做得过分优化。只要系统的基本概念确凿可行，参数的具体数值并不十分重要。优化的目的是为参数找到一个合理的数值范围。比如，为了找到超越最高价的突破点位，随着参考时段的增加，系统就变得越可靠。但是当参考时段超过20以后，系统性能的提升就不再那么明显。这样你就应该清楚要以过去的大约20个时段为参考时段，而不是5个。要找到唯一最理想的数值是没有意义的，因为随着数据的变化，理想数值也是随时变化的。

在进行系统优化时，我一般会先确定某一参数的大致范围，这一范围内的数值可以获得比较相近的测试结果。然后取这些数值的平均数。例如，我通过测试发现12，14和17期的移动平均线可以获得最佳测试结果，我一般就会采用14或15期的均线。如果我发现12，14和17期均线的测试结果很好，但15，16期均线却表现不佳，就意味着系统肯定存在问题。正常情况下，无论采用5，7，10还是15期均线，系统都应该能够正常运行。针对一组特定的数据样本，我并不介意具体哪条均线表现最好。我认为只要宏观概念行得通，就没有必要在乎某个数值是否稍稍胜过其他数值。如果只有一到两个参数才能让系统正常表现，这个系统应该不会非常可靠，而且很可能有数据匹配的问题。

通过系统优化可以判断系统是否适用于各种不同的参数设置，还是只能适用于某一组特定的参数值。某个适用于过去的参数值是否也适用于未来？突破系统中是否设置了缓冲区以避免由随机性导致的错误交易？有些人设置的过滤条件与他们所参照的走势图完全吻合。只有通过测试不同的参数值才能判断这样的过滤条件是否仍然有效。还要测试不同时段的数据来判断过滤结果是否一致。甚至可以以不同的分析周期测试相同时段内的数据，从不同的角度了解系统的性能。如果你对整体结果很满意，这时候就应该拿出新鲜样本进行测试了。正常情况下，应该能够获得相同的测试结果。

新鲜样本

使用新鲜样本进行测试或许是回归测试中最重要的一个环节。实际应用某一系统之前，一定要通过新鲜样本对其进行测试。所谓"新鲜"，就是从未用于系统编写和优化的数据资料。初学者常犯的一个错误是：他们在编写、测试和优化系统时，会使用他们手头上的所有数据。如果他们有三年的数据，就会使用所有三年的数据来获取最佳参数设置，却不知道还要保留一些新鲜样本。所以，如果你手头上有三年的数据资料，那么在设计和优化系统时只使用其中两年的数据。不要让最后一年的数据，哪怕是一张走势图，对你的思考有丝毫影响。只有对系统进行反复测试和优化之后，才能开始使用第三年的数据资料。把这些新鲜样本（约占总共数据的三分之一）拿来，对系统进行测试。要保证新鲜样本至少可以提供三十笔交易的测试量。如果系统切实可行，那么在新鲜样本上也同样行得通。否则，就要对系统做深入的改动，或者彻底放弃不用。使用新鲜样本是为了找出系统的缺陷，但绝对不要用新鲜样本进行系统优化，否则就违背了保留新鲜样本的初衷。我喜欢观察新鲜样本中的走势图，从而确定系统能否达到预期的表现。但是，如果你决定对系统做进一步调整，那么就不要再考虑新鲜样本。

新鲜样本可以让系统运行全新的数据，从而减少过度优化对测试结果的影响。因为经过优化的参数从没有见过这些新鲜样本，所以如果这些新鲜数据在系统中行得通，就说明系统没有数据匹配的问题，你手头上的这个系统的确是个优秀的系统。

如何使用数据

首先要确保有足够的数据。用仅仅六个月的数据测试系统毫无意义，因为这么短的时间内任何一件特殊的事情都可能扭曲测试结果。另外还要记住，要获得可靠的测试结果，30笔交易是最低的测试数量。测试数量越少，结果就越不可靠。如果没有足够的测试交易笔数，一两个极端走势就会严重扭曲测试结果。随着交易数量的增加，起初看似强大的系统会变得越来越平庸。另外，还要在不同的市场环境中对系统进行测试，所以要准备充足的数据资料。

使用数据的最好方式是把手头的数据分为三等份。在开始编写系统时使用第一份数据；对系统基本满意后，使用第二份数据对系统进行优化和调整；最后，用第三份数据对系统进行测试。另一种方法是，用中段2/3的数据进行系统编写和优化，然后把头尾各1/6的数据用作新鲜样本。不论选择哪种方法，最终要达到的目的是新鲜样本的测试结果要与编写系统时的结果相吻合。这样才能确保系统在不同的时间段都能连贯稳定地运行。

要保证测试数据来自不同类型的交易环境。新鲜样本中最好包含不同的期货品种、股票以及不同的分析周期。如果我的某套系统是以IBM为基础编写的，那么我会通过思科、美林、英特尔、沃尔玛、道琼斯以及标准普尔指数对系统进行测试。一个好的系统应该能够适用于每一支股票。总之，要尽量在数据样本中囊括各种交易对象及市场环境。如果用十支股票的数据进行测试，那么这些股票就应该有各种不同的走势。因为这样才能模拟交易中的真实情况。

对系统进行评估

接下来我们讨论回归测试中最本质的部分：如何解读测试结果并确定系统能否带来获利。一个可以带来获利的系统才能让交易者掌握胜算。图13-1和图13-2是TradeStation中两个典型的系统评估页面。尽管两个系统都能盈利，但第二个系统（MACD）明显优于第一个系统，不仅因为它带来较高的利润，而且因为它能够满足很多其他重要的评价标准，我稍后详细解释这些评价标准。我故意没有在测试结果中包含移动价差和佣金费用，稍后我会解释它们的影响有多大。

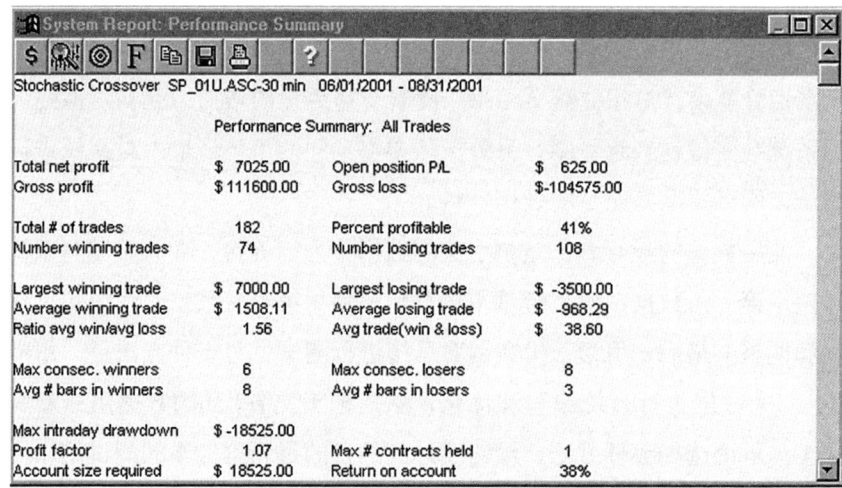

图13-1

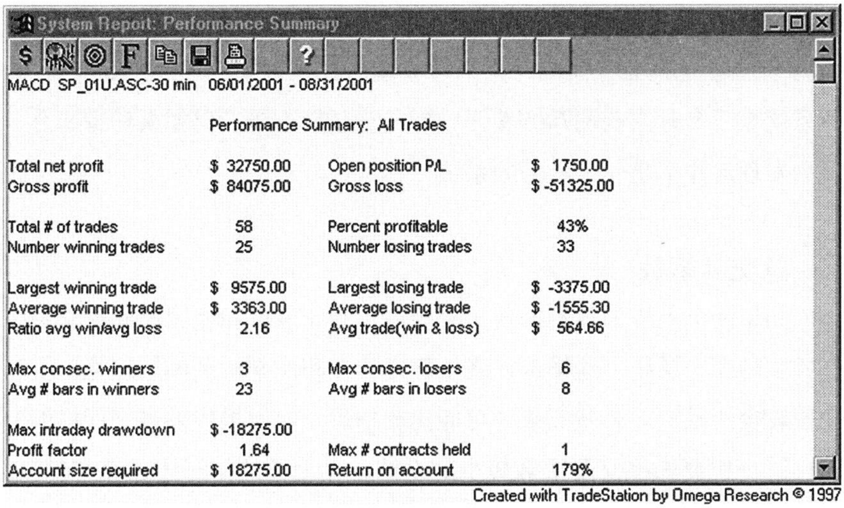

System Report: Performance Summary

MACD SP_01U.ASC-30 min 06/01/2001 - 08/31/2001

Performance Summary: All Trades

Total net profit	$ 32750.00	Open position P/L	$ 1750.00
Gross profit	$ 84075.00	Gross loss	$ -51325.00
Total # of trades	58	Percent profitable	43%
Number winning trades	25	Number losing trades	33
Largest winning trade	$ 9575.00	Largest losing trade	$ -3375.00
Average winning trade	$ 3363.00	Average losing trade	$ -1555.30
Ratio avg win/avg loss	2.16	Avg trade(win & loss)	$ 564.66
Max consec. winners	3	Max consec. losers	6
Avg # bars in winners	23	Avg # bars in losers	8
Max intraday drawdown	$ -18275.00		
Profit factor	1.64	Max # contracts held	1
Account size required	$ 18275.00	Return on account	179%

Created with TradeStation by Omega Research © 1997

图13–2

盈利能力（净利润总额）

净利润总额（Total Net Profit）是系统最终的总体获利，显示了系统是否赚钱。上述例子中的两个系统都可以盈利，显示的净利润分别为：7025美元和32750美元。如果这个结果显示为负值，系统就必须要重新设计，因为你不能指望这样的系统为你赚钱。评估测试结果时，几乎每个人都会先注意到净利润总额，但其本身并不能完整地反映系统的综合表现。当然你希望系统能够带来利润而不是亏损，但你还需要了解其他一些因素，比如系统进行了多少笔交易，价格波动幅度有多大，最大的连续亏损有多少，每笔交易的平均获利是多少等等。如果两个系统分别产生5万美元和1万美元的净利润，虽然很多人会选择第一套系统（5万美元），但有时候第二套系统（1万美元）可能才是较好的系统。第一套系统可能每年平均出现1000笔交易，最大连续亏损为3.5万美元，每个月的盈亏波动很大，有时大赚，有时大赔。而第二套系统一年才发出50个交易信号，最大连续亏损只有3000美元，每个月的获利都很稳定。假若如此，第二套系统就是更优秀、更安全的系统。当然，每个人都有自己的侧重点，有人比较重视较强的获利潜能，有人则更重视安全稳定的回报。而精明的交易者一般都会选择后者。如果把净利润总额作为选择系统的唯一标准，则很容易陷入误区。图13-1所示的随机指标系统在三个月内获利7000美元，乍一看还算不错，但如果仔细研究，就会发现这并不是一个优秀的系统。

总交易笔数

如果两个系统的盈利表现比较接近，则应该选择相同时间内交易笔数较少的那个系统。这样可以降低移动价差和佣金对利润的侵蚀。交易次数较少的系统对某些人来说可能比较枯燥，但如果能够带来同样的利润，就一定要选择交易次数较少的系统。在上面的例子中，系统1不仅净利润较低，交易次数也是系统2的三倍，这基本上属于费力不讨好。尽管我们希望以较少的交易获得较高的回报，但至少要保证30笔交易，否则测试结果中巧合的成分会很高。如果交易笔数不满30，就应该获取更多的测试数据，尽可能充分地对系统进行测试。

获利交易比例

此数据几乎没有什么意义，但很多人却对它非常感兴趣。最优秀的交易者也不过只有50%的交易可以盈利，然而在现实生活中，人们则会把50%看作是失败。学校的考试一般是60分及格，所以当人们看到系统的赢/亏比为40%时，就会直觉地认定这是一个失败的系统。但是如果换个思路想一想，在棒球比赛中，平均40%的击打率已经是很不错的表现了。我并不在意"获利交易比例"这一数据，但很多人对40%的盈/亏比会感到很不自在。其实系统胜率是30%、40%、还是60%并不重要，重要的是盈利与亏损交易的对比关系。只要有优秀的风险管理技能，30%的盈亏比就可以获得很好的综合回报。上面例子中的两个系统都只有40%左右的盈亏比，这也代表我在交易中的典型水平。

最大单笔获利与最大单笔亏损

我会观察这两个数据来确定系统的可行性。首先，我会观察系统的总体盈利是否仅仅依靠少数几笔交易。在系统1中，盈利总额为7025美元，最大单笔盈利为7000美元。如果除去这笔交易，那么剩下的181笔交易只获得25美元的盈利，这显然不是什么好事。也就是说，把获利最高的一两笔交易排除在外以后，如果系统表现差强人意，就说明这个系统并不可靠。另外，最大单笔亏损不应超过最大单笔获利，因为交易的关键就是要保持亏损金额小于获利金额。如果情况相反，就可能产生灾难性的后果。如果单笔亏损金额过于庞大，你就需要着重调整退出与止损策略。最大单笔获利与最大单笔亏损之间的比率，至少要维持在2:1或3:1的水平，如果能够达到1.5:1，也可以勉强接受。这样的比率水平也适用于平均盈利金额与平均亏损金额的比率。只有平均盈利高于平均亏损，我才会使用这个系统。除此之外，我对亏损交易的持有时间要短于盈利交易的持有时间。所以我会分别观察盈利交易和亏损交易的柱状图数量，确保系统符合我的交易方略。

连续亏损笔数

这一数据反映了最多有多少笔交易连续亏损。很多交易者不能接受系统连续发生10笔亏损，在系统还没有真正发挥功效之前就放弃了系统。了解了这一数据，交易者可以判断最多连续亏损的笔数是否超出自己的容忍范围，从而决定是否采用这一系统。如果实际操作中遇到连续亏损的情况，只要在正常范围内，就不需太过紧张。如果不能事先了解连续亏损的可能状况，你很可能做出错误的决策。

对最糟糕的状况要有心理准备

我曾经花了几个月的时间编写一套用于S&P指数短线交易的系统。我对它进行了详细的回归测试和修改，直至达到我认为完美的程度。但这个系统毕竟还是有些缺点，因为发生连续亏损的

> 笔数有些偏高。但我认为一开始不需要担心这方面的问题。获利金额要明显高于亏损金额，所以总体来说系统是可以带来利润的。我满怀信心地认为从一开始就可以盈利，所以即使稍后发生亏损，也不至于构成严重伤害。但没有想到的是，我从一开始就遇到连续亏损，我记得最初的八笔交易都以失败告终，使得我和合作伙伴的总亏损达到1.2万美元，我们对此完全没有心理准备，于是决定放弃使用系统，并降低交易节奏。可是，如果我们能够继续使用系统，随后的几笔交易就可以弥补之前的所有亏损。我们在这件事上获得教训就是：了解系统可能发生的最糟糕状况，并确定自己能否承受。

平均每笔获利/亏损

在比较两个系统时，平均单笔交易的表现是一个重要的参考数据。它反映了，使用这套系统进行交易时，每笔交易平均可以赚多少钱或赔多少钱。系统1的平均每笔获利为38.6美元（未扣除佣金费用），系统2的平均每笔获利为564.66美元。很容易看出，系统2的平均获利能力较强。如果该项数据为负值，则该系统根本不值得考虑，这是显而易见的事情。然而如果该数值为正数，但数量较小，要确定是否应该采取这个系统就没那么简单了。每个交易者都应该有适合自己的最低平均获利水平，低于这一水平的系统就应该放弃使用。

最大亏损额

最大亏损额或许是系统中最重要的一个因素。它会告诉你在某个市场中进行交易需要准备多少启动资金，并为风险评估提供基础。这个数据的含义是：该系统在最严重的情况下会造成多大损失。他可以让你了解交易某个股票或期货所应该准备的初始资金。一个交易系统也许表面看起来不错,但当你通过大量数据广泛进行测试后会发现,在最严重的时候,它可以让你损失2.5万美元。不要抱有侥幸心理,因为最严重的连续亏损也许就在不远处等着我们。你应该准备两倍于最大亏损额的资金才能在实际交易中使用这一交易系统。

对于消极避险的交易者,最应该关注的统计数据就是最大亏损额。如果不能承受这样的亏损,就干脆放弃系统或修改系统以限制亏损。资金管理在金融交易中扮演着非常重要的角色,交易的各个环节都不能忽略资金管理。如果两个系统具有相近的盈利表现,那个最大亏损额比较低的系统应该就是风险较低的系统。我们应该避免使用风险过高的系统。

利润因子

利润因子就是获利总额除以亏损总额,代表每亏损一块钱可以获利多少钱。如果利润因子是1,则表示盈亏平衡。为了安全起见,利润因子应该至少是1.5。如果利润因子超过2,就说明你的系统非常优秀。系统1的利润因子勉强超过1,应该避免使用此类交易系统。而系统2的利润因子是1.64,这个水平还算不错,所以系统可以用于交易。

回报分布

最后,你还要了解系统的波动程度如何:系统如何赚钱?能否提供长期稳定的利润?账户余额会不会大起大落?如果数据足够多,可以以月度为基础观察系统的表现;对于盘中交易系统,则要以天为单位观察系统表现。一个优秀的系统可以带来持续稳定的利润,且每天的利润都不会偏离平均值太远。如果利润偏离平均值的标准差太大,这个系统的最大亏损额就可能会很严重。如果有太多的利润数据偏离平均值超过两个标准差,我就会谨慎地考虑是不是要使用这套系统。TradeStation可以按月或按天显示交易结果,让你了解系统是否有稳定的表现。你还可以通过Excel或其他统计软件获得这些结果。虽然提高系统回报的稳定性不是一件简单的事，但一定要想办法做到这一点。

佣金和移动价差

没有人喜欢讨论佣金和移动价差，但这两个因素却可以决定交易系统和交易者的成败。任何交易，无论输赢，都会涉及交易成本。交易者无法逃避这些成本，而且必须在系统设计中考虑这些因素，否则系统就是不切实际的。最明显的交易成本就是佣金，其次就是移动价差，这是交易者经常忽略的成本因素。基本上来说，移动价差就是最终成交价格与下单价格之前的差额。这一差额一般是由市场价格的迅速变动或买卖价差的变动所导致的。交易者都希望能够以买方出价买入，以卖方报价卖出，但实际上最终的成交价格与买卖方报价都会有所出入。单笔交易的佣金和移动价差可能微不足道，但长期积累下来，相关成本就会对交易者的损益造成巨大影响，很轻松地改变盈亏结果。

```
System Report: Performance Summary
Stochastic Crossover  SP_01U.ASC-30 min  06/01/2001 - 08/31/2001

                    Performance Summary:  All Trades

Total net profit        $ -13905.00    Open position P/L        $   625.00
Gross profit            $ 103520.00    Gross loss               $-117425.00

Total # of trades            182       Percent profitable           37%
Number winning trades         67       Number losing trades        115

Largest winning trade   $  6885.00     Largest losing trade    $ -3615.00
Average winning trade   $  1545.07     Average losing trade    $ -1021.09
Ratio avg win/avg loss       1.51      Avg trade(win & loss)   $   -76.40

Max consec. winners           6        Max consec. losers           8
Avg # bars in winners         8        Avg # bars in losers         3

Max intraday drawdown   $-29215.00
Profit factor                0.88      Max # contracts held         1
Account size required   $ 29215.00     Return on account          -48%

                                       Created with TradeStation by Omega Research © 1997
```

图13-3

交易者在设计交易系统时一定考虑相关的交易成本，不然看似不错的系统很可能会导致亏损。回到我们之前讨论的两个系统，如果我在两个系统中加入15美元/回合的佣金以及100美元/笔的移动价差（对于S&P来说，这是比较低的水平），你就会发现系统最终的表现（图13-3和图13-4）与之前会有天壤之别。系统1由原来的盈利7025美元变为亏损1.4万美元，而系统2的利润从32000美元下降到26515美元。系统2仍然是一个优秀的系统，各项测试参数仍然行得通。但系统1的表现就惨不忍睹了，大量的交易会积累沉重的交易成本，导致系统1很难获得盈利。

```
System Report: Performance Summary
MACD SP_01U.ASC-30 min  06/01/2001 - 08/31/2001

                    Performance Summary: All Trades

Total net profit         $ 26515.00    Open position P/L        $  1750.00
Gross profit             $ 81387.50    Gross loss               $-54872.50

Total # of trades              58     Percent profitable            43%
Number winning trades          25     Number losing trades          33

Largest winning trade    $  9467.50   Largest losing trade     $ -3482.50
Average winning trade    $  3255.50   Average losing trade     $ -1662.80
Ratio avg win/avg loss        1.96    Avg trade(win & loss)    $   457.16

Max consec. winners             3     Max consec. losers             6
Avg # bars in winners          23     Avg # bars in losers           8

Max intraday drawdown    $-20102.50
Profit factor                 1.48    Max # contracts held           1
Account size required    $ 20102.50   Return on account            132%

                                  Created with TradeStation by Omega Research © 1997
```

图13-4

成为更优秀的交易者

要成为更优秀的交易者，任何有关交易的想法都要在实际应用之前经过历史数据的检验。如果不做这件事情，你就只能在实际交易中去检验系统的可靠性，但这样必然会让你的资金承担巨大风险。如果能够不损失一分钱就可以了解系统的盈利能力，何乐而不为呢。花些时间对系统进行回归测试，就可以避免无谓的损失。要对系统进行充分的回归测试，首先要保证有至少30笔交易样本，这样才能覆盖各种市场行情。如果测试样本只覆盖了趋势明显的市场，那么你就不清楚系统在波动频繁的市场会有什么样的表现。如果测试样本不足，你的系统就可能受到数据匹配问题的影响，只能适用于某种特定走势的市场。

在编写和优化系统参数时，要使用不同类型的数据样本，这样可以避免数据匹配问题的发生。对系统进行最终测试时，一定要使用之前完全没有使用过的新鲜样本，而且新鲜样本最好能够覆盖各种不同市场行情，并具有统计意义（至少三十笔交易）。最严重的错误就是在编写、优化和测试系统时使用同一套数据。如果系统优化只是针对于当前的数据，它当然会表现完美，但是你永远也不知道系统在将来会有什么样的表现。另外，系统在回归测试中无论有多么优异的表现，也不能代表它在将来实战中的表现，因为市场是瞬息万变的。对测试结果感到满意后，最好能在走势图上观察系统发出信号的具体位置，从而对系统的运作方式有一个直观的理解。另外，还要注意观察测试结果是否受到一两笔交易的重大影响。一个理想的系统应该能够带来可预测的、稳定的利润。那些盈亏波动很大的系统是很危险的。

完成测试后，就要对测试结果进行评估，比较不同系统的表现。在系统表现的统计数据中，"净利润总额"和"盈亏比率"的重要性显然低于"平均每笔获利"和"利润因子"。还要注意观察"最大亏损额"，以确保自己有足够的资金使用该系统进行交易。不要抱有侥幸心理，因为最大亏损很可能马上就会出现。在计算净利润的时候一定要考虑佣金和移动价差等成本因素，因为它们对最终的交易结果会有很大影响。

要想成为一名更优秀的交易者，一定要花些时间进行回归测试，千万不要懒惰，因为回归测试是交易中的关键环节。没有经过充分的回归测试，就不要轻易采用任何系统。

第十三章　系统回归测试

回归测试中的常见问题：

1. 没有进行回归测试

2. 不知道系统能否赚钱

3. 在没有对系统进行测试之前就开始进行交易

4. 不如如何评估测试结果

5. 对系统和测试结果没有怀疑的态度

6. 过度重视系统的赢/亏比率

7. 过分关注系统的利润总额

8. 忽略系统的最大亏损额

9. 对系统进行数据匹配

10. 对系统过分优化（只针对特定数据）

11. 测试样本不充足

12. 没有新鲜样本

13. 没有测试足够的交易对象

14. 忽略佣金和移动价差

充分发挥回归测试的功能：

1. 采用具有测试功能的软件

2. 不要重复使用失败的交易策略

3. 如果对测试结果不满，就不要采用该系统

4. 确保有足够的数据样本

5. 拥有至少30笔交易的测试样本

6. 以新鲜数据为样本进行最终测试

7. 保留1/3的数据作为新鲜样本

8. 测试不同的市场环境

9. 以不同的分析周期测试同一套系统

10. 在不同的市场中测试同一套系统

11. 不要过分优化数据匹配

12. 知道如何评估测试结果

13. 学会如何比较不同的系统

14. 不要低估佣金和移动价差的影响

15. 保证可以承担最大亏损额两倍的损失

16. 避免使用波动剧烈的系统

17. 确保系统的绝大部分利润不是集中在一两笔交易。

值得反思的问题：

- 我的交易系统有没有经过适当的测试
- 我是否对系统进行了过度的优化
- 我的系统是否有数据匹配的问题
- 我是否用新鲜样本对系统进行过测试
- 我的系统是否可以带来盈利预期
- 平均每笔交易的绩效如何
- 我对佣金和移动价差是否有客观的估计

第十四章　资金管理计划

赌徒

我常把精明的交易者比作职业赌徒，因为两者有很多共同之处，而且通常都是赢家。除了掌握概率和胜算以外，职业赌徒还会严格遵守资金管理规则。他们不会承担没有必要的风险，知道何时拥有胜算。胜算越高，则下注越大。他们知道如何保护既有获利，在手气不顺的时候能够及时收手。通过这种严格自律，他们可以随时回到赌桌上来。

很多最优秀的交易同时也是赌场中的职业玩家，他们会把高超的赌术应用于金融交易市场。当交易大师理查德·丹尼斯招募"忍者龟"的时候，职业赌徒和棋牌玩家是他的主要招募对象。成功的赌徒与优秀的交易者之间有一个共同特点：他们知道如何评估风险，并依此下注。

我这里所说的赌徒，并不是指那些嗜好赌博的人，而是指那些以赌博为生的人。赌桌上的大多数人都是输家，这是显而易见的事实。然而，职业赌徒比普通赌徒更加自律，他们了解赌局中各种情况的概率。他们赌得很精明，不会为追求刺激而随意下注，因为他们要以赌为生。他们都是消极避险型的玩家，胜算不高的情况下不会轻易下注。专业玩家并不期望一夜暴富，而是喜欢持续稳定的回报。如果胜算不高，即使赌池中的资金很多，他们也不会轻易下注。一旦掌握了胜算，他们便不会在意或多或少的赔钱。他们知道，赔钱是成为成功玩家必不可少的一部分。只要操作正确，输钱不是问题，他们不会急于捞回亏损。只要严格遵循规则，就能成为稳定的赢家。一位21点玩家如果手上握有11点或一对A而加倍下注，即使输钱也不会灰心丧气，因为他做出了正确的选择。长期而言，坚持这样的下注一定会成为赢家，因为这是具有很高胜算的赌局。

成功的赌徒也知道并不是每手牌都要跟。严格自律的纸牌玩家会不断地弃牌，直到真正的机会来临才会下注。这样的玩家或许有些无趣，但他面前的筹码却堆成了山。而那些愚蠢的赌徒每局都会下注，就像拙劣的交易者，不顾胜算高低，总是在进行交易。一般来说，在赌桌上只有业余选手才会虚张声势。而那些专业选手会静观牌局，只有当胜算很高时才会进行下注。职业赌徒不但遵守严格的游戏规则，而且还有完备的资金管理计划。他们面对任何可能出现的情况都能从容应对。胜算越高，下注也就越大。手气很顺时，他们未必会增加下注筹码。职业玩家很少会凭直觉加码下注，他们只会根据胜算高低来调整下注金额。普通交易者可以从职业赌徒身上学到很多东西。

金融交易者可以从职业纸牌玩家身上学到的一些东西：

不会逢局必赌。

随着胜算高低调整下注金额。

了解每手牌的风险/回报比率。

知道何时退出。

形势对自己有利才会跟进。

不怕输钱。

知道在什么情况下会输钱。

严格自律。

拥有行动计划。

知道如何管理资金。

但最重要的是，他知道该何时观望，何时加注，何时弃牌。

> **酒吧里的赌局**
>
> 我发现有些交易者在交易大厅或酒吧里赌博的时间要超过实际进行交易的时间。我记得在我还是场内交易员时,每天都会玩上几个小时的纸牌游戏。很多交易者都流着赌博的血液。我想,正因为金融交易具有某些赌博的成分,才吸引了这些人。那些在赌场上表现优异的人往往都能成为比较优秀的交易者。为追求刺激而进行赌博的人一般都不能成为一名好的交易者,因为他们的交易频率过高,而且总是承担很高的风险。那些精通桥牌或十五子棋的人通常容易成为杰出的交易者。在酒吧里玩桥牌的人一般都不是业余爱好者,而是能够参加巡回赛的专业选手,他们可以把牌桌上的技能应用于交易中,成为顶尖的交易者。

资金管理计划的重要性

成功交易者与失败交易者之间最根本的区别就在于资金管理。我不管你是什么类型的交易者——无论是趋势跟踪还是反转系统,短线还是长线,完全凭机械化操作还是靠主观判断,只要能够严格遵守资金管理计划,你就能在金融交易中胜人一筹。很多人都没有资金管理计划,即使有,也不知道如何使用。如果你不知道如何管理自己的资金,无论你有多么幸运,都很难成为一名成功的交易者。

很多关于交易的书籍都没有给资金管理足够的重视。我们可以看到很多关于技术分析、期权甚至交易心理学的书籍,但却很难找到专门讨论资金管理的书籍。然而,资金管理经常是决定交易成败的关键所在。我曾经用过不错的交易系统,但对资金管理和风险管理却没有足够的重视。虽然偶尔还能赚一点钱,但很快就全部赔掉,因为风险水平会越来越高,一旦遇到一些逆境,我就会加重交易量,最终连本带利全部输掉。

恰恰相反的是，即使你的交易系统一般，但是如果拥有高超的资金管理技能，你仍然能够超人一筹。只要交易者具备扎实的资金管理技能，任何不太离谱的交易策略都可能获得成功。如果配合适当的风险管理，即使是最简单的交易系统也能带来高额的回报。反之，如果没有风险管理，成为成功交易者将是一件非常艰难的事情。接下来，本章将会讨论资金管理计划的重要性，下一章则会讨论如何制定资金管理计划。

我会把资金管理计划比作汽车的刹车系统。每个超过18岁的年轻小伙子都会炫耀自己车子的速度。他的车子也许跑得很快，但是如果没有良好的刹车系统，最后总是免不了发生车祸。我妈妈开的是一辆老款的庞蒂亚克，每小时跑60公里，但她对刹车的关注程度要超过汽车的其他任何性能，所以她的车没有受过任何损伤。这与资金管理之间有什么关系呢？一套交易系统的盈利能力或许让你印象深刻，但资金管理才是让你避免破产，成为赢家的关键。

资金管理：所有成功交易者的共同之处

寻找合理的入场点和出场点是交易的重要组成部分，但风险管理对交易成败则起着更为重要的作用。然而，学习风险管理和设置风险参数往往被交易者放在次要的位置。人们总是花费太多时间用于观察图表、编写系统，却忽略了资金管理。有些人在系统开发阶段甚至从没考虑过资金管理。他们在设计系统时，把精力都放在那些技术指标上，完全忽略了交易规模，而交易规模往往能够决定交易者的成败。学习如何管理资金要比学习观察图表、下单交易或设置止损困难得多。入行11年以来，资金管理仍然是我最大的一个弱项。

我相信资金管理要比选择交易对象还要重要。如果你读过《金融怪杰》，或听过任何杰出交易者的演讲，你会注意到，虽然每个交易者有各自不同的交易方法和策略，但他们都有一个共同之处：严格遵守资金管理计划,并将其作为成功的秘密武器。

资金管理的目的

资金管理的目的很简单:让交易者在经历糟糕的交易或连续亏损之后,仍然有能力留在市场进行交易。学会如何控制风险将有助于交易者保障宝贵的资本,确保能够经得住连续亏损的考验。擅长资金管理的交易者可以经得住连续15笔亏损交易,而后通过一两笔交易挽回先前的所有损失。但如果没有资金管理计划,即使连续15笔交易获利,也可能在之后的一两笔交易中亏掉之前的所有获利,因为他不懂得控制风险。没有健全的资金管理计划,交易者就很难了解自己能够承担多大损失,一两笔交易就足以让他的账户破产。

我是在十五年前读的狄更斯的《大卫·科波菲尔》,我至今仍记忆犹新的一幕是,米考伯先生给大卫提供了一些资金管理的建议:

"我还有另一忠告,科波菲尔,"米考伯先生说,"你知道,年收入二十英镑,如果每年花销十九镑十九先令六便士,结果是幸福。年收入二十英镑,如果每年花销二十英镑六便士,结果是痛苦。花凋零,叶枯萎了;太阳沉入恐怖中,于是——于是,简而言之,你就完了。就像我这样!"

简单地说,如果收入多于支出(亏损),就没有什么问题。但是如果支出(亏损)超过收入,那就完了。把这项原则应用于金融交易,你也能获得成功。顺便说一下,如果你还没有读过《大卫·科波菲尔》,这本书绝对值得一读。

保障珍贵的交易资本

交易成功的关键是学会控制损失,使单笔交易的亏损金额低于获利金额。对于很多交易者来说,学会认赔是很困难的,但最起码要了解

300美元的亏损要比1000美元的亏损好得多。真的制胜之道，往往不在于如何提高获利，而是在于如何控制亏损。如果你还记得第一章提到的保障交易资本的重要性，你就能够永远活跃于交易市场。我过去会把"保障资本"四个大字写在记事簿的首页上，以此来提醒我交易资本的重要性。如今，我把这几个字刻在电脑屏幕的顶端。我必须随时提醒自己，因为在出现不寻常的亏损时我很可能会失去理性。

如果账户赔净，我相信问题一定是资金管理不当，没有珍惜有限的交易资本。当然，缺乏交易技巧也可能是原因之一，但归根结底，缺乏资金管理和风险控制是最终导致破产的根本原因。没有钱就没法进行交易，所以不要没有节制地冒险。

资金管理计划的内容

资金管理计划的内容很多，包括：整体风险程度，单笔交易风险程度，何时应该更积极地承担风险，某一特定时刻所能承受的最大风险，何时应该认赔，如何设定头寸规模，如何进行加码等。资金管理退出策略的一部分，因为止损和头寸规模取决于当时的市场状况与个人的风险偏好。同时交易多少手合约对交易结果的影响很大。而且每笔交易要区别对待，有些交易需要投入少量资金，有些交易则需要大规模增加头寸。账户总资产决定了你可以承担多大风险。比如5万美元的账户可以禁得起每笔交易1000美元的亏损，但如果账户总资产只有3000美元，无论如何都不能让每笔交易的亏损达到1000美元。

风险水平

所有优秀的交易者对风险的容忍程度都很低。能够持续赚钱的交易者不是赚得最多的，而是亏得最少的。风险容忍程度很低的交易者不会给自己设置陷阱，通常可以成为优秀的交易者。他们的赚钱能力或许不如某些交易者，但操作绩效非常稳定。

专业交易公司的交易员拥有更多的自由操作空间和更强的购买力，他们不是获利最多的人，而是亏损最少的人。公司管理层对那些态度保守，能够有效控制损失的交易者比较放心，并给他们更多的授权。至于那些绩效大起大落的交易者，通常比较危险，一旦犯错就可能对公司造成严重伤害。

我不知道一个人的风险容忍程度是否可以改变。多年以来，我一直在努力降低自己的风险水平，但是结果并不令人满意。虽然有所改善，但我的风险水平常常会超过其他人。如果你总是承担过高的风险，一定要承认自己在这方面的问题，并尽可能地改正。在制定资金管理计划时，要设定自己的风险水平，并严格遵守。可是风险参数也不宜设定太低，如果无法执行，任何计划都是多余的。

了解自己可以承担多少风险

在进行第一笔交易之前，每个交易者都应该有一套完善的风险管理计划。这包括在不同时间能够接受的损失程度，还要确定在单笔交易中能够承受的最大亏损额。另外还要针对自己的总交易资本确定可以损失的百分比。同时还要清楚所有头寸在某个时点最多可以损失多少。如果你某一天（一星期或其他时间段）损失了X美元，就应该平掉所有头寸，或者最起码也要了结亏损头寸。一旦达到这一亏损上限，就应该退出交易，花几个小时或几天重新整理思路。每个人都应该有一个明确的亏损上限，一旦触及这个限度，就应该退出交易或平掉头寸，然后到外面散散步。几个月前我就遇到过一次非常严重的连续亏损，三个月内我几乎天天赔钱。于是我干脆休息了一个星期外出度假。休假回来以后，就能够以清醒的头脑重新进行交易。

你还要知道应该何时调整风险水平。只要市场状况发生变动，风险通常也会随之变动。所以你必须根据市场状况调整风险程度。有些交易机会的胜算比较高,或许应该承担较大风险。有时候市场动荡会突然加剧,或者经济数据会在几分钟后公布,从而导致风险突增。这时候精明的举措应该是平掉头寸或降低头寸规模。因为此时风险增加,如果不采取措施,你所承担的风险也将高于预期的水平。

不要受到上一笔交易结果的影响

交易不顺时,有些人会有拼一把的念头。可一旦情况失控,交易者可能会不知所措,或者完全忘掉应有的资金管理规则而准备背水一战。例如,按资金管理参数的设置,交易者只交易两手合约,如果形势发展对自己不利,他就可能忽略止损与资金管理计划,因为他不想认赔出场。情况越恶化,就越是想要挽回亏损。于是就会做出一些愚蠢的行为(我也曾经如此)。开始交易四手合约,因为只有扩大交易规模才有可能很快挽回之前的亏损。还有更糟糕的情况,那就是对已有头寸进行加码,因为他们会想:"如果在1351点都买进了,在1334.5点更应该买进,况且价格不可能再跌了。"

如果你的交易规模从没有超过两手合约,那么就不要因为之前的交易损失惨重而交易两手以上的合约。也就是说,交易规模不要超过资金管理计划中规定的最大限度。如果你发现自己正在这么做,立刻止损,好好反省一下自己的行为。不要因为急于挽回损失就忽略了资金管理计划,因为这一定会给你造成严重的伤害。

在顺风顺水的时候也同样要严格遵守资金管理计划。很多严重的亏损都发生在一系列获利之后,因为人们很容易在顺境中得意忘形,而忽略风险参数。所以不论身处逆境还是顺境,都应该严格遵守资金管理计划,不要让最近的交易结果影响接下来的交易。

准备充裕的交易资本

此处还有资金管理的另一个因素，它更多涉及到个人资金管理，那就是要准备充裕的资金以从事交易。着手进行交易之前，应该准备足够的交易资金，并保证不需通过交易账户来支付日常生活费用。你是否考虑过用交易账户里的钱来维持生计，并希望交易账户能够不断增长？如果有这种打算，交易账户很难有所增长。如果交易者需要从交易账户里拿钱出来支付账单，就永远不可能成为成功的交易者。用交易资金来支付生活费用，会给你造成很大的心理负担。放下这个负担，也就去除了"一定要赚钱"的紧迫感，就能够以更轻松的心态进行交易，也就更容易在交易中获利。通过交易赚钱已经够难了，如果还要不断从交易账户里取钱出来，只能是难上加难。即使准备了专门用于交易的资金，仍然要考虑额度是否充足。如果资金不足，可能只是浪费。交易者必须确定自己能够承受连续亏损，包括非常严重的连续亏损，而不至于影响未来的交易能力。这也是为什么要对交易系统进行回归测试的原因：它可以让你对可能出现的最大亏损额有大致的了解。相信我，最大亏损或连续亏损都会发生，所以 定要做好准备。

小额账户

我发现小额账户交易者的冒险精神明显超过大额账户交易者。类似的情况也发生在小赌徒身上。他们自认为即使赔得精光也没什么大不了的。然而，小额账户交易者对待风险应该更加谨慎，因为他们没有太多犯错的本钱。交易资金很少的交易者往往会忽略头寸规模，认为资金管理并不适用他们。他们必须拿出自己50%的资金冒险进行交易，因为他们别无选择。这就相当于把所有的鸡蛋放在一个篮子里，一旦篮子损坏，损失就非常严重。他们知道，如果账户里有10万美元，他们在每笔交易中就不会投入超过2%的资金，因为交易书籍是这样告诉他们的。

然而他们的账户里只有5000美金，他们仍然会拿出2000美金进行交易。哪种情况更容易获得成功是显而易见的。对于资金有限的交易者，一两笔亏损交易就可能把他们扫地出局，而对于大交易者，这样的损失可能只是九牛一毛。如果你的资金有限，但非要进行交易，就不要忽略资金管理的重要性。要根据账户规模，把风险控制在合理的范围内。

交易策略能够带来盈利预期

如果你的交易系统不能带来盈利的预期，任何资金管理方法和头寸控制策略都不能带来盈利。赌场和彩票经营机构都具有盈利预期，所以无论赌徒们采取何种策略，赌场都是最终的赢家。当然有些赌客也会赢钱，但赌场根本不在乎个别玩家的输赢，他们在意的是整体结果。赌场通过不停地接受赌注就可以赚取利润，原因很简单，他们拥有盈利预期，或者说概率对他们有利。

这个原则也适用于交易者。如果你使用的交易系统具有盈利预期，长期来看肯定能够盈利。反之，如果系统具有负面预期，即综合概率倾向于亏损，就根本不要进行交易。通过使用历史数据进行回归测试，就可以知道系统具有正面预期还是负面预期。如果系统在过去行不通，就不要指望它在未来能够有所作为。具有正面预期，并不代表50%以上的时候都会盈利，而是说单笔获利金额要大于单笔亏损金额。不要担心系统获胜几率的问题，即使胜率只有30%，你也同样能够赚钱。通过以下公式可以计算出平均每笔交易的利润，从而确定系统是否具有正面预期：（获胜几率x平均每笔获利）－（亏损几率x平均每笔亏损）。比如某一系统具有30%的胜率，平均单笔盈利为800美元，平均单笔亏损为300美元，通过计算（0.3x800）－（0.7x300）＝ \$240 － \$210 ＝ \$30，得出单笔交易的获利期望为30美元。这一金额可能只能勉强支付佣金，但最起码说明该系统具有正面预期，是一个良好的开端。要想办法提高单笔交易的获利期望值，使得这一系统更有价值。提高单笔获利、降低单笔亏损，或提高获胜几率都可以达到这一目的。如果交易系统的预期回报不足以支付移动价差和佣金，就需要另外寻找更适合的交易策略。

成为更优秀的交易者

要成为更优秀的交易者，就需要了解资金管理计划的重要性，拥有并正确使用资金管理计划将有助于保障珍贵的交易资本。资金管理或许是决定交易成败的最重要因素。寻找交易对象并下单交易只是交易的一部分，唯有精通资本管理，才能获得交易的成功。资金管理不仅需要在交易之后控制损失，还要在交易开始之前做很多工作。你必须清楚自己在任何特定的时间或单笔交易中能够承担多少风险，还要了解同时可以交易多少手合约。另外还要有明确的最大亏损限额，如果亏损超过这一限度，就要认赔出场或稍作休整。资金管理计划的重要性在于你不会轻易破产，交易场的大门随时会为你敞开。要想在交易中获得成功，还要保证你的系统具有正面的盈利预期。否则，无论资金管理计划多么优秀，都不可能在长期的交易中盈利。另外还要注意，如果不能严格遵守，即使是最高明的资金管理策略也不能帮助你。只要想在金融交易市场获得成功，就必须严格自律，遵守资金管理规则和参数。

成功的交易者是那些知道如何控制风险的人。其他人也许会偶尔赚钱，但只有精通风险控制的人才能获得长期稳定的回报。通过随时观察风险程度并相应调整交易策略，就可以避免遭受太大损失。因为交易成功的关键不在于如何扩大获利，而在于如何控制损失。交易中亏损的笔数很可能多于获利的笔数，所以控制亏损才是关键。

缺乏或误用资金管理计划的危险：

1. 亏掉所有资金
2. 不知道应该承担多大风险
3. 没有指导原则

4. 不知道应该何时收手

5. 使用负面预期的系统进行交易

6. 接受难以承受的风险

7. 没有在必要时调整风险水平

8. 不能严格遵守计划

9. 在大赔或大赚的时候忽略风险水平

10. 相信自己不会遭受最大亏损

资金管理计划的重要性

1. 出色的资金管理是优秀交易者的共同特征

2. 它让你得以保障珍贵的交易资本

3. 它让你了解自己能够承受多少风险

4. 它让你对最糟糕的状况有所准备

5. 它协助你控制亏损

6. 它让你了解最多可以交易几手合约

7. 它让你确保有足够的交易资本

8. 它可以避免交易账户破产

9. 它帮助你设定合理的交易目标

10. 它让你明确知道什么时候应该退场

11. 它让你避免以赌博的心态进行交易

12. 它帮你设定最大亏损限额

值得反思的问题：

- 我是否有完备的资金管理计划？
- 我是否知道应该冒多大风险？
- 我是否有足够的交易资金？
- 我的交易系统是否有盈利预期？
- 我是否遵守计划？
- 我是否承担过高的风险？

第十五章　设定风险参数与制定资金管理计划

告诉一个人资金管理的重要性很容易，问题是如何让他实际制定一套资金管理计划。如果花些时间进行这项重要的工作，就比较容易成为一名成功的交易者。资金管理计划不需要非常详细，但需要包括一定的指导方针来确保财务状况不会偏离正轨。在制定资金管理计划的过程中，你需要设定一些风险参数，其中包括能够承担的最大损失，在交易中需要投入多少资金，需要交易多少手合约，应该何时提高交易规模等。本章将会讨论资金管理计划的组成部分，以及制定资金管理计划的方法。我可能会重复一些上一章涉及的内容，但这样将有助于加深印象。

要有充足的交易资本

首先必须确保交易资本充足。如果资金不足，交易就很难获得成功，因为没有足够的资金就不能设定有效的风险参数。交易资金不足常常会导致头寸过大。很多资金不足的交易者会认为自己的资金足够进行交易，他们每次交易几乎都用尽所有资金，因为他们别无选择。能够进行交易与资本充裕并不是一个概念。资本不足的交易者往往会承担过高的风险，只要出现一两个错误，就可能让他们陷入很大的麻烦。

在资金允许的范围内进行交易

接下来我们讨论下一话题：在资金允许的范围内进行交易。对于5000美元的交易账户，如果交易对象是玉米期货，则属于资金充足；如果交易对象是大豆或咖啡豆期货，则属于资金不足。有些市场波动剧烈，风险偏高，需要比较充裕的资金。不仅要在资金允许的范围内挑选合适的交易对象，还要控制合约或股票数量。在本应该交易200股的时候强行交易500股，你的交易生涯很可能会因此而提前终结。长期来看，宁愿少赚一些，也要把亏损控制在合理的范围内。

> **你的资金不是用来亏损的**
>
> 人们都知道要有足够的资金来承担交易中的亏损，但最好不要这么想。有人会认为账户里的钱是用来承担亏损的风险资本，一旦有了这种想法，你就不会爱惜交易资金。我进入赌场就会有这种想法，我会告诉自己，只拿1000美元玩一玩，输光就算了。而结果通常都是输光这1000美元。当你进行交易时，账户中的每一分钱都是宝贵的，不是用来亏损的。如果你把账户里的资金当作可以输掉的钱，你就真的会输掉这些钱。

防守第一

在体育比赛中，教练经常会说防守是最有效的进攻。当然，进攻很重要，但是如果对手不能得分，你就不会输掉比赛。在交易中，你同样要把防守放在第一位，进攻放在第二位。在进行交易之前，首先要对风险进行评估，然后再决定是否值得交易。如果值得交易，再去考虑交易的数量和规模。在考虑能赚多少之前一定要先考虑如何控制亏损。资金管理的优先级要高于交易决策和交易方法。在自己不能掌控的情况不要承担没有必要的风险。比如，当某项宏观数据即将公布时，市场走向是在你控制范围之外的，在这种情况下就不要承担额外的风险。如果不确定风险究竟有多高，就要停止交易，不要自寻烦恼。

设定风险和资金管理参数

承担多少风险

设定资金管理参数时要做的第一件事就是确定风险水平。很多交易新手不知道应该承担多少风险，所以这也是他们的最大问题之一。他们不清楚要交易多少手合约、每次应该拿出总资本的多大比例进行交易、应该建立多少种不同的头寸、不同市场之间有何关联、风险程度如何变化、如何设定与调整止损点等。所以很多交易者都会承担过高的风险。如果你的交易资金只有5000美元，那么就不要在任何一笔交易中投入超过3000美元。通过设定风险参数，就可以确定适合的交易规模，避免暴露在过高的市场风险中。交易者必须认真对待自己的风险承受能力，根据自己的风险偏好确定亏损上限。

风险资本与总资本的关系

你不可以把可供使用的资本全部投入交易。正确的做法是，把账户资金分成两份，可以是一半一半，也可以是其他适当的比例。把其中的一份用于交易，我们称之为"风险资本"；另一半则存在账户里生利息，以备不时之需，这部分资金用来保障合理的资本结构，不能用于交易。如果你投入交易的资金从来不会超过总资金量的50%，你就永远不会亏空账户。即使遭遇连续亏损，损失掉风险资金，你仍有另一半资金可用于交易。这样一来，你即使犯了重大错误，也仍然有能力继续交易。这样的安排也能够迫使你降低资金风险，因为你在任何时候都只有一半的资金暴露在市场风险中。

固定比例的资金管理

决定每笔交易所能承担的最大风险，最常见的做法是将其设定为风险资本的固定百分比。这种方法叫作固定比例资金管理。这个比例一般都设定为5%，也就是说每笔交易所投入的资金不得超过风险资本总额的5%。而实际上很多专业交易者都把这一比例设定为2%。但不幸的是，很多交易者并不能做到这一点，因为即使他们的账户里有5万美元，拿出5%（2500美元）进行交易，哪怕只买一手合约也是捉襟见肘，更不用说把比例降低到2%了。那些账户里只有3000美元的交易者，任何一笔交易都会占用他们20%以上的资金，只要遇到几次亏损的交易，他们恐怕就难以为继了。之所以把这个比例设为5%或更低，是因为你需要经历20笔连续的亏损交易，才会亏空账户，但如果能够保守操作，这种情况是很难发生的，你有很多可以逆转的机会。只有合理地分配风险，才能避免被轻易地扫地出门。连续五笔亏损是很常见的，过于冒险就意味着交易生涯的终结，但如果资金配置合理，5笔连续亏损则不至于造成致命伤害。

采用固定比例资金管理方法，随时都可以了解最多应该承受多少风险。随着账户资金的增加，风险水平也会相应提高，但固定比例不应改变。对于1万美元的账户，5%的风险相当于500美元。当账户资本增加到1.5万美元时，每笔交易最多可以投入750美元。这样就可以使用比较宽松的止损，或提高交易数量。

有些人在遭遇连续亏损以后常常会倾向于提高交易规模。产生这种心理的原因有两点：第一，急于挽回损失，而最好的办法就是增加交易规模；第二，已经发生多次亏损，随时可能转运。无论哪种情况，胜算都不在交易者一边，因此不应该承担更大风险。每当人们急于摆脱困境，而且可用筹码越来越少的时候，放手一搏的心理往往会让我们越陷越深。放手一搏绝对不是扭转劣势的正确态度，这种交易受消极心态的影响，严重违背资金管理计划，从而导致频繁交易，承担过高的风险。赔钱以后要相应调整风险水平。交易资本为1万美元时的风险承受度显然应该低于2.5万美元时的风险水平。同样，当交易连续获利时，我也不会仓促地提高风险水平，此时必须特别注意随后可能发生的连续亏损。一般来说，由于交易规模扩大，一两笔不顺手的交易就可能会勾销掉之前几个星期或几个月累积下来的利润。

头寸规模

1.合约数量

头寸规模是决定交易成败的重要因素之一，如果处理不当，很可能造成重大损失。即使交易胜率高达60%，但如果失败交易的头寸规模都很大，最后结果往往还是亏损。仅仅了解每笔交易应承担的风险还远远不够，还需要了解每次应该持有的股份或合约数量。要达到这一目的，需要从两部分来考虑：首先要设定一个在特定市场中可以交易的最大合约数量，这一点很容易做到。比较困难的是如何依据市场风险程度和交易胜算来调整头寸规模。

很多交易者最终失败的原因是交易规模过大、风险过高。资金量较小的交易者尤其容易犯这样的错误。他们交易一手合约时已经有些捉襟见肘了，但是赚了一点钱后就开始交易两手合约，这样只能让情况变得更糟。

一般交易者都没有对交易数量的问题给予足够重视。人们都只关心如何建立头寸，如何设定止损，却很少有人认真思考交易数量的问题。有些人通常会投入全部资本，有些人则在应该扩大交易规模的时候投入过少。大多数人并没有用于设定头寸规模的原则，或者采用固定的头寸规模，或者随心情随意调整头寸规模，尤其是在连续获利或亏损之后。每个交易者都应该牢记一个原则：不要受到先前交易结果的影响。无论之前发生了重大亏损还是取得重大获利，都不要在下一笔交易中随意调整风险参数。另外，在遇到连续亏损时，或许还应考虑降低交易规模。连续亏损并不可怕，适当降低交易规模可以让你从容应对。

2. 合约数量的最大限额

设定每笔交易所允许运用的最大资本后，接着就要考虑每个市场能够交易的合约数量。每个市场的情况各有不同，所以这个问题没有简单的答案。举例来说，玉米期货与S&P指数期货的最大可交易合约数量就很大差别，因为S&P指数的风险大约是玉米的20倍。每支股票和每种商品的风险属性各不相同，所以需要区别对待。交易者应该对每个市场的风险或平均波动幅度（ATR）有所了解，如果一个市场的日波动幅度为2000美元，另一市场的日波动幅度为500美元，则在相同的风险水平下，第二个市场可以交易的最大合约数是第一个市场的四倍。市场情况会随时发生变化，所以需要经常对其进行重新评估。

假如你有2.5万美元的风险资本，每笔交易最多可以运用5%的资本，也就是说，每笔交易最多有1250美元可供运用。有些交易者会直接把这项数据除以交易所规定的最低保证金，从而计算每笔交易可以购买的最大合约手数。而我则喜欢采用平均波动幅度（ATR）为基础进行计算。如果进行短线交易，我会用这1250美元除以目标市场的ATR。也可以用二分之一ATR作分母，但我喜欢保守一点。对于ATR为4美元的一支股票，我可以心安理得地交易300股，如果ATR为2美元，我就可以交易600股。在长线交易中，我会取ATR的整数倍或周线图上的ATR来进行计算。

股票与商品交易之间有一点差异，商品交易只需要投入合约价值的一部分资金。假设你愿意接受的最大风险为1250美元，实际上可能只需动用1000美元的资金。对于股票来说，如果最大风险仍然是1250美元，你可能需要买进价值1万美元的股票。所以，如果具有相同的交易账户，商品交易可以买进的合约数量和承担的风险明显大于股票交易。主要区别在于，股票交易中要保证每笔交易承担5%的风险，每个头寸就需要占用更多的资金。举例来说，假设你以100美元每股的价格买进100股IBM股票，每股承担10美元的风险，那么你总共动用了1万美元，而承担1000美元的风险。但是在商品交易中，投入1000美元的保证金，就要承担1000美元的风险。对于风险金额同样是1000美元的商品交易来说，只需要投入1000美元作为保证金，所以同样的账户资金可以购买的合约数量大大超过股票。基于上述原因，人们在商品交易中的亏损经常比较大，一旦操作失误，就可能损失掉所投入的大部分资金。

3.设定最大合约数

通常我会制定一份表格，让自己清楚每个市场允许进行交易的最大合约数。这样我才能控制自己，不至于被一时的情绪因素冲昏头脑。请参见表15-1，假定我的交易资本为5万美元，其中一半2.5万美元作为风险资本，每笔交易允许承担的最大风险金额为1250美元（相当于风险资本的5%）。我采用最近14天的日平均价格波动幅度（ATR）来计算1250美元能够购买的合约或股份数量。在实际交易时我的交易数量通常会低于计算出的数值。表中显示了在不同市场状况下，允许交易的最大合约数量。一般来说，实际操作要低于这一数量。按照自己能够承担的最大损失来确定交易数量，显然是不正确的，优秀的交易者很少会这样做。但是严格来讲，当风险很低，胜算在握的时候，我也不反对让交易数量超出这一限额。

4.依据胜算调整头寸规模

头寸规模最终取决于风险与回报的相互关系。对于胜算很高的交易，就可以采用最大头寸规模，如果胜算平平，就应该采用适中的头寸规模，以此类推。有些交易机会看起来似乎不错，但如果止损位置距离太远，交易规模就不宜太大。当然，你仍然可以进行交易，但交易规模最好低于正常水平，从而可以在判断失误的情况下保护自己。反之，有些机会的条件很好，止损位置非常接近，这时头寸规模甚至可以超出最大限制。总之，只要机会合适，就要放手一搏，但整体交易规模还是要受最高限额的制约。

表15-1

总交易资本	$50,000
风险资本=总交易资本的50%	$25,000
每笔交易最大风险=风险资本的5%	$1,250

商品或股票	14日平均ATR	最大合约数
S&P500指数	$4800.00	0
S&P迷你合约	$1000.00	1
纳斯达克100指数	$3500.00	0
纳斯达克迷你合约	$700.00	1
美国国债	$1100.00	1
瑞士法郎	$500.00	2
原油	$750.00	1
燃料油	$800	1
小麦	$250.00	5
玉米	$175.00	7
大豆	$350.00	4
猪肉	$350.00	4
活牛	$250.00	5
咖啡	$550.00	2
可可	$200.00	6
糖	$250.00	5
黄金	$300.00	4
AMAT股票	$2.50	500
KLAC股票	$3.00	400
微软股票	$2.00	600
高盛股票	$2.80	400
雷曼股票	$2.50	500
SLB股票	$1.90	600
戴尔股票	$1.50	800
IBM股票	$3.50	300

在评估应该承担多少风险时，需要考虑的一些因素：

你是否根据市场走势进行交易？

当前价格与趋势线或均线是否接近？

当前走势是否将近结束？

你最多能够承受多大损失？

你最多能赚多少钱？

你通常如何处理这类交易？

你有多大把握？

如果你觉得必须交易，但风险又太高，那么最好减少交易数量。如果顺应市场趋势进行交易，规模可以稍微大一点；如果交易违背主要市场趋势，就要降低交易规模。我一般会在上午的时候表现较差，因为市场走势还不明朗，所以我只是以正常水平三分之一的数量进行交易。当发现好机会或趋势明朗时，我会提高交易量。在午餐时段我也会稍微降低交易规模，因为历史数据表明这不是一个适合交易的时间。当我看到自己非常喜欢的机会时，便会积极主动地提高交易规模。

设定头寸规模不是一件容易的事，但要记住，首先要确定风险限度，知道自己在每笔交易中能够接受多大损失，然后计算止损位置，最终才能确定你可以交易的最大合约数量。如果某笔交易风险过高，你不一定非要进行这笔交易。在决定合约数量的时候，"0"是一个可以接受的数字。错过一些高风险交易等待更好的机会也未尝不可。

5. 多重头寸

大概了解单笔交易所应承担的风险与合约数量之后，接下来的工作就是决定同时可以建立多少头寸，以及能够承担的总风险。有些人每次只交易一种商品期货或一支股票，但由于大多数人都会同时关注多个市场，所以我们还是需要考虑整体风险。在这个问题上，每个人的答案都不太一样。在任何时候我都不会拿半数以上的风险资本去冒险。如果我能把这个比例控制在30%，效果一定会更好。假设我的风险资本总额为2.5万美元，我会把风险总额维持在8000美元到1.25万美元之间。要注意，在两个关联度很高的市场分别持有的头寸，几乎就相当于在一个市场持有较大的头寸。比如说，你在原油交易中投入5%的风险资本，同时在燃料油交易中也投入5%，这基本上相当于在同一笔交易中承担

10%的风险。要想维持5%的限度,就需要在两个市场中分别降低风险比例。如果同时涉足某一行业的股票和大宗商品,由于两个交易对象具有很高的关联度,表面上5%的风险比例实际上可能会达到7.5%。如果平时的风险比例是2%,在关联度很高的多个市场同时交易就可能使风险比例提高到3%。

> **没有比这更倒霉的了**
>
> 我曾经同时持有15种不同大宗商品的头寸。我认为这种多样化的资产组合很安全。但一天下来,我发现每个头寸都出现不同程度的亏损。我所持头寸的总风险大大超出了我能够承受的范围,结果一天我就损失了大约6000美元。这个金额在现在听起来似乎没什么了不起,但在当时我的账户里只有5000美元。我从没想像过在一天之内会发生如此严重的亏损,但这就是过度交易或没有遵守资金管理计划的后果。

如果需要同时操作多个头寸,尽量选择关联性很小的股票和商品。比如,玉米、原油、糖、铜和瑞士法郎就是一个很好的大宗商品组合,各个品种的价格走势相对比较独立。对于股票交易,如果选择几支高科技股、几支银行股、几支医药股以及几只石油股,这样就可以很好地分散风险。如果你同时持有10支高科技股,就相当于持有一个规模较大的头寸。你也可以这么做,但一定要清楚风险程度并相应地降低每支股票的交易数量。就我个人来说,如果我喜欢某个行业,会在这个行业中选择多支股票进行交易。这样可以分散由某支个股引发的风险,例如首席财务官辞职这样的事件。如果我平常在某一行业的交易数量是5000股,我不会只选择两支股票,每支2500股;我可能会挑选该行业中的10支股票,每支股票500股。

我还建议同时持有多头头寸和空头头寸以降低风险。如果市场呈上升趋势,一定要找一些表现不佳的股票进行做空操作。这样一来,如果

第十五章 设定风险参数与制定资金管理计划

市场行情反转，表现疲软的股票很可能会加速下跌，这样的空头头寸则有助于减少行情逆转带来的损失。资金管理计划中还应规定，净多头头寸不多于5000股。如果你持有8000股的多头头寸，就应该建立3000股的空头头寸以维持风险水平。

增加交易规模

资金管理的另一个主要内容是应该何时增加风险水平和头寸规模。"如果我有5000美元，就交易一手合约；如果我有1万美元，就交易两手合约"，这样简单的做法还远远不够。首先要把每笔交易的风险控制在2%以内，然后才能对头寸规模进行调整。最大允许交易的股份数应该定期进行调整。每当交易资本的变动达到一定程度，或每过一周或一个月就要对自己的风险参数进行评估并做相应调整。你不能随意提高交易规模，这一切都要在风险管理计划的范围内进行。

随着账户资本的增加，交易规模可以随之扩大，但两者之间的比例关系不能失调。有些人一旦开始赚钱，就会不断提高交易规模，导致风险比例完全失控。当账户里有1万美元的时候，交易一手合约，但是当账户里有1.5万美元的时候，交易量已经提高到5手合约，他们显然被胜利冲昏了头脑，因为根据资本状况，他们仍然只能交易一手合约。

即使你认为时机成熟，也应该以缓慢的节奏提高交易规模。不要期望一蹴而就，要等到很好的机会，再尝试增加交易规模。一定要谨慎对待交易规模的增加，如果发生亏损，在同等条件下，规模越大，亏损的额度就会越高。我建议不要轻易将交易规模翻倍，但小额交易者很难做到这一点，因为他们可能只能交易一手合约或100股，要想提高交易规模，就必须首先提高到两手合约或200股。但这样也会使他们的亏损速度提高一倍。相比之下，从三手合约增加到四手合约，或从十手提高到十二手则更为安全，因为亏损的速度不至于成倍地增加。但是小额交易者则处于明显劣势，所以他们在交易中应该更加保守。

最后，不要因为之前的成功或失败而提高交易规模，因为此时不是进行调整的适当时机。这不属于理性的资金管理方式，只是情感因素在作怪，所以要尽量避免。我认为只有当市场出现绝佳机会，并且风险非常低的时候才可以增加交易规模，而且一定要保守操作。

增加交易规模的方式

要以垒金字塔的方式增加交易规模。很多人不知道如何正确地垒金字塔，结果垒成了头重脚轻的倒金字塔。所谓垒金字塔，就是随着市场价格不断走高，逐渐增加现有头寸的规模。错误的方式是，最开始只有一手合约，然后随着价格升高，增加两手合约，然后再增加三手，以此类推。这样会导致金字塔上重下轻，价格越高的合约，数量也就越大。市场一旦急转直下，这种倒金字塔结构就会造成严重损失。对于头重脚轻的头寸，只要行情稍有回调，就可能抹平之前的所有获利。

正确的方法是：在较低的价位买入最大数量的合约，然后逐渐缩减每次增加的合约数量。比如，你最开始交易10手合约，然后增加7手，然后4手，2手，1手。即使市场反转，也能够保住之前的大部分盈利。这样建造的金字塔就如同我们在埃及见到的一样，拥有坚实的基础。试想，如果金字塔头重脚轻，恐怕很难在4600年后仍然屹立不倒。交易也是如此，倒金字塔式的头寸结构很容易坍塌，所以一定要把基座放在最底部。

头重脚轻的教训

我有一位朋友从事小麦期货交易，最开始他的交易账户里只有2000美元。在一次大行情的起点附近，他买进两手小麦合约。几天之后，他获得不错的利润，于是又购进两手合约。随着市场价格上扬，他连续几个星期不断增加合约数量。他每隔几天就会购进新的合约，而且每次增加的数量越来越大。两个月后，他的合约总数达到30手，以2000美元建立的小麦头寸已经价值5万美元。可是好景不长，市场开始猛烈下跌，他开始遭受亏损，而且

> 亏损的速度远远大于盈利的速度。在上升阶段，只有最初购买的合约得以享有全程获利，但这些合约的数量最少。在下跌过程中，开始呈现亏损的合约数量最多，亏损积累也非常迅速。不到几个星期，他之前积累到获利已经全部消失了。这个经历给他的教训是：过于激进，不知如何建立头寸结构，而且没有增加资金规模的明确计划。

资金管理计划的主要内容

制定资金管理计划时，应该包含以下内容。

能够承受多大风险

除了要知道每笔交易所能承担的风险之外，交易者还要明确每天所允许的最大亏损，甚至是每星期与每月允许发生的最大亏损。一旦达到最大亏损限额，就应该停止交易，回头检讨交易策略以及风险计划。

某天的亏损额累积到上限水平，当天就应该停止交易。没错，有些日子里，在刚开始交易的时候发生重大亏损，但最后还是赚回来了。可是这种情况毕竟比较少见。通常在亏损累积到某种程度后，就会每况愈下。必须要设定合理的亏损上限。水平太高，几乎没有可能发生，万一发生，可能已经伤及筋骨。当然，亏损上限也不应过低，你必须给自己一定的喘息空间，有机会转败为胜。亏损上限究竟应该设在何处，这必须由个人的经验判断。只要发生这种程度的亏损，当天的情绪肯定大受影响，后续的操纵通常会越来越糟。我认为风险资本的2%–5%就已经算是很严重的亏损了。把亏损上限设定在这个范围内，应该比较合理。我曾经见过交易者在一天之内破产，如果设定适当的亏损上限，这种情况就不会发生。当然，没有必要让自己退出所有交易，你可以平掉那些亏损头寸，或者减持某些股票。

用同样的方法设定每周或每月的亏损上限，达到这一上限后，在当周或当月就要减持或停止交易。具体的上限水平因人而异，但一定要在交易前确定这一上限。如果损失超过风险资本的30%到50%，就意味着出了重大差错，此时应该彻底停止交易，检讨自己的过错。发生这么严重的损失，不可能是偶然因素所致，所以要停止交易。

不要摊平损失

在资金管理计划中要明确规定："不要进行摊平操作"。摊平操作是指当一支股票出现亏损时，通过追加股数来摊低成本价，以期待在股价反弹时解套的一种操作方法。这是金融交易中的大忌，因为既然已经发生亏损，就说明当前的交易行不通，继续对其追加股数一定会导致非常严重的损失。我个人所经历的一些严重亏损，就是因为我不愿承认已经犯错，始终期望行情反转，我没有认赔，反而随着价格下跌而不断买进。一旦出现这种情况，亏损会变得无法控制。

因为错误的行为而获得回报

有些时候，摊平损失的操作确实可以让你解套。虽然如此，摊平操作仍然是非常不可取的交易行为。如果因为这种错误的行为而获得回报，最终的结果通常是非常有害的，因为交易者的这个心理得到强化，在以后的交易中会重复这样的操作。在本应该减持的时候却不断加码，长此以往，这种低胜算的交易方式必定会对你造成伤害。

监测风险水平

监测和评估风险水平不仅包括回顾和更新资金管理计划与风险参数，还包括监控所持头寸的表现。你不但要在建立头寸之前做好充分的准备工作，还要在建立头寸之后对交易动机，退出时点，以及市场波动

第十五章 设定风险参数与制定资金管理计划

情况随时进行跟踪。除此之外，还要定期调整头寸的整体风险水平。这些东西都不能自己照顾自己，所以交易者要随时对它们保持关注。

首先了结亏损头寸

资金管理计划中应该有这样一条规则：首先平掉亏损头寸，继续持有获利头寸。但很多人的做法却恰恰相反。当他们同时交易多个头寸时，往往会首先了结获利最高的头寸；他们不希望回吐任何获利，并坚信亏损头寸马上会时来运转，所以会继续持有亏损头寸。这种交易方式是不可取的。对那些表现优异的获利头寸，就应该继续持有，因为它们仍有上升动力；那些亏损头寸表现很差，很可能只是垃圾，为什么还对它们恋恋不舍呢？这个规则不仅适用于亏损头寸，还适用于获利较低的头寸。假如一个头寸获利5点，另一个头寸获利40点，那么后者更佳。如果想要减持，首先从那些表现相对较差的头寸下手。

只在风险/回报率合理的时候做交易

在交易之前，应该对市场表现有一定的预期。如果实际情况不符合预期就应该退出交易。对获利目标也要有一个大致的预测。只有当获利潜能与潜在亏损之间保持合理的比例关系时，才可以接受一笔交易。在亏损方面，相对比较容易界定，比如说："我不能允许损失超过500美元"或者"只要价格跌破趋势线我就退场"。只要严格自律，就很容易控制亏损。而获利部分就很难处理了，你可以说："我要在这笔交易中赚750美元"，但很难保证你所想到的就一定能做到。有时候你把获利目标设定为750美元，而实际上也许只能赚400美元或89美元。所以应该设定切实可行的盈利目标，目标越高，越容易失望。头寸持有时间也可能会过长，结果反而转赢为亏。除了要设定切实可行的盈利目标，还要有合理的盈/亏比例。这一比例可以是2:1，3:1或者任何你喜欢的比例，但是如果低于1:1，就不要指望能在交易中赚钱。如果一笔交易的亏损风险是500美元，而获利目标只有100美元，显然不应该建立头寸。

即使这笔交易真的能让你赚钱，那也属于胜算很低的交易，不值得冒险。坚持进行盈/亏比率较高的交易，肯定能获得很好的回报。

资金的其他用途

我会拿出一部分资金进行长线投资或期权交易。如果你也打算这么做，就要在资金管理计划中做明确规定。这不是一件难事，只需规定将一定百分比的风险资本用作其他用途。你甚至可以把这些独立出来的风险资本投入到现有的头寸中进行更激进的操作。但是如果亏掉这些钱，千万不要挪用其他风险资本进行这种操作。这些其他用途资金还可以用来支付交易成本，以及其他交易必需品。

严格自律

风险控制最重要的部分是如何遵守。即使你拥有全世界最好的资金管理计划，如果不愿意遵守，也不过是浪费。很多人会在交易顺利的时候变得贪婪，不切实际，觉得自己不需要继续受到资金管理计划的制约。他们希望大捞一笔，于是扩大交易规模，却没有想到灾难就在转角处。亏损时更容易忽略纪律规范，而且后果更严重。发生亏损时，人们会抱着"破罐子破摔"的态度，把完备的资金管理计划丢到一边。他们会灰心沮丧，无法接受大额亏损，甚至认为挽回败局的最好办法就是更激进地交易，总之，他们彻底失去了纪律规范。对于风险参数，要不惜一切代价坚决遵守，只要这样才能让你保持在正确的轨道上。

制定资金管理计划

以下是一个非常简单的资金管理计划，希望能够起到抛砖引玉的作用："如果你认为某笔交易的数量需要达到最高限额，那么先买入50%股数，如果30分钟后没有出现异常状况，则再买进剩余的50%"。当然交易计划可以更为详尽，它可以包含你自己的一些交易规则，比如：不能进行摊平操作，还可以设定不同市场阶段的入场及退场规则等。每个人采用的规则和方法都不尽相同，所以没有一个普遍适用的资金管理计划。

资金管理计划的要点

1.确定风险资本的金额

我总共有三万美元，我只拿出1.5万美元作为风险资本，剩下的1.5万美元存在银行账户里以备不时之需。

2.确定单笔交易能够承担的最大风险

风险资本为1.5万美元，在任何单笔交易中我都不会承担超过5%（750美元）的风险。我的目标是尽量把这一比例控制在2%以下。

3.确定全部头寸能够承担的最大风险

我同时持有的头寸不会超过7个，所有头寸的总风险不会超过风险资本的20%。如果在多个关联性很高的市场同时持有头寸，在这些市场中承担的总风险不会超过7.5%。

4.确定每个交易对象可持有的最大股份数

我有一个表格，其中显示了在每个市场中最大允许交易的合约或股份数。这个数额是通过以下公式计算得出的：每笔交易能够承担的最大风险除以平均价格波动幅度。实际交易中不一定会达到这个数量，但是当交易表现为胜算很高时，则可以考虑把交易数量提高到这一限额。如果遇到非常好的机会而且风险很低，我会以这一限额1.5倍的数量进行交易。

5.根据风险确定头寸规模

在确定了每笔交易所能承担的最大风险之后，我会运用技术分析确定止损位置。如果止损金额低于可接受的最高风险，我就会进行交易，否则就会放弃。

6.确定可接受的风险/回报率

我只会接受风险/回报率大于或等于3∶1的交易。如果某个交易的潜在亏损大于利润预期，无论这个交易看起来多么诱人，我都不会接受。

7.确定每天的亏损上限

如果我在一天之内的亏损积累到1500美元（风险资本的10%），我就会立即停止当天的全部交易。在亏损达到1000美元时，我会首先平掉亏损最严重的头寸，稍事休整后再重新开始交易。

8.确定何时调整风险参数

我不会轻易更改风险参数，除非我能把每笔交易的风险降低到风险资本的2%。达到这一目标后，每当风险资本成长20%，我就会增加每笔交易能够承受的最大风险金额；如果风险资本缩水20%，我会相应降低单笔交易的最大风险金额。

9.确定停止所有交易的亏损上限

如果我的总亏损达到风险资本的35%，我就会停止全部交易，然后对我的系统、风险参数，以及交易计划进行检查，找出问题所在。

成为更优秀的交易者

成为更优秀的交易者就意味着要制定资金管理计划并设立风险参数。不要轻视这项工作。拥有一个合理的风险计划，可以增添你在金融交易市场上的赚钱机会。首先需要确定自己禁得起多大的风险，能够应付多么严重连续亏损。所以必须了解交易的相关风险，以及你愿意承受的风险程度。为了有效防范连续亏损，最好的办法就是把一半的资本作为风险资本，保留其余一半，以备不时之需。每笔交易所承担的最大风险，不得超过风险资本的一小部分（2%到5%）。设定风险参数时，需要确定在每个市场或每类市场中的交易数量上限。不要误以为每个交易对象都可以交易相同数量的合约。每个商品或每支股票都有不同的风险特质，所以要花点时间琢磨他们可能造成的伤害，找出较长分析周期内的真实价格波动幅度，这还可以帮你设定适当的止损位置。找出最大合约交易数量后，可以制定一份表格以便查阅。你还要考虑所有合约的综合风险承受能力。我建议总风险不要超过风险资本的30%，尤其是期货交易。因为对于股票交易来说，即使投入全部风险资本，所承担的风险也不过是其中的一小部分；而在商品期货交易中，很容易就会损失绝大部分所投入的资金。除非机会很好，否则不要最大限度地承担风险。虽然你一般都从事10手合约的交易，但有时只适合交易2手合约，有时则是5手或8手合约。总之，要根据具体情况调整合约数量。

任何可以帮助你收紧口袋的操作规则都可以包含在资金管理计划中。你可以在计划中设定增减头寸的规则，还可以估算合理的盈亏比率，从而保证交易的获利潜能大于潜在亏损，否则风险与回报的关系就不适合交易。风险管理计划可以包含很多内容，但最重要的是真正制定计划，重要性紧随其后的就是坚决执行计划。假设你规定了某支股票的亏损不得超过5美元，一旦出现这种程度的亏损，就必须毫不犹豫地认赔出场，否则你的计划就毫无用处了。缺乏自律的交易者是不会获得成功的，所以一定要严格执行计划。

缺乏适当的资金管理计划可能会导致的种种问题：

1. 在设定目标的时候无据可循
2. 无法与那些拥有完善资金管理计划的顶尖交易者抗衡
3. 总是承担过高的风险
4. 从来不知道应该交易多大数量的合约或股数
5. 让损失蔓延至不可控的地步
6. 出现严重的单日亏损
7. 不知如何设定止损
8. 进行摊平损失的操作
9. 每笔交易都承担相同的风险
10. 不知道如何提高或降低交易规模

在设定风险参数和制定资金管理计划时应该考虑的问题：

1. 在能力允许的范围内进行交易
2. 防守第一，进攻第二
3. 控制损失，发扬获利
4. 不要把所有的资金投入交易，保留一半以备不时之需
5. 单笔交易所承担的风险不要超过风险资本的5%（最好不要超过2%）
6. 必须注意关联度很高的头寸
7. 为所有头寸设定整体风险上限
8. 为不同交易对象设定最大头寸规模的表格
9. 通过技术分析算出每个头寸可以交易的最大股数
10. 不一定要承担最高风险
11. 在必要的时候，合约数量是0也是可以接受的
12. 只有亏损/回报率处于适当水平才能进行交易
13. 设定停止交易的亏损限额
14. 遇到连续亏损时，应该减少交易量
15. 了解哪些市场价格波动比较剧烈
16. 应该按照由多到少的顺序增加头寸规模。成本越低，数量越高；成本越高，数量越小
17. 应制定增加交易规模的具体计划
18. 制定合理的计划并坚决执行
19. 不要因为输赢变得过于情绪化

值得反思的问题：

- 我是否有真正的风险参数？
- 我是否知道在每个市场中应该交易多少手合约？
- 我是否承担过高的风险？
- 我一天之内最多允许亏损多少？
- 我是否应该对我的交易进行重新评估？

第五篇
自律

第十六章　纪律：成功的关键

拥有完整的交易计划并制定进出场策略和风险参数后，交易者在通往成功的道路上就只剩下最后一道难关：遵守纪律规范，严格执行计划。大多数交易者都是输在这里。很多人都知道什么是正确的行为，但仍然在交易中表现得很糟糕，主要是因为他们没有严格的纪律规范。他们可能无数次地告诉自己：不要追逐行情，不要承担过高风险，不要让亏损超过止损水平，但在实际操作中，他们却总是那么做。他们想方设法提高交易技巧、市场知识和技术分析能力。但是如果不能严格自律，交易结果很难有所提升。

成功必须依赖纪律规范

要成为一名杰出的交易者，需要学习很多技巧，但除了知道怎么做，交易者还要严格自律，才能保证做正确的事情。交易者赚钱或赔钱的方式很多。几乎所有的交易者都知道他们应该止损，不应频繁交易，应该制定风险管理计划，以及做好充分准备。但如果没有严格的纪律规范，就无法把这一切结合在一起而成为优秀的交易者。唯有纪律规范才能让所有正确的事情得以执行，所以，纪律规范或许是交易者最需要的工具。纪律规范应该放在最优先的地位考虑，它涉及到交易的各个层面。

所有优秀交易者的共同特点就是严格遵守纪律规范。职业赌徒之所以能够赚钱，是因为他们都是高度遵守纪律的人。不能严格遵守纪律，个性草率冒失的人，很难在金融交易中有所发展。即使拥有很好的交易系统，如果不能严格遵守资金管理与风险参数的规范，仍然逃避不了亏损的结局。那些操作绩效最好的人，通常也是最为自律的人。本章的剩余篇幅将讨论纪律规范在哪些交易领域尤其重要，并协助读者培养纪律规范。

耐心等待时机

耐心是一种美德，但这种说法是否适用于金融交易呢？耐心就意味着等待技术指标发出信号，或价格触及趋势线后才进场交易；价格实现突破后并不急于入场，待价格反转后再开始交易；不会担心错过机会而追逐每个市场动向。耐心还意味着不会因为无聊或为了追求刺激而进行交易。你需要静下心来，耐心等待正确的机会出现，但我认识的人当中，很少有人能做到这一点。因为他们认为自己是"交易者"，而不是"观望者"，如果不进行交易就对不起自己的这个头衔。对于有些人来说，在场外观望是很困难的事情，他们在等待的时候会焦躁不安，结果是来者不拒地进行任何交易。那些不能等待高胜算机会而仓促进行交易的人往往都缺乏纪律规范，交易结果肯定不会很理想。而优秀的交易者能够严格自律，等待市场机会慢慢呈现。因为他们知道，进行糟糕的交易还不如干脆不进行交易。在过去，我会通过观察随机指标和通道线而认为市场会出现与主要走势相反的修正走势，然后就是克制不住自己针对这种修正走势进行交易。而现在我知道这种交易胜算很低，会尽量避免。如果市场的实际走势与自己的预期相同，这时候坐在场外观望，等待趋势发展，这是一种很煎熬的感受。但严格自律的交易者就可以做到这一点，他们会耐心等到价格走势恢复到主要趋势方向，因为这才是进场的适当时机。交易者只要学会如何等待高胜算机会，就能够显著提高操作绩效。

> **这或许很无聊，但却行之有效**
>
> 我的一位同事能够连续几天不进行交易。他只是坐在那里看盘，阅读市场新闻，等待他认为正确的时机。他培养出非常严格的纪律规范，能耐心等待他想要的机会。大家都挖苦他无所事事，但他的交易成效往往优于我们大部分人。我每天都观察他，当房间里的每个人都在热火朝天地忙于交易时，我不知道他是怎么克制自己的交易冲动的。但他也不是一直都这么自律，在交易生涯早期，他曾经因为频繁交易而陷入巨大亏损。但经过一旦时间的休整之后，他变得非常自律，操作绩效也不可同日而语。

不要过度交易

那些永远留在市场内或经常持有多个头寸的交易者是缺乏纪律规范的人。不可能在任何时候都有进场交易的正当理由或动机，有时候需要在场外观望或减少头寸规模。这也是困扰我的一个主要问题：不论市场状况如何，我总是希望留在场内，如果没有做多，我就觉得应该做空。如果我能交易5000股，我就不想交易4999股。培养严格的纪律来克制这种冲动一直是我前进道路上的重大障碍。如果交易者把精力放在时效把握上，进行的交易和持有的头寸越少，就越容易获得好的结果。我相信，最优秀的交易者通常都只关注于一两个市场，成为这些市场的专家。一旦持有过多的头寸，操作绩效就会受到影响，因为人的精力都是有限的。有些人会经常投入所有可用资金，即使市场状况并不适合也是如此。交易者如果拥有自律精神，能够冷静观察，控制头寸规模，长期来看一定能够获得理想的回报。相对于那些作风激进的人，严格自律的交易者或许没有特别值得庆祝的日子，但他们通常能够稳定获利，不容易遭遇重大亏损。每天都能稳定地赚一点，结果将胜过经常性的大起大落。

开发、测试并遵循交易系统

交易是一种享受，但也需要花费大量精力和体力。需要花费大量时间必须进行的一项工作就是开发和测试交易系统。有些人认为他们拥有最好的交易系统，但却没有花时间进行充分的测试。他们可能只是采用几个月的数据进行回归测试，而实际上他们应该用三年的数据。有些人根本懒得测试，直接就进行交易。这可不是什么明智的做法。要想成功，就需要培养纪律规范，认真做好系统开发和测试工作，并严格按系统操作。这可能需要几个星期和几个月的艰苦工作，所以不要偷懒或认为自己的系统已经足够好。如果不能在实际交易之前做好这项工作，你在我眼里就只是一个很快会跟自己的资金说再见的傻瓜。

另外，交易策略的执行也要有严格的纪律规范作保障。在遵守交易规则方面我做得还算可以，但有时候也会失去原则，比如忽略系统信号。如果你相信自己的交易系统确实有效，就不要三心二意，严格按系统指令操作就可以了，尤其是在退出操作方面。错过一笔交易并不可怕，更可怕的是忽略止损信号。如果你的系统规定价格跌破趋势线便退出交易，那么每次出现这种情况时，你都要退出交易，不要只是在心血来潮的时候才这么做。

制定和遵守交易规则

优秀的交易者都有一套交易规则。他们会把这些法则写在纸上，放在面前，时刻提醒自己。这些规则通常都是由自己或别人的经验整理而来，比如"及时了结亏损头寸"就是一个典型的交易规则。我把这些规则贴在电脑屏幕旁边，距离鼻子20厘米远的地方。把它们放在面前很简单,困难的是如何严格遵守。我知道我自己在遇到亏损的时候容易忽略这些规则,所以在这时候我需要特别仔细地阅读它们。我必须认识到这一点,然后想办法回到正轨。所以,每当我陷入不正常的亏损时,就会暂停交易,到外面走一走,喝点饮料。回来之后,我会重新检视交易规则,并及时了结那些违反规则的头寸。当我遇到非常糟糕的亏损时,往往会忽略这一步骤,从而导致更严重的亏损。永远遵守规则或许不太容易,但是如果你不能严格遵守,再好的法则也都是徒劳。

以下是我贴在电脑屏幕上的交易规则:

遵守这些规则,我就会做得更好

保障珍贵的资本

尽量减少交易频率,慎重筛选每笔交易

市场趋势尚未明朗时,交易量不要太大

没有必要每次都以最大的限度进行交易

开盘后三十分钟平掉亏损头寸

每笔交易都要有理由

寻找较佳的入场点,首先观察走势图

不要针对消息面进行交易

随机指标接近严重超买读数时,不要买进

等待价格回调

逢低买进

首先抛掉亏损头寸

尽量顺应股票走势的方向进行交易

在大涨或大跌的行情中,要顺应市场走势方向,不要自作聪明

控制亏损,尽早认赔

在45分钟内平掉表现不佳的头寸

像专业交易者一样思考

避免重大亏损

在较长的分析周期下观察行情发展

预先设定止损位置

> 亏损严重时，不妨稍事休整
> 接受亏损的事实
> 灵活增减头寸规模
> 避开那些曾经造成严重亏损的个股
> 没有必要抓住全部走势
> 接受无法翻盘的事实
> 不要像赌徒一样
> 不要追价
> 不要进行愚蠢的交易

你也许会发现，上述大部分规则都与我的一些缺点相关：过度交易，时效以及止损。如果我能够严格自律，控制这些缺点，就能够做得更好。我发现在表现特别差的日子里，交易量平均是正常水平的三倍。理由很简单，因为我急于挽回损失，于是更频繁地交易，买进更多股数，建立更多头寸。克制这种冲动很难，但我必须要做到。如同我在下一章将要讨论的，不一定每天都要获利。忘掉那些亏损的日子，将来一定可以弥补回来。不要急着挽回损失，那样只会让"糟糕的一天"变成"非常糟糕的一天"。

制定并遵守交易计划与行动计划

没有交易计划与行动计划，你很可能陷入不利的境地。有些人不愿做这些准备工作而直接投入交易，他们没有耐心建立一套长期的交易计划和日常的行动计划。他们觉得自己知道想要什么，所以没有必要浪费时间制定计划。但那些没有计划就进行交易的人往往是不能严格自律的人。我花了大概5年的时间才培养出很好纪律规范，从此不会在没有计划的情况下进行交易。因为我当时要筹集交易资金，所以要制定计划供投资人审阅。一套周全的计划可以大大降低交易的复杂程度。与其他计划一样，交易计划也需要严格遵守，这样才能发挥它的作用。

做好交易前的准备工作

每天晚上都要回顾当天的操作并为下一天的交易做好准备。交易工作不只是从早9:30开始到下午4点结束。优秀的交易者应该约束自己做好开盘前和后、收盘后的必要工作。这包括回顾当天操作、查看并评估当前头寸、制定下一天的操作计划。在早上开盘前，还要浏览当天的交易计划，查看走势图，以及翻阅市场新闻。如果你还没有这样的安排，那就在每天晚上腾出一些时间研究行情，分析走势图，规划下一天的交易策略。实际交易之前要弄清楚价格走势图在不同分析周期下的形态，并标注不同的支撑位、趋势线、突破点、止损点等技术指标。在多个分析周期下完成这项工作很耗时，但它可以帮助你对市场有更清晰的认识。

我所认识的最优秀的交易者通常都是工作最努力的，他们早来晚走，生活状况很稳定，把金融交易当作是一生的事业，勤勤恳恳，想尽办法争取成功。他们每天都会阅读《华尔街时报》、《投资者商务日报》，以及各种相关的书籍杂志，决不会错过任何可以增添胜算的机会。他们严格自律永远争先，并因自律而获得回报。有些人在开盘前3分钟才到办公室，甚至来不及脱掉夹克，并且在收盘后立即离开，这种人势必要为他们松散的态度而付出代价。尽管他们会赚钱，但如果能够更加自律地做好准备工作，也许会赚得更多。

遵守资金管理参数

当我的账户规模很小的时候，我会针对小额资本制定很好的资金管理计划，并以非常保守的态度进行交易，只从事那些低风险交易，并保持较低的头寸规模。可是当我逐渐赚了钱以后，资金管理计划就被抛在脑后。我开始增加交易规模，涉足多个市场，在我意识到问题之前，我所承担的风险已经达到以前的5倍，而交易资金只是以前的2倍。在这种情形下，没多久就玩完了。我没有严格遵守资金管理参数，并为此付出了代价。

不论是在赚钱还是赔钱的时候，交易者必须有严格的纪律，切实履行资金管理计划。在金融市场上，连续亏损是很正常的现象，没有必要反应过度，也无需气馁，只需要严格遵守纪律，切实降低交易规模。在连续获利时也同样需要遵守纪律。不要过度兴奋也不要觉得自己很了不起。一定要按照既定的计划行事，不要乱了步调。如果你愿意花时间设定风险参数，就必须严格遵守，否则毫无意义。

设定亏损限度

交易时一定要设定亏损限度，包括单笔、每天以及账户整体亏损的最高限额。如果不能做到这点，迟早会遭受严重亏损甚至造成账户破产。在资金管理计划中设定这些规范并不困难，问题是能否严格执行。设定亏损限额不是随意选择一个数字，你必须静下心来仔细思考自己可以承担多大的资金风险。你需要明确了解每笔交易的亏损不能超过1000美元，每天最多亏损不能超过2000美元，或者损失达到2万美元时，就要彻底停止交易，休整一个星期。交易资金有限的交易者更需要严格自律，因为他们最容易破产。很多小额账户交易者认为他们的资金量很小，难以执行资金管理计划，于是完全忽略这一计划。但要知道，资金管理计划适用于任何交易者。

严格遵守退场规则

成功的关键因素之一是，无论亏损还是获利，都要严格遵守退场规则。不要跟着感觉走，一定要有具体的退场规则，否则你可能经常会因为各种不同的原因而退出交易。这不是什么好事,因为你的退场操作都是缺乏纪律规范的。在入场之前,一定要设定退场的标准和条件,然后严格遵守规则。一旦退出交易,就不要回过头来说些"假如"的事情。没错,你可能会错过一些市场走势,但这并不重要。重要的是,在应该退场的时候就应该严格执行退出操作,之后发生的事情就无关紧要了。很多时候,你可能会因为贪图一两点的利润而错失退场机会,惨遭套牢。你可能会眼看着价格朝反方向跳跃20点,只因为你没有在应该出场的时候立即出场。所以该退出时就退出,决不能贪图小利。虽然有时候设定了退出的目标价位,但价格接近目标时,有些交易者会毫无理由地更改目标价位。没有充足的理由,决不能随意更改退出交易的目标价位。

设定和使用止损也需要严格的纪律规范。每笔交易都必须预先设定止损水平。没有人喜欢预先盘算亏损,所以很多人根本不设定止损。可他们应该培养这种习惯,当市场出现不利走势的时候,要知道应该在何时平掉头寸,当然更应该在价格触及止损时坚决执行止损操作。你必须要不断提醒自己:"赔一点没关系,不一定每笔交易都要赚钱,亏钱是金融交易中不可缺少的一部分"。

应该退场的时候就应该毫不犹豫地退场,不要找借口继续留在场内。如果你觉得自己仍然缺乏这方面的纪律,不妨把预定的退场点告诉经纪人,由他全权处理。

避免过早获利了结

交易者应该克制见好就收的冲动。每个人都希望能够捕捉到大好行情,但先决条件是让获利头寸持续发展。如果你总是过早地获利了结,长期来看很难获得成功。即使你无法较长时间地持有获利头寸,至少也应该保证获利交易的平均获利要超过亏损交易的平均亏损。如果情况正好相反,这样的交易者显然缺乏纪律素养,很快就会被淘汰出局。

第十六章 纪律：成功的关键

检讨错误

每个人都会犯错，这是学习的一部分。处理错误的态度决定了交易者的成败。严格自律的交易者永远都能够从错误中吸取教训，而不会像大多数交易者一样对错误置之不理。他会花时间回顾自己的操作和交易表现，然后想办法改善。记录交易日志就是一个行之有效的办法，这也许很耗时间，但如果能够养成记录交易日志的习惯，就会有比较大的成功机会，因为他们以后不容易重复相同的错误。不知道自己的缺点所在，你就没法改正缺点。

控制情绪

成功的交易者都知道如何控制情绪。他们严格自律，不会捶胸顿足，不会怨天尤人，也不会炫耀成绩。对于亏损，他们会自己承担责任，不会归咎他人。脾气暴躁的人很容易动怒，觉得市场总是和他过不去，这些人显然把精力用错了地方。我在交易时完全没有情绪，尤其是在亏损严重的时候，我会平静地接受事实，不会让其他人知道亏损的严重程度。决不会用力敲打键盘或诅咒做市商。对于我来说，这是很自然的事情，但其他人可能就需要一些自制力来控制自己的情绪。情绪不能解决任何问题，只会让你看起来很傻。如果你在家中进行交易，或许没人会看到你，情绪化也不应出现在交易中。除了愤怒和炫耀以外，还有很多情绪是交易者应该避免的，比如贪婪、恐惧、憎恨、过分自信等。本书稍后还会详细探讨这一话题。

培养纪律规范

缺乏纪律规范是交易者迈向成功的最大的也是最难以克服的障碍。我发现这也是我在日常交易中最困难的一项工作。我对交易的细节了如指掌，可是精神稍有松懈，就很容易过度交易或不能及时止损。所以我必须非常努力地保持自制，才能严格遵守计划。纪律规范可能影响交易的每个层面，所以保持自制是一项持久的工作。

仅仅了解自己的缺点所在还不够，必须要想办法解决。要想成为自律的交易者，最好的方法就是把自己的缺点列成一份清单。然后挑选最容易解决的问题先处理。由最容易的问题着手，有助于建立信心。对我来说，我经常过久地持有亏损头寸。所以我给我的亏损头寸设定了45分钟的时间限度。这项工作很容易实现。交易软件会告诉我每个头寸的持有时间，我只要稍加留意就好了。45分钟后如果头寸仍然处于亏损位置，我就会平掉头寸。我还需要学会如何更及时地从亏损头寸中退出。虽然这只是培养自律精神的一小步，但却是很重要的一步。

学会自律是交易者最艰巨的工作之一。为了获得成功，这是不容忽略的工作。有些人具备严格自律的美德，而有些人则不具备。但如果你真正付出努力，就一定能够做到。我认为纪律规范不是能从书本上学来的，但读者至少可以意识到这个问题，然后认真对待。很多人天生自律，比如运动员、音乐家、好学生、职业赌徒等。这些人通过艰苦努力成为各自行业中的佼佼者。如果他们身处交易领域，也会是优秀的交易者。而其他人则必须强制自己制定并执行交易计划与行动计划。交易者需要把交易规则列成清单，放在眼前时刻提醒自己。纪律规范属于个人范畴的问题，所以寻求外界解决方案或许会有所帮助。有些交易者会求助于心理分析师或催眠专家。不论采取哪种方法，你都必须面对这个问题，想办法培养严格的纪律规范，否则很难有效提升交易业绩。上述讨论只涉及非常肤浅的层面，纪律规范对于交易行为的影响非常大，可能影响每一个细节，绝对不可忽视。

第十六章 纪律：成功的关键

> **牌局让我学会自律**
>
> 德克萨斯扑克帮助我克服交易过度频繁的问题，并协助我培养应有的纪律规范。我过去经常参加牌局，我玩牌的方式与交易一样，每把牌都会跟到底，期待会出现神奇的牌张，或想办法把别人骗出局。我玩牌的目的是寻找刺激和赚大钱，所以很少弃牌。当我下决心要解决自律问题后，我在牌桌上的态度也发生了变化。我开始追求"胜利"，而不是"好玩"。换句话说，我开始遵循过去很少理会的扑克规则。我学会了在开局不利的情况下马上弃牌，并且只在胜率很高的情况下才会下注或加码。举例来说，如果下注十美元，最多可以赢得80美元，但取得制胜牌张的概率只有11:1，那就不应该下注。这把牌如果要跟进，彩头至少要达到110美元。由于我经常弃牌，牌局变得很无聊，但我通常都是赢家。我发现这种耐心等待高胜算机会的做法也适用于金融交易，于是我开始改变自己的交易风格。

成为更优秀的交易者

要成为更优秀的交易者，严格自律是先决条件。知道如何进行交易是一回事，而实际执行则是另外一回事。优秀的交易者在交易的各个层面都能够严格遵守纪律，包括在开盘前做足准备工作，以及了解每笔交易的动机。一位自律的交易者会耐心等待适当的机会出现，不会草率地随意进场。他会制定交易计划，利用历史数据对系统进行测试，设定完善的风险参数，并且严格执行。遵守交易计划有时候是一件很困难的事情，但优秀的交易者一定能够做到。在必要的时候立即认赔或者让获利的交易持续发展都需要有严格的纪律规范作保证。而很多交易者的做法背道而驰，他们无法及时止损或者过早地获利了结。交易者经常忽略的一个因素是如何控制情绪。情绪因素对交易成效有着非常重大的影响，会左右交易者的冷静判断能力，所以要想办法克服情绪的影响。我认为交易者一定要有一套交易规则可供遵循。这些交易规则最好要摆在容易看到的地方，以便随时提醒自己。一旦发现自己偏离轨道，就要快速浏览交易规则，让自己回到正常轨道。培养纪律规范绝非易事，如果你在这方面确实存在问题，一定要下功夫解决问题，因为缺乏纪律的交易是不可能成功的。

缺乏纪律可能会造成的伤害：

1. 无法遵循正确的交易规则
2. 交易过度频繁
3. 不能专心致志
4. 进场位置不当
5. 追价
6. 不能耐心等待高胜算机会
7. 在波动剧烈的行情中交易
8. 逆势交易
9. 没有行动计划
10. 对行情发展缺乏应对策略
11. 不能遵循风险参数
12. 情绪不受控制
13. 不能及时止损
14. 过早获利了结
15. 缺乏专业素养

如何成为一名严格自律的交易者：

1. 把交易当成一个事业
2. 让别人监督自己，以防偏离正轨
3. 回顾交易操作
4. 设定合理的目标

5. 首先解决容易处理的问题

6. 回顾自己的表现

7. 制定交易规则，把它们放在随时可见的地方

8. 制定交易计划

9. 制定行动计划

10. 拥有可供遵循的交易策略

11. 进行每笔交易之前问自己："这笔交易是否值得一做？"

12. 做好功课

13. 积极改进

14. 进行自我心理疏导

15. 放手去做

值得反思的问题：

- 我是不是一个严于律己的人？
- 我是不是一个严格自律的交易者？
- 我所做的事情是否有利于获得成功？
- 我是否遵守规则和计划？
- 我是否会追逐行情？
- 我是否经常犯同样的错误？

第十七章　过度交易的危险

谨慎筛选

很多人都会认为交易的次数越多，成功的机会越高，因为迟早会抓住几次大好机会，从而满盘皆赢。但他们没有却没想到，要抓住这些机会，必须随时留在市场内，但这是不现实的。还有一些人认为通过频繁的进出，不断赚取小利，就可以积少成多。但这些想法都是错误的，过度频繁地交易是最缺乏效率的操作方式之一。交易应该知道，要想获得成功，必须严格遵守纪律。而在交易中，最需要纪律规范的一个领域就是审慎挑选交易机会，不能频繁交易。缺乏自律精神，交易会变得随心所欲，无法控制。很多时候交易者都无法克制交易的冲动，在没有充分研究或分析风险/回报率的情况下就仓促进行交易。导致频繁交易的原因很多，比如一时兴起、无聊、新闻事件、急于挽回亏损，或一些小道消息。这类交易有时候或许可以获利，但亏损的时候居多。原因在于没有适当的计划，没有预先设定的退场点，缺乏适当的风险考量。从我自己的经验和对别人的观察来看，过度频繁地交易绝对有害无益。优秀的交易者都是一些精挑细选的专家。

那些倾向于过度交易的人没有固定的交易计划，频繁交易，导致获得成功的机会微乎其微。要想成为优秀的交易者，必须耐心、自律，静观市场动向，等待正确的时机。因为在所有交易者中，90%的人最终都会亏损，这也就不难理解，交易次数越低，结果就会越好。如果把交易次数较少至零，你至少可以保证盈亏平衡，这样的表现比大多数交易者都好。数据告诉我们，普通交易者在决定进场进行交易的同时，其账户继续保持盈亏平衡的几率就会急剧降低，而且每多进行一笔交易，赔钱的概率就会越来越大。

不要忽略交易成本

反驳过度交易的最佳理由就是交易成本。交易时应该尽可能地降低交易成本。每笔交易所带来的成本（移动价差和佣金）对操作结果会造成严重的负面影响。交易次数越多，交易成本就越高，最终盈利的胜算也就越低。如果要想长期留在金融市场中，一定要想办法降低交易成本，而最简单的办法就是减少交易次数。

佣金和移动价差

初学者一定要记住，每笔交易——不论输赢——都会带来一定成本。任何交易者都不可避免地要缴纳佣金和相关费用，大多数交易者还要承担移动价差带来的成本，所以交易越频繁就越容易陷入不利的境地。虽然佣金是从事交易无法避免的成本，但不能忽视它们的存在，因为交易账户会容易受到佣金的严重侵蚀。举例来说，交易者用5000美元开立了一个全服务的期货交易账户（佣金费率介于每交易回合35至100美元），并支付每回合50美元的佣金。100笔交易就可以耗尽全部开户资金，而且不需要花费太长时间。如果一位交易者能够保持盈亏平衡（不包括佣金费用），这已经是很不错的表现。他每天进行两笔交易，每次交易买卖一手合约，两个月后，佣金就可以耗尽所有账户资金，而且如果提高每笔交易数量，耗尽资金的速度就更快了。股票交易的佣金是以笔数为基础，你无论交易100股还是500股，佣金是一样的。与股票不同，期货的佣金是以合约数量为基础的，交易多手合约时，佣金费用会成倍地增加。如果交易者在每笔交易中交易5手合约，那么他就需要支付250美元的佣金，他的经纪商当然会非常高兴。如果进行价差交易，无论是跨市价差还是跨月份价差，买卖双方都需要交纳佣金，成本会更快地积累。交易者必须小心对待交易商的诱导，避免卷入那些高佣金的交易品种，比如价差交易。尽管价差交易有助于降低风险，但却涉及双倍佣金，交易者很可能会因为支付高额佣金而输在起跑线上。

以下的例子讲述了佣金如何影响交易绩效。我认识的一个经纪人向他的客户收取每交易一回合收69美元的佣金。某位客户的起始交易资本为1万美元。这位客户和经纪人都是比较激进的交易者，刚开始交易时，正赶上一轮大涨行情。两个月之内，账户资金就涨到了3万美元。这看起来是一个不错的200%的回报，但令人难以置信的是这两个月内总共的佣金费用是2.5万美元。当这个客户的账户资金增长到4.5万美元时，获得的净利润只有2美元。只要在交易中遥遥领先就很开心，完全没有意识到自己为中介服务付出了巨大的成本。他进行的每一笔交易通常都包括三手，五手，六手甚至十手合约。他们不断地在多个市场中同时交易，而且总是在反转头寸。第三个月的情况就截然不同了，大涨行情终结，他们的交易开始出现亏损。由于交易规模过大，两个星期就损失了2.5万美元。在亏损和佣金的双重侵蚀下，账户净值从3万美元直线下跌到5000美元。实际上如果不考虑交易成本，账户应该仍然获利，之所以发生亏损，完全是因为交易过于频繁并支付过高的佣金。客户损失惨重，而经纪人则不然。如果操作保守一点，即使仍然发生亏损，也不至于让经纪人赚得盆满钵满。

降低佣金成本的最直接办法，就是采用折扣经纪商。可是，即使是折扣经纪商，一个交易回合的佣金仍然高达12-15美元，一位进出还算频繁的交易者，如果不小心，很可能在一到两个月就耗掉5000美元。在我担任场内交易员期间，佣金只不过是每回合1.5美元（会员）或12美元（非会员），但每天的佣金还是会累计超过1000美元。我当时的账

第十七章 过度交易的危险

户规模大约在2.5万美元到3.5万美元之间，3%或4%的佣金实在是太高了。每天支付这么高的费用，对账户当然是一个严重的负担。

对于交易者来说，唯一值得安慰的是佣金费率在不断下降。但不论佣金降到多低，毕竟还是很可怕的负担。判断行情发展方向已经是一件非常困难的事情了，再加上佣金的负担，就不难理解为什么大多数交易者最后都跳脱不掉失败的命运。不论你的佣金费率多低，都要继续想办法降低佣金。经纪人都不希望丢掉生意，但是如果他们发现你要转移账户，为了留住生意他们还是愿意为你降低费率的。

移动价差对交易绩效也有重大影响。移动价差是指下单与成交的延迟期间所发生的价格变动或买方报价与卖方报价之间的差额。在测试交易系统时，如果没有考虑移动价差，实际的交易结果可能截然不同。移动价差会随着市场状况不断变动。我们无法估算移动价差的大小，但他的影响绝对不可低估。

同时考虑佣金与移动价差，就很容易发现交易成本有多大。普通交易者只要进出稍微频繁一点，账户净值很快就会因为频繁的交易而严重缩水。如果某位交易者买进一手原油合约，市场价格是32.25美元，成交价格为32.28美元，再加上35美元的佣金和相关费用，价格必须上涨10点才能保证这笔交易盈亏平衡，因为如果卖出时市场价格为32.35，实际成交价格可能只是32.32。在这个例子中，市场上涨了10点，才覆盖了佣金成本仅仅达到盈亏平衡，也就是说佣金和移动价差带来的总成本是10美分。无论结果是输是赢，这10美分成本经过长期积累都会严重影响交易结果。如果交易获利，这些成本将侵蚀利润，如果交易亏损，这些成本等于雪上加霜。年底结算时，如果每笔交易平均能赚10美分，交易者就应该很满意了，但这10美分却用来支付交易成本。了解了交易成本如此之高，交易者或许会降低交易频率，保障珍贵的资本。交易者最需要重视的不是如何赚钱，而是如何避免亏损。如果赔光了所有资金，即使机会来了，也只能望洋兴叹。交易者在查阅账户报表时，通常都会被高额的佣金费用所震惊。所以交易者要尽量减少交易频率，对交易机会精挑细选。

场内交易员的优势

通过自己账户从事交易的场内交易员称为当事交易员,他们享有一般交易者无法想像的优势。不幸的是,这些优势是以普通交易者的损失为代价的。首先,当事交易员可以按照买方报价买进或按照卖方报价卖出,从而避免了移动价差的成本。另外当事交易员享有的第二个优势时,他们每笔交易的佣金不到1美元。这一成本只不过是折扣经纪商收取佣金的十分之一。当事交易员可以立即止损,几乎不必担心佣金的问题。因为佣金很低,而且不必承担买卖价差,所以市场价格稍有变动就可以从中获利。对于普通交易者来说,市场价格则需要很大变动才能获利。另外,当事交易员还知道大家都在做什么。他们知道何时有大单进场,了解行情的推动因素:机构、场内交易员或是散户。他们周围都是一些优秀的交易者,所以非常清楚这些人的资金动向。

可是这种在场内交易的特权也来之不易。当事交易员需要承担一些大额的固定成本。他们需要购买交易席位,有些大型市场的交易席位可能价值50万美元;也可以租借交易席位,每个月的租赁费用也会高达5000至8000美元。至于一些小型交易所,比如棉花交易所,交易席位的价格不到7.5万美元,因为这些交易所的成交量与机会都不能与大型交易所相提并论。有些席位可能价格昂贵,但非常值得。成功的当事交易员都会有很大的交易量,因为交易量越大,固定费用的平均成本就越低。一般当事交易员可能每天进出数百比交易,而每笔交易只需要赚一两点。普通散户不具备类似的条件,不能如此频繁地交易,所以只能更加谨慎地挑选交易机会。

第十七章 过度交易的危险

保持专注

同时在多个市场进行交易确实能够分散风险，但是要知道，专业交易者通常都只在一个或少数几个市场进行交易。虽然大型机构都强调分散风险，几乎在每个市场进行交易，但通常都是由不同交易者分别处理不同的市场。负责能源市场的交易者，通常不会从事谷物交易；从事可可交易的人不知道，也不想知道棉花市场的行情；操作高科技股的交易者不会介入医药类股。真正出色的交易者，甚至不愿介入同一类别的不同市场。比如原油交易者可能不会进行燃料油交易，他们会把所有注意力都放在原油市场。某些场内交易员的情况也是如此，尽管他们的交易席位允许他们进行所有类别的能源交易，但他们只会集中于某些特定的商品，不会在不同的交易对象之间跳来跳去。就如同机构交易者，他们只专注于某些特定的市场，成为该市场的专家，只有这样才能了解市场的每个细节变化。那些对市场完全了解的人也正是这些市场中最出色的交易者。

过度交易既包括进出频率过高，也包括涉足的市场过多。他们认为每个市场都有赚钱机会，于是同时跟踪多个市场，无论是大豆还是欧元，电脑屏幕上显示20几个市场报价和图表。没错，走势图就是走势图，适用于一个市场的价格形态通常也适用于其他市场。但这种逻辑推演到某种程度之后，边际报酬就会持续降低。同时在多个市场中交易，就很难保持精力集中。只要看到适当的机会，进场时很容易的，但问题是如何同时照顾多个市场的头寸，而且在适当的时机退出。

我曾经在一天之内进出15个不同的市场，而且在每个市场中都同时持有未平仓头寸。如果一切都顺风顺水，结果确实不错。但情况通常并非如此，因为你不太可能同时照顾15个市场，所以亏损也就成了常态。同时持有太多头寸，很容易让获利头寸转赢为亏，而且亏损头寸转变为灾难。如果只专注于处理一到两个市场，你很容易及时认赔。从某种意义上说，同时持有15个市场的头寸，确实可以分散风险。但万一这15个头寸都进展得不顺利,情况就会完全失控。遇到这种情况,通常很难认赔,因为整体亏损非常严重。所以,我只能听天由命,期待某些头寸能够起死回生,或由稍有获利或亏损最小的头寸先退出,然后看着亏损较严重的头寸逐渐吞噬希望。总之,在这种情况下,我已经不再遵守资金管理规则,让自己陷入难以自拔的泥潭。反之,一切都顺风顺水的情况很少发生,因为这种交易通常都会过早地获利了结,根本等不到重大获利的时候。

交易者应该尽量让一切保持简单,不要期待自己能够同时把握每个市场的赚钱机会。交易者应该成为自己擅长的少数市场的专家。因为专注于少数几个市场,比较容易掌握适当的进场与退场点,风险也比较容易控制。

在长线交易中如果使用预先设定的退出和止损价位,并且有充足的资金,交易者是可以同时管理多个头寸的。商品期货交易顾问与基金经理人所使用的交易系统可以提供明确的进出场信号,头寸持有时间至少是几个星期。较长的持有时间和精心的准备使得交易者不必随时关注市场的每一个微小变动。

过度交易的原因

了解了每笔交易造成的佣金与移动价差成本,我们就很容易了解过度交易为什么会经常导致亏损。认识到这一点,我们接下来讨论人们过度交易的原因,然后探讨如何防范这种行为。产生过度交易的原因各不相同,但大体上可以分为两类:第一类属于情绪化决策,主要受到恐惧、贪婪、追求刺激等情感因素的主导。有些人就是不能控制交易冲动,他们认为如果不随时持有头寸,就会错失机会或不能充分掌握机会。如果在场外观望,他们就会觉得浑身不自在。有些过度交易是为了追求刺激,有些人是为了挽回先前的损失。导致过度交易的第二类原因与交易者自身关系不大,主要是交易者所处的环境。比如说在线交易、行情震荡剧烈、经纪人的不断鼓动等都可能促成过度交易。在这种情况下，个人的情感因素仍然会影响交易者的行为，但作用比较次要。虽然造成过度交易的表面原因很多，但根本原因只有一个：缺乏纪律规范，不能严格遵守交易计划。

情绪化的过度交易

为了追求刺激而交易：行动狂

有些交易者认为他们必须随时随地都留在市场内。他们永远都持有头寸，并不断寻找新的机会，只要手头有钱，就会投入交易。每结束一个头寸，他们会同时建立反向头寸，完全没有暂时退场等待良机的打算。我把这种人称为行动狂。只要不持有头寸，他们就会浑身不自在，像犯了毒瘾一样。只有进场交易才能稍微解渴，但这只能暂时缓解毒瘾而已，因为他们需要持续不断地采取行动。对于这些人来说，宁可交易亏损，也不愿在场外观望。当然，他们也想赚钱，但更重要的是为了追求刺激。有些人真的喜欢那种采取行动的刺激感觉，不论盈亏。他们不甘寂寞，不愿留在场外，甚至不愿意单纯地持有获利头寸。每当建立头寸之后，他们觉得最重要的工作已经完成，接下来就是寻找下一个交易机会，接受下一个挑战。基于情感上的需要，他们希望追求每个机会，只有在市场收盘后，心情才能放松。

多年的经验让我认识到，最重要的交易决策都是在非开盘期间做出的。没错，交易者需要在开盘后对行情走势做出迅速的反应，但所有的准备工作都应该在前一天晚上完成。交易者应该事先制定行动，才能针对各种可能发生的情况采取适当的应对措施。在这种情况下，只要有机会出现，交易者就能采取事先设定的行动，而不是为了追求刺激。

我也曾经是一个标准的行动狂，我永远都在寻找新的交易机会，而疏于照顾我已经持有的头寸。我会经常坐在电脑前面，不断搜索每个市场的机会。我会浏览走势图，然后告诉自己"哇！大豆见底了，现在应该买进"，然后拿起电话，买进5手大豆合约。根本懒得进一步研究，我没有分析过该头寸的风险/回报率，甚至懒得查阅60分钟走势图或日线图，更别提艾略特波浪分析了。我不想错失机会，不想手上空空，不想让资本放在账户里浪费。建立大豆头寸之后，我又开始寻找其他交易机会，我可能会基于同样的理由买进日元。很快，我已经建立了12个莫名其妙的头寸，但都没有非常明确的理由。同时持有太多头寸，经常让我的亏损一发不可收拾，因为我根本不可能同时照顾好这么多头寸。虽然我也会在晚上做些准备工作，但开盘后，我所有的注意力就会被某些走势所吸引，然后迫不及待地采取行动。

　　除了行动狂之外，还有些人认为，不交易似乎是一种罪恶。我有几个客户，每天都会打来电话问我有没有什么适合进行的交易。如果我告诉他们，大豆看起来不错，他们就会说："好吧，买一点，但不要让我赔太多，在你认为适当的位置帮我止损出场。"他们不会密切地关注行情，但是希望持有头寸，因为这就是赚钱的机会。还有一些人，我想可能是无聊吧，总想和经纪人聊上几句。他们并不靠交易赚钱，只是希望有一些值得抱怨的事。这些人也是为了追求刺激而进行交易，而且不太在乎亏损。这样可以为他们提供一些高尔夫球场上的谈资，比如，他可以告诉球友自己是如何在大豆或猪肉期货交易中惨遭蹂躏，或者如何大胆地持有亏损高达1.2万美元的头寸，最后还能解套出场。对于他们来说，类似的战斗故事和那种兴奋感是值得用亏损来换取的。

　　交易者最难学习的东西就是不知道如何克制进场的冲动。任何为了追求刺激而进行交易的交易者，都不太可能获得成功。如果是出于冲动，就无法对交易机会深入研究。当然这种交易偶尔也能获利，但绝对不是正确的做法，长期来看亏损的概率很大。

像个生意人一样

我在第二章里曾经提到过,交易者应该把交易当成事业来看待。生意人不会急于作出决定,他会仔细考虑各种可行方案。交易者也应该通过同样的方式来制定决策,不要着急。交易者进行交易的目的是赚钱,这是最根本的目标。他的所有行为都是为了达到赚钱这一目的。承担不必要的风险绝对不符合企业的经营计划。如果交易者搞不清楚交易究竟是一种事业还是一种追求刺激的工具,他就是赌徒,而不是专业交易者。不幸的是,某些人迷失于交易的快感中,不知道如何才能成为一名更优秀的交易者。只要你把交易当成一种事业来看待,就会变得比较客观,获利也会变得更稳定。

害怕错失机会

人们基于不同的理由而过度交易,每个人都有自己的动机。就我来说,我比较担心错失机会,而不是为了追求交易的刺激。如果咖啡或活牛期货出现大行情,我绝对不允许自己错过。进行一些糟糕的交易,对于我来说从来不是问题,因为我知道我很快就可以抓住一个大好时机。经过一些惨痛的教训,我知道在很多情况下,根本不值得进场交易。遇到这种情形,应该耐心等待符合条件的机会,不要因为担心错失机会而强迫自己进场。

经过一段磨炼之后,交易者慢慢就能体会到,错过一些机会也没有关系。没错,当我们事后观察某些行情发展时,常常会抱怨自己没有先见之明。但这些机会除非原本就属于计划得一部分,否则就应该尽量避免,应该等待行情拉回才能考虑进场。市场出现明显的趋势,这未必是进场的充分理由。有时候还必须等到适当的进场点。如果不能等待适当的进场时机,很容易出现过度交易的问题,因为每看到一个突破走势,交易者可能就有进场的冲动。要耐心等待20分钟、60分钟甚至三天，直到明确的买进信号出现时才能采取行动。但这对很多交易者来说是不可能完成的任务，他们觉得如果没有立即采取行动，很可能就会错失天大的好机会。对于行动狂来说，让他们放手往往很困难。但市场上实在有不计其数的好机会，错失几个又有何妨？总之，一定要等待那些高胜算、低风险的交易机会。

有些东西必须凭借经验才能慢慢琢磨出来，比如什么才是最适合进行交易的市况。波动剧烈或横向区间发展的走势，经常会导致过度交易，但趋势明确的行情则很容易处理。如果趋势非常强劲，你没有必要经常进进出出。适当的头寸经常可以继续持有到趋势结束。面对趋势明显的行情，很容易设定合理的止损，所以止损不会无谓地被触发。如果错失某个机会，大可不必追价，可以等待行情重新折返至趋势线。如果不愿耐心等待，进场价位可能远离合理的止损点，使得风险与回报的关系恶化，而且行情可能出现大幅修正。追价建立的头寸或许不错，但可能被清洗出场，因为价格拉回支撑区时，你会不堪忍受继续扩大的损失而认赔卖出。虽然非常懊恼，但仍然忍不住又在下一个峰位附近买进，结果整个过程又从头来过。如果你当初错失了机会，随后的走势又没有重新回到趋势线附近，千万不要勉强进场，应该另寻机会或继续等待。这种处理方式至少可以强制交易者只接受高胜算机会。另外，追价通常也会出现较大的移动价差。在回调走势中买进，限价单很容易就可以撮合；反之，如果价格正在大涨，交易者只能用市价单追价，通常都会以不断上升的卖方报价成交。

价格波动剧烈的市场中很容易出现过度交易的情况，因为支撑位和阻力位并不明显，因此不容易确定进场点和退场点。每当行情看起来即将突破时，却发生反转；即使突破成功，跟进走势通常也很有限。每当行情看起来即将暴跌时，结果却大幅反弹，但20分钟后又恢复跌势。有时候价格波动虽然频繁，但幅度很有限，根本不值得交易。遇到这种情况，止损点很容易被触发，产生很多没有必要的损失，所以很难设定合理的止损点。很多系统一旦遇到波动剧烈的行情，会频繁发出交易信号，而且信号会不断反复。由于每个假走势看起来都像真的一样，所以也很容易出现追价的情况。总之，交易者一定要克制追价的冲动，尝试了解各种市场环境的特点。

急于挽回先前的损失

某些交易者遇到重大亏损时，就会过度交易，急于挽回败局。某天、某个头寸或某个月的亏损严重，是大家都不愿意看到的。但交易者如何处理这种局面往往是交易成败的分水岭。遇到重大挫折时，最明智的做法就是遵循资金管理计划的指示，接受损失，暂时放手。糟糕的是，很多交易者的反应刚好相反，为了扳回先前的损失，更频繁进行交易，甚至扩大头寸规模。当亏损积累到某种程度，一般人就会丧失理性思考能力，急着想要挽回损失。一旦出现这种心态，整个交易就乱了头绪，决策变得草率，结果也可想而知。请注意，交易决策不应该受到盈亏金额的影响。交易者必须了解，每个人都会遇到交易不顺手的日子，这些亏损是可以被接受的。碰到这种情形，步调应该放缓，而不是加快。为了挽回损失，某些交易者会恐慌，甚至出现报复性交易，这种非理性行为通常都会导致更糟的后果。让我重复强调一次，交易不应该受到既有盈亏的影响，永远都要按照交易计划行事，严格遵守资金管理计划。

报复性交易

如果你急着想挽回稍早或前几天的损失，经常会发生过度交易的问题。为了挽回损失，有些人会出现报复性交易。所谓报复性交易，就是交易者认为市场对他们有所亏欠，所以会竭尽所能想要捞回来。这种交易者认为市场背叛了他们。他们不断进场，坚信自己比市场聪明，打算给市场一番惨痛的教训，告诉市场当初不该背叛他们。我们必须体会到：市场通常都是对的，而且也是笑到最后的赢家。交易者在进行报复性交易时的心理活动是:"XXX!我刚才在大都交易中亏损了400美元,下一笔交易要交易更多的合约,把亏损捞回来。"

我见过很多人(包括我自己)在早盘亏损后就开始产生报复心理,为了捞回之前的损失,交易量变大,进出变得很草率。后果如何呢?他们通常会让些许的亏损演变成一场灾难。当然有时确实能挽回亏损,但这绝非制胜之道。这种心态有时候在一天之内就可以毁掉账户。

交易并不是一两天就结束的活动。年底回顾时,一笔亏损交易、一个交易不顺的日子或某个连续亏损星期,其实都算不上什么。一整年的过程中,即使是最优秀的交易者也难免碰到很多挫折。某些优秀的交易者甚至有半数的交易发生亏损。亏损原本就是交易不可避免的一部分,必须坦然接受。任何一天、一星期或一个月的交易初期如果不是很顺利,没有必要紧张,更无需恐慌。我们可以坦然接受损失,然后重新来过。即使花很长时间才能弥补先前的损失,那也是可以接受的。反之,如果你不愿意接受损失,急着想挽回局面,如此一来,交易决策将受到先前盈亏结果的影响,这绝非好现象。请注意,每笔交易都是独立的,不该受到其他交易的影响。这个原则不只适用于当日冲销。头寸交易者也有类似的问题,只是他们通常都会花更久的时间来埋葬自己。某人可能把单笔交易的获利目标设定为500美元,万一发生500美元的损失,就把下一笔交易的获利目标调整为1000美元。他变得更愿意冒险。所以,1000美元的获利目标可能变成1000美元的实际亏损。经过几次的恶性循环,情况就很容易失控了。他无法接受1000美元的损失,因为这占交易资本的比例太大,所以只好继续持有,甚至再追加第三手合约。不久账面亏损累计为1800美元,他开始觉得恐慌了。他认为行情已经不可能反弹,所以应该做空。突然之间,他决定卖出6手合约(卖掉原先的3手,再做空3手)。这通常也是行情开始快速反弹的时候,此时交易者将变得不知所措。现在他知道,第一笔交易才是正确的。而且市场也始终证明他的看法正确,但现在却持有空头头寸。于是又慌忙买进,结果可能建立6手或8手合约的多头头寸。不幸的是,这波价格弹升只是下降趋势的正常反弹而已。反弹结束之后，行情又继续下跌。这时交易者可能又不愿承认，但毕竟挡不住损失继续扩大的威胁，最后又改建空头头寸。整个循环又重新开始了。

这听起来似乎有些牵强附会，但实际上确实发生了。我有一位客户，通常只交易一手合约，但有一天发生了他不甘心接受的损失，结果当天最后一次交易是20手合约。由于保证金的原因，我最后被迫清算了他的账户，但账户净值已经由1.7万美元减少到5000多美元，只是因为他当初不愿接受800美元的损失。当天，其交易产生的佣金超过1000美元。花了3个月的时间才增长为1.7万美元的账户，在一天之内就毁掉2/3。又过了两个星期左右，这位交易者打电话来表示他要放弃交易，因为不断的亏损使他彻底绝望了。

这种交易风格是提前结束交易生涯的最有效办法。如果你平常都交易一手合约，那么就不要因为之前发生重大损失而交易2手合约。你是在清醒的时候制定的资金管理计划，所以这个计划自然能够发挥其功能：防止你做出疯狂的举动。如果你因为某些理由而偏离风险参数的约束，那么马上改正，因为你已经开始过度交易。在适当的情况下，交易可以激进一些，但并不是所有情况都属于适当的情况。如果你喜欢在手气顺畅时加码，那么刚开始的交易量就不要太大。如果你可以交易5手合约，刚开始不妨用两三手合约试盘。如果情况不错，就可以考虑加码，或下一笔交易改为5手合约。可是，所谓的情况不错，绝对不是指发生亏损的时候。如果你能够避免在亏损时增加交易量，就不容易造成不可收拾的局面。把损失控制在合理的范围内，将来也很容易弥补。

我很早就经历过这种惨痛的教训。现在对那一天还记忆犹新。当天开盘后不久，因为我试图猜测行情的底部，很快就累积了1000美元的损失。当时1000美元是很大一笔金额，结果这些损失影响了我的正常判断。在接下来的一笔交易中，我没有维持平常1-2手的交易量，而是做空5手合约，希望一口气挽回先前的损失。可是，几乎就在我进场做空的同时，一个大买单推动市场大幅走高。在我还没有反应过来之前，又损失了2000美元。这时我不再继续祈祷价格回落，而是决定把空头头寸反转为5手合约的多头头寸。没错，就在我翻空为多的同时，行情开始向下修正。我又被打了一记耳光。我一整天都没有脱离霉运，尽做些不理性且草率的决策，而且又不断扩大交易规模。等到尘埃落定之后，我发现2万美元的账户资本总共亏掉7000美元。我变得焦虑，开始频繁交易，并试图报复。如果我接受第一次交易的损失，然后暂时休整一下，让头脑恢复冷静，或许就能重新找到市场的脉动，一天下来顶多只是发生正常的水平的亏损，甚至还可能有少量盈利。可是实际结果并非如此。事后我花了三个月时间才勉强弥补这个财务大洞与心理创伤。这并不代表是我最后一次犯类似的错误。我花了几年时间，交纳了高额学费，然后才慢慢了解到这种交易方式造成的伤害。现在，只要遭遇明显的逆境，我就知道自己的判断能力可能受到影响。遇到这种情况，最明智的做法就是立即结束不顺利的头寸，暂时停止交易几分钟，重新评估当时的市场状况。坚持持有亏损头寸或继续加码，并期待市场配合你的想法，这样的做法可能偶尔会成功，但完全要依靠运气。可是交易并不能依靠运气。你需要不断地做出正确选择：接受损失，重新来过。而过度交易绝对行不通。

短线进出

有些交易者在发生亏损后会突然改变风格：他们并不会扩大头寸规模，而是开始短线进出，希望一点一点地挽回损失。他们因为害怕而不想让头寸再度承担风险，所以只要有获利就立即了结，根本不给头寸留有重大获利的机会。假定当初的亏损为1000美元，他们会认为如果每笔交易能够获利100美元，10笔交易就能挽回损失。这种小赢小赔的资金管理策略似乎不太合理。如果你不习惯短线操作，就不应该让既有盈亏改变你的交易习惯。如果你能够成功地进行10笔短线交易，为什么不干脆都炒短线算了？

如果你建立的头寸能够很快进入获利状态，但又立即获利了结，这等于是在挖自己的墙角。长期来看,一笔正常的亏损交易根本没什么了不起。只是为了挽回先前的损失,实在没有必要进行10笔你不熟悉的交易,而且过早获利了结是一种坏习惯。如果你真的想炒短线,那也没什么问题,但必须培养这种交易风格,而且必须养成立即认赔的习惯,还要保证佣金费用很低。有些短线交易者确实非常成功,他们不但接受微小的获利,而且还会把亏损控制在更小的程度。他们完全不能忍受损失,总是能够及时认赔,不会让亏损发展到足以影响其交易风格的程度。

维持面子的交易

没有人喜欢亏损。有些人认为亏损是有损面子的事情。如果交易发生亏损,那就要承认失败,然后继续前进。每当交易者有了与市场对抗的心理,实际上是为了维护自己的面子。面子问题是相当棘手的问题,不论在金融交易中还是现实生活中,面子常常让人们做出一些不应该做的事情。因此,如果交易者让自我过度膨胀,就会对交易产生负面影响。如果把交易当成维持面子的手段,就会出现不理性的行为,很可能会过度交易。所以,只要交易失败,就应该认赔,然后忘掉一切。不论之前的交易成败与否,在每笔新交易中都应该有从头开始的心态。不要在意之前的行情对你造成什么伤害,过去的就让它过去。一定要记住,亏损本来就是交易不可避免的部分。你必须习惯亏损,但必须把亏损维持在合理程度内。一笔交易的结果根本不值得计较。如果你无法容忍亏损,或许就不应该从事交易。不要捶胸顿足,不要怨天尤人,亏损只是从事交易的正常成本,不要让亏损影响以后的交易。

如果交易者在某个市场总是赔钱,最好不要有面子问题或报复的念头。举例来说,如果你在原油市场总是赚钱,但在猪肉市场总是赔钱,那就要尽量在原油市场进行交易,不要介入猪肉市场。可是,有时会发生面子问题,你可能会继续留在猪肉市场,因为想证明自己能够打败它。在这种情况下,很可能会过度交易,因为亏损持续累积将迫使你更激进地进行交易，否则就不能挽回损失。为了挽回先前的损失，你可能不只在猪肉市场过度交易，很可能还会拖累其他市场，因为你根本无法在猪肉市场赚钱。我很久以前就发现，自己无法在白银与黄金市场赚钱。我不知道原因是什么，但在这些市场的交易大约有80%都会亏本。最后我终于放弃了，所以已经很多年没有进入这些市场了。承认自己的操作策略不适用于贵金属市场，于是很谦虚地下台鞠躬，宣布黄金与白银为赢家。现在，我根本不考虑这个市场。即使黄金出现一波大行情，我也不会抱怨。我没有打算在这个市场进行交易，所以我根本不在乎。事实上，由于我集中全力在自己比较擅长的市场交易，可能因此而省下了很多钱。

自我膨胀

出现连续获利的时候也要谨慎，不要因此而过度交易。恐惧和贪婪是交易中最常见的两种情绪表现。亏损时会产生恐惧，手气顺畅时则会变得贪婪。有些人在刚开始交易时，绩效还算不错。但不久以后就会因为交易顺畅而导致自我膨胀。他们认为自己攻无不克战无不胜，似乎没有什么办不到的，甚至相信自己有点石成金的能力，所以应该更积极地交易，才不至于枉费才华。当你产生这种感觉时，最好立即放弃所有头寸，暂停交易。可是，有些交易者在顺风顺水的时候就会变得不可一世，开始增加交易规模，并在其他市场建立头寸。于是，他们不再做必要的准备工作，开始随心所欲地交易。好运气或许还会持续一阵子，但连续获利之后，紧接着通常都会发生一段非常不顺利的交易，主要是过度交易的缘故。请记得，金融交易是概率游戏，你不可能有持续不断的好运气。如果不能避免过度交易，当运气用完时，接下来的一两笔交易就可能会勾销之前的大部分获利。

止损设定的太近

谈到情绪问题，我必须提出另一种导致过度交易的可能性，那就是止损设定得太近。也许是出于恐惧，有些交易者担心亏损太严重，所以把止损设得很近。第九章曾经提到，如果止损设定在行情正常波动的范围内，就很容易被引发。由于头寸遭到止损的位置通常都在行情正常波动的边缘，所以止损遭到引发之后，经常就会立即展开交易者当初预期的走势，结果显然非常令人懊恼。在这种情况下，如果交易者不想错失机会，就必须重新进场。如果止损又设得太近，整个过程就会陷入持续不断的恶性循环。因此，设定止损时，一定要让市场有伸展手脚的空间。如果止损位置设定恰当，只要头寸遭到止损，通常都不应该重新进场。如果你发现自己经常被止损出场，或许应该找些行情波动较缓和的市场，如此才不会因为恐惧而影响止损策略。

环境因素造成的过度交易

过度交易未必完全归咎于交易者的个人情感因素。有些过度交易源于环境因素。当然，过度交易的最根本原因是交易者本身缺乏纪律观念，但我们还是应该了解一些可能直接导致问题的原因。

在震荡并缩量的行情下交易

交易者必须判断何时适合交易，何时不适合交易。我们曾经提到，来回震荡的行情并不适合交易。换言之，价格在某个窄幅区间来回震荡，当时的成交量一般较低。中午左右的行情就是典型的例子，因为此时交投趋缓，流动性明显低于开盘与收盘时段，行情走势变得漫无头绪，只是来回震荡。这种情况下，场内经纪人也会暂停交易，趁机吃午饭。由于场内竞价的人变少，那些继续留在场内的经纪人就可以拉开买卖报价之间的差额。这种情况也会发生在股票市场的做市商与专业报价商身上。随着价差扩大，一些原本无关紧要的小单子，现在看起来似乎也能驱动行情，因为这些单子如果想要成交，就必须接受更大的价差。正常情况下，价差可能只有3至5点，但随着流动性的降低，价差可能会扩大到5至8点。变化看起来虽然不大，但如果价格区间原本就很小，2-3点的变化就很可怕了，赚钱变得非常困难。各位不妨参考图17-1，这可以说明午休时段为何很难进行交易。在上午11:30至下午1:30这段时间内（阴影部分），交投变得很清淡，价格全无趋势可言。这段时间内，几乎没有什么价格区间，只有少数几个10至15点的走势，而且这样的走势中只有一两个订单成交。我们看到图中经常在几分钟内完全没有任何交易，有订单的时候也不过是一分钟才有一笔交易。而在非阴影区域，交投情况和趋势发展完全不同。午休时段内几乎都是一些随机走势，交易系统在这段时间内也容易发出反复信号。例如，你很可能在A点（34.70）做空，因为价格已经破底，或在B点（34.90）做多，因为价格看起来会向上突破。所以，如果不小心，你就很可能来回挨耳光。

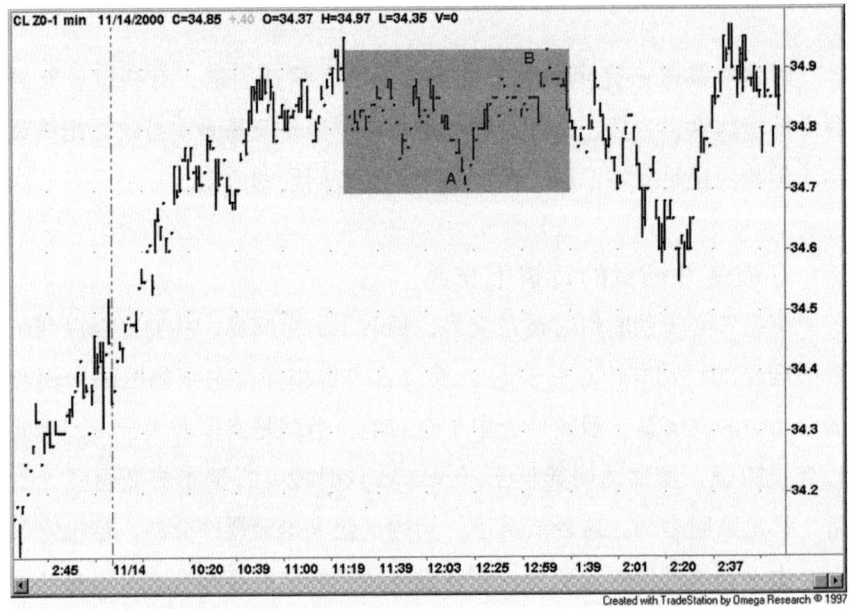

图17-1

那些为了交易而交易的人，会不断寻找机会，甚至不放过午休的时间。如果他们需要克制自己的交易冲动，这就是时候了。成交量萎缩，报价的差价拉开，市价单的撮合价格非常不理想。相对于趋势明确的行情来说，小区间的来回震荡走势，更容易在头部买进或底部卖出。这种情况下，经常可以看到一些小涨势。如果交易者担心错失机会，很可能会莽撞进场，结果却发现价格立即拉回。随后半小时内，价格持续走低，直到交易者绝望卖出为止。他甚至可能把多头头寸反转为空头头寸，若是如此，成交价格也绝不理想。我经常在午休期间看到这种交易几乎毫无成功的机会，因为当时的成交量根本不足以推动像样的行情。有些走势乍看像是真的，但实际上毫无动能可言，因为没有多少人留在场内。由于大多数人都已经结束早盘的头寸，所以午饭时间经常会看到反转走势，使得原本的涨势做头或跌势见底。

面对着成交量偏低的窄幅震荡走势，最好不要建立新头寸。即使错失一波走势，也不需懊恼，因为机会多得是。你没有必要整天都准备交易。你的工作不是要掌握每个可能的机会，而是要等待最恰当的机会。当然，如果既有头寸的发展状况很好，这时候也没有必要退场，但尽量不要建立新头寸。午休时间偶尔也会出现好机会，但这毕竟很少见，长期来看，午休时段的交易是不会获利的。当成交量萎缩，人潮散去时，不妨像那些专业交易者学习，他们毕竟是行内人。如果能够克制冲动，等待更好的机会，胜算自然会提高。

有些市场的交投状况会连续好几天保持低迷。在这种时候进行交易是不会有所斩获的。债券市场就经常如此，特别是在美联储定期会议或就业报告公布的前几天。如果市场小幅震荡，最好等到趋势明显后再进场交易。

午休期间的活动

在我担任场内交易员的时候，通常都会在午休时段找个舒服的地方打个盹，下棋或打牌，谈些风流韵事，或是同事之间开开玩笑。记得有一次，有一位交易员打赌说没有人可以在一分钟之

> 内吃下一条白面包。于是在午饭的时候我们请一位办事员到外面买了很多白面包，最后大概50个人中只有两个人做到了。如果不信，你也可以试试看，那几乎是不可能完成的任务。

网络或在线交易

通过网络进行交易实在是太方便了，有些人会因此而过度交易。只要按个键就可以买卖了。如果不小心，局面很可能会失去控制。如果交易者不断进出，意味着他像场内交易员一样，尝试赚取薄利。赚取薄利当然无可厚非，但前提是必须把亏损控制在更小的程度。但一些没有经验的交易者会连续进行10笔成功的交易，每笔赚个2-3点，而一笔失败交易就亏损15点。即使交易者能够及时认赔，但过度的短线进出（尤其是通过网络进行操作），成本也非常高。虽然你有立即认赔的心理准备，但这并不意味着你就可以随意进场。网络不是过度交易的免费通行证，交易者仍然需要筛选交易对象，不要为了追求刺激而交易。

一些关于在线交易的广告对交易者的过度交易也有推波助澜的作用。这些广告会误导交易者，让他们误以为自己可以与专业交易员同场竞技。很多广告都强调说，只要通过网络，交易者就可以在家中获得所有工具：快速的执行能力、实时报价、市场新闻、研究报告等；它们还会不断强调快速买卖、进出的理念。仔细想想，他们之所以鼓励交易，只因为他们是经纪商，收入来自于佣金。交易者进出越频繁，经纪商的收入就越多。他们会尽一切可能来鼓励交易者快速进出，完全不在乎客户自身的利益。

通过在线交易，那些陷入亏损的交易者由于不必与经纪人沟通，更容易陷入过度交易的陷阱。一些亏损的交易者可能羞于与经纪人直接沟通，于是在线交易就解决了这个问题。交易者会因此而更激进地进行交易，因为他们不需要向经纪人解释为什么会发生亏损。如果交易者打算从事报复性的交易，网络显然更方便。当自尊与网络的力量结合在一起时，很可能造成严重伤害。一位合格的经纪人至少会想办法让客户保持清醒的头脑。我就见过这样的客户，他们因为亏损和过度交易而越陷越深。最后，我不得不打电话劝他们冷静一点，放松一些，或者暂时离场休息，忘掉已经发生的亏损，明天重新来过。他们通常都会同意我的看法，但挂掉电话两分钟后，他们又进场了。我相信，如果他们建立头寸之前必须先打电话给我，情况应该会好很多。

来自经纪人的压力

网络可以直接越过经纪人，所以很容易造成过度交易。同样，如果经纪人的态度很积极，又急需佣金收入，也可能造成客户过度交易。交易者要牢记一点，经纪人提供任何服务的最主要目的就是赚取佣金。当然，他们也希望客户能够赚钱，这样才能让客户成为他们长期的衣食父母。但他们也希望客户不断进行交易，不断放大头寸规模。不是每位经纪人都是这样，但却实有些人很自私，而且很擅长把客户鼓动进场。他们可能会建议你使用价差或期权来对冲头寸风险。他们还可能会鼓励你交易保证金较低的期货或价格较低的股票，然后要求你放大交易量，比如把一手大豆合约换成3手玉米合约。千万不要让经纪人主导你的交易。如果你有自己的资金管理计划，就要严格执行。如果没有计划，就赶快制定一份，因为这是交易者必备的工具。

交易不是一场零和游戏

期货交易经常被形容为是一场零和游戏，也就是说，某人赚取一块钱，必定有人亏损一块钱，反之亦然。而事实上，如果把佣金费用考虑在内，期货交易将成为负值游戏。如果交易者甲在原油市场赚取200美元，持有反向头寸的乙则亏损200美元，不过还有两位高兴的经纪人可以分一杯羹。没错，200美元获利与200美元亏损的总和刚好是零，但其间还会出现额外60美元的损

> 失（两人每回合30美元的佣金）。在这个例子中，经纪人赚了30%。这就好像在赌场里玩扑克，玩家虽然是彼此互赌，但是赢家拿走赌金之前，赌场会先抽红。赌局结束后，玩家将发现输家输的钱要多于赢家赢的钱。如果玩家不断赌下去，最后可能只有赌场才是赢家。金融交易也是如此，你交易的频率越高，经纪人赚得就越多。

成为更优秀的交易者

要成为更优秀的交易者，就要记住交易并不简单。过度交易会让你更难成功，不只是因为佣金成本的问题，也因为这会导致交易者精神不集中，决策受到情绪干扰。如果你发现自己做了一些本章所讨论的傻事，就必须要想办法克制，尽量少交易。在你能够解决问题之前，必须先承认问题的存在，并找出产生过度交易的原因。不妨把自己放在各种不同的情景中，看看自己如何反应。如果发现过度交易的问题，而且知道原因何在，接下来就要处理最困难的部分：严格遵守纪律。我不断地强调，成功的交易者必须严格遵守纪律。很多人之所以失败，都是因为没有严明的纪律。

成为更优秀的交易者也意味着交易决策不能受到情绪影响。最好的办法就是严格遵守交易计划，预先知道各种状况的应对方法。一定要预先准备，不要临时应对。不论盈亏，交易方法都不应该受到影响。你之前赚多少钱或赔多少钱，市场并不关心，所以没有必要因此而改变你对市场的态度。当你的交易非常顺手时，尤其要注意这一点，因为你可能会变得自以为是，认为自己无所不能。进场之前必须制定交易计划。另外，你还必须准备健全的交易系统与资金管理计划。严格遵守交易计划，可以避免情绪化交易。如果没有交易的节制，交易者很容易追价，不愿等待行情折返的适当机会。学会等待，自然就可以减少交易频率。可是这需要严格的纪律规范，尤其是对于性格急躁的交易者来说。要减少交易量，只选择那些风险/回报率较低的高胜算机会。不论你是短线交易者还是头寸交易者，都应该等待适当的行情，保持注意力集中。交易对象不要太复杂，尽量集中交易少数几个市场，这绝对有助于提升绩效。另外，有时候要站在更高的角度观察，不要只使用1分钟或5分钟走势图，也要经常留意30分钟或60分钟走势图。头寸有时可以持有几天，不一定非要在收盘时平仓。

金融交易不是消遣娱乐的工具，必须把它当成事业看待。所以，不要因为无聊而交易，也不要担心错失机会。千万不要追价，否则成交价格可能让你大吃一惊，移动价差将扩大，成交价格远离支撑。这方面的克制可能会让你错失很多机会，但你所掌握的都是高胜算机会。为了追求刺激而交易，会让你在不适当的时机进场，例如午饭时间。你没有必要参与每个走势。如果你通过网络进行交易，千万不要太放肆，也要注意那些贪婪的经纪人。

最后，对账单内的损失，有一大部分来自于佣金和移动价差。这些费用积累得很快。你有三个办法来降低这方面的耗费：寻找较低的佣金费率，不要追价，少交易。请记住，如果办到这三点，就可以保障珍贵的交易资本，让自己能够在市场上多留一会儿，拥有更多机会成为成功的交易者。

过度交易的原因：

1. 追求刺激
2. 受到交易盈亏的影响
3. 报复性交易
4. 太强调自我
5. 担心错失机会
6. 止损策略不当
7. 经纪人的鼓吹

8.通过网络进行交易

9.在窄幅震荡行情内交易

10.午饭时间进行交易

有助于降低交易频率的事项：

1.记住交易需要成本

2.减少移动价差

3.纪律！纪律！纪律！

4.没有计划就没有交易

5.不要追价，让价格回头找你

6.只考虑高胜算操盘机会

7.把损失看成做生意的成本，坦然接受

8.不要基于报复心理进行交易

9.亏损的时候，不要增加头寸规模

10.手气不顺畅时，休息一下，让自己的头脑清醒

11.任何一笔交易都不应该受到先前交易的影响

12.不要因为成功而变得自以为是，好运迟早会终结

13.扩展分析周期

14.专注于少数几个市场

15.不要成为行动狂

16.不要因为无聊而进行交易

17.避开窄幅震荡走势，趋势明确的市场比较容易进行交易

18.避免在午饭时间或其他交易量偏低的市场进行交易

19.不要误以为在线交易能够让你享有优势

20.如果你的经纪人给你太多压力，就解雇他

21.设定适当的止损

值得反思的问题：

·我今天的交易是否过度？

·我是不是行动狂？

- 我是否严格遵守风险参数的规范?
- 我是否同时持有太多头寸?
- 我的佣金是否太高?
- 我是否保持专注?
- 如果没有发生这么严重的亏损,我是否会以同样的方法进行交易?

第十八章　保持清醒头脑

当我准备本章内容时，首先想到的是路德亚德·吉卜林的诗《如果》。这首诗有很多地方很适合于金融交易。假如你没有读过，请参考下文。其中与交易相关的部分，会以黑体字表示。如果你很熟悉这首诗，再读一次也无妨。我已经读过这首诗很多次，每次读来都颇有感悟。

如果

如果所有人都失去理智，咒骂你，
你仍能保持头脑清醒；
如果所有人都怀疑你，
你仍能坚信自己，让所有的怀疑动摇；
如果你要等待，不要因此厌烦，
为人所骗，不要因此骗人，
为人所恨，不要因此抱恨，
不要太乐观，不要自以为是；
如果你是个追梦人——不要被梦主宰；
如果你是个爱思考的人——不要以思想者自居；
如果你遇到骄傲和挫折

把两者当骗子看待；
如果你能忍受，你曾讲过的事实
被恶棍扭曲，用于蒙骗傻子；
或者，看着你用毕生去看护的东西被破坏，
俯下身去，用破旧的工具把它修补；
如果在你赢得无数桂冠之后，
然后孤注一掷再搏一次，
失败过后，东山再起，
不要抱怨你的失败；
如果你能迫使自己，
在别人走后，长久坚守阵地，
在你心中已空荡荡无一物，
只有意志告诉你"坚持！"；
如果你与人交谈，能保持风度，
伴王同行，能保持距离；
如果仇敌和好友都不害你；
如果所有人都指望你，却无人全心全意；
如果你花六十秒进行短程跑，
填满那不可饶恕的一分钟——
你就可以拥有一个世界，
这个世界的一切都是你的，
更重要的是，孩子，你是个顶天立地的人。

保持一颗清醒的头脑

每当我读到上述诗句，就会提醒自己需要保持理智与冷静，在令人恐惧的时候保持沉稳。这让我了解到交易中保持头脑清醒和控制情绪的重要性。尤奇·贝拉曾经说过："棒球有90%属于心智游戏，剩下的才是生理上的"。交易本身已经很困难，如果交易者又受到其他事物的干扰，如私人生活、精神压力、对抗市场、连续亏损，交易会变得更加艰难。交易期间一定要保持头脑清醒，否则就很容易分心。做到这一点并不容易，但当情况失控时，必须想办法让自己回到正轨，或干脆暂停交易，直到头脑恢复冷静为止。即使像身体疲倦这样的一些小事都可能让交易者无法保持最佳的精神状态。过去的错误或亏损就让它过去吧。如果犯了错了，就应该尽快从错误中走出来，让头脑恢复清醒。交易者要把注意力放在下一笔交易，过去已经成为历史，一切还要继续。

在交易中保持最佳状态是非常重要的。虽然交易很难不受到私人生活的影响，但一定要想办法做到交易与生活的分离。早上起来就和老婆吵架、上班路上遇到堵车、心理挂念最近的亏损，类似的事情都会让交易者处于劣势。如果心存旁骛或情绪波动，就很难专注于市场行情。交易过程中如果你觉得愤怒、犹豫或兴奋，这些情绪都可能造成严重的干扰。这很容易让亏损失控，或让交易者对市场产生怨气。一旦开始交易，就应该把全部注意力集中在市场上。如果精神不集中，就不应该交易。如果个人问题可能影响交易决策，不妨停下来休息一会。

我就有好几次类似的遭遇：生活中一大堆烦心事，如经济状况窘迫，交易中又亏损严重。曾经有段时间我的心情很沮丧，包括健康问题，结果交易绩效让我更加沮丧。现在回想起来，当时真的应该休息一下。直到我解决了生活中的问题后，交易才有所起色。

内心的矛盾

我刚开始学打网球的时候，读了些网球的书籍，上了些网球课程，并每天练习四个小时。但对我帮助最大的，莫过于一本叫作《网球的内心世界》的书。书中没有告诉你如何反手击球或如何发球，也没有提及如何握拍，但它却让我知道如何调整到巅峰的运动状态。这本书所讲述的是，大多数人在打网球时，内心世界都会产生矛盾。几乎每个打网球的人在打出一记坏球后,都会破口大骂。当你这么做的时候,实际上是在诅咒自己。之所以会发生这种现象,就是因为你的大脑中有两个活跃的部分正在对话。一个是真正知道该怎么做的潜意识,另一个是非常挑剔的意识。打个比方,你的潜意识很想吃东西,但意识却不断告诉你:"该减肥了"。如果出现这种类似的内心矛盾,你就很难在交易中成功,潜意识和意识需要彼此协调。你需要让潜意识也接受减肥的想法,才能有效克制吃东西的欲望,否则你的内心将会非常痛苦。

通过网球运动,我学会了如何让潜意识占主导地位。目标就是不要再担心自己的表现,想办法让自己的身体进入自主飞行模式。毕竟我知道如何打球,我的潜意识见过最杰出的选手比赛,因此完全知道怎么做,而且也不会对自己的表现过于挑剔。除了自我催眠之外,我还会采用一种小技巧,那就是模仿吉米·康诺斯的动作。他是我当时最喜欢的网球选手,我会像他一样移动脚步,像他一样站立或躬身,也像他一样挥拍击球。这样我就可以专心打球,而不再挑剔自己。经过这些转化,暂时搁置大脑的意识部分,我反而更能发挥球技,表现也优于过去的正常水平。另外,我还会让意识专心阅读网球上的名称与编码,设想自己骑在球上。这听起来似乎有些愚蠢,但这种方法确实有效。慢慢地,我也能够在比赛中发挥出平时训练的正常水平,重要关头不再感觉身体发僵。实际上,我过去在比赛中的糟糕表现主要是由心理问题造成的。一旦克服了心理问题,进步就非常快了。

我之所以提到这段故事,是因为在金融交易中也可以运用相同的方法。如果你能克服交易中的各种心理问题,绩效肯定能够大幅提升。催眠是一种可行的办法:设想自己遨游于市场,感觉每个价格高峰与谷底。犯错时,不要再拍桌子,不要再发脾气,不要再咒骂自己或市场。这些东西都会造成内心世界的冲突,而这种冲突是毫无益处的。如果你能够控制情绪,使别人无法判断你是处于获利还是亏损状态,那就很不错了。真正的交易者不会懊恼也不会兴奋,他们会保持固定的步调,专注于下一笔交易。不妨设想自己是一名顶尖的交易者,然后按照顶尖交易者应有的方式进行交易。尽一切可能专注于交易，操作绩效就能够显著提高。我非常幸运，身边随时都有优秀的交易者供我模仿。最后这些标准行为都深入我的潜意识，成为直觉反应的一部分。有时我会问自己：如果换成汤姆，他会怎么做？然后我会相应地操作，因为汤姆总是赚钱。学会像专业交易者一样思考，你很快就会步入正轨。想办法让潜意识与你合作，而不是与你对抗，你就可以成为更优秀的交易者。

> **难以捉摸的"他们"**
>
> 很多人习惯把错误的责任推到别人身上。如果交易不理想，那是你自己的责任，不是别人的错。不要归咎于做市商、报价、经纪人、场内交易员或电脑。没有所谓的"他们"在作弄你或找你麻烦。如果价格撮合价格不佳或发生亏损，那是你的错，不要怪别人。每个人都必须对自己的错误负责。如果经纪人误导了你，那是因为你相信了他，至少第二次就是你的责任了。如果自己的表现不佳，不要找借口，也不要推卸责任。否则你就不会进步，因为你不认为自己有错，所以觉得无需改正。如果你想成功，就要承担起亏损的责任，不要怪罪市场、经纪人或成交价格。

稍事休整

每天坐在电脑前长达7个小时，往往会让人觉得疲倦，反应迟钝。经过一天的交易之后，交易者通常都会觉得疲惫不堪。紧张的情绪和心情的起伏都很容易耗尽你的精力，疲劳程度甚至超过一般体力劳动。交易过程中，你必须随时保持专注，维持在巅峰状态，所以很多专业交易者都会在中午稍微休息。午休时段的成交量大幅降低，这不是因为交易者必须吃午饭，而是因为他们需要休息，短线交易是一种很耗费精神的工作。我所认识的交易者，大多在午餐时间休息，放松紧绷的神经。很多人会到健身房运动或游泳，积蓄精神。有些人会打盹小憩、下棋或打电动。当我还住在迈阿密海滩的时候，我经常会在午休的时候到海边散步，欣赏那些赤裸上身的德国游客。一整天不断地进行交易是一种严酷的考验，所以，不论以哪种方式，最好找时间休息一下，清醒头脑，为下午的交易做好准备。当然，如果你交易的对象开盘时间不长，比如玉米期货只有3小时45分钟，中间或许不必休息。但其他开盘时间较长的市场，稍作休息还是有所帮助的。

超脱自我

情绪反应或个人因素会影响对行情的认知和看法。持有多头头寸时，总是能看到价格应该上涨的各种理由。因为你的这种想法总是挥之不去，所以你不会在乎市场的实际表现。一旦发生这种情况，一定要停下来，想方设法恢复客观判断能力，尽快排除非理性决策，回到交易计划上来。有些交易者不愿意或不能够承认自己的错误，而且无法对行情作出客观的判断。由于坚持己见，头寸持有时间通常会超过合理的程度。我经常看到这样的例子。某个持有多头头寸的人表示：看起来行情很强劲，我想继续持有。另一位则说：没错，但价格已经涨过头了，随时可能回落。显然，这两个人的看法肯定有一个是错误的，但他们都是从自己的头寸情况出发来考虑问题的。

我经常会设想自己站在自己的身后，以第三者的角度来观察自己的表现，从而得到更客观的看法，尤其是在交易不顺利的情况下。我想像自己可以超脱肉身，以毫无偏颇的态度观察自己的头寸和市场走势。我会问自己："如果我不是持有这些头寸，我对目前的市场有什么看法？"有时候你不应该持有多头头寸，但却不能说服自己退场。在本应该做空的市场中你还坚持持有多头头寸，因为你不愿接受既有的亏损。之所以有这些想法，都是因为你是从既有头寸的角度来思考。这样做是不对的，至少应该结束当前头寸，以清醒的头脑重新开始。

不良交易心理

很多人失败不是因为他们不会看走势图或者懒惰，而是因为一些心理问题阻碍了他们的成功。交易者要想获得成功，就一定要克服这些不良习惯和情感因素。本章接下来的部分将会讨论一些在我看来最危险的交易心理。这些心理因素会扭曲你的思路，导致你不能保持清醒的头脑。如果你发现自己也有这方面的问题，就必须要想办法克服。

希望：麻烦的征兆

随便向一位交易者请教他对行情发展的看法，如果他的回答是："我希望价格上涨"，那往往意味着他正持有多头头寸而且价格正在下跌。千万不要把希望用于评估交易机会。因为希望通常意味着交易者不愿承认失败的事实，并对趋势发展抱有不切实际的期望。一旦出现希望的现象，交易者必须马上对自己的头寸进行重新评估，因为希望是帮不上你的。这就像棒球手空挥手臂，想像打出全垒打一样。可是，球只要离开球棒之后，他就无能为力了。如果球被击出界，那么任何期待或希望都是无用的。每个人都希望自己建立的头寸或选择的趋势是正确的。但发现自己判断错误时，却不愿认赔出场，故意忽视止损，甚至加码。此时希望就变得有害无利。

我曾经与一位朋友进行过如下对话：

约翰：你认为今天生猪期货会有什么表现？

我：我希望下跌。

约翰：可是最近几天走势都很强。

我：我知道。

约翰：你希望低价买进还是想做空？

我：我已经做空了。我的空头头寸已经建立一个星期了，所以赔得很惨。我今天又建立了一些空头，真希望能够下跌。

当交易者把"希望"这个词用于描述头寸时，他就已经陷入麻烦了。他的判断明显错误，被套牢在错误的头寸上，却又不愿认赔。他之所以抱有希望，是因为他的头寸方向与趋势方向相反，每个反向的价格变动，看起来都像是趋势即将反转。不管走势图显示什么情况，他已经丧失了理性判断能力了。一旦交易者希望市场出现某种表现，就代表他对行情的脉动已经失去判断能力。遇到这种情况时，最好马上结束头寸，让头脑恢复清醒，然后再考虑重新进场。这并不代表你持有多头头寸而价格下跌到下部支撑位附近，行情已经明显超卖，你仍然必须认赔。可是，如果行情发展方向与头寸明显相反，而你又不知道如何处理，那就认赔出场。如果技术指标没有朝你希望的方向发展，就不要继续期待了，承认自己的错误，马上退出。纯粹的系统交易者所占有的优势就是他们不需要期待。所有的决策都由系统决定，交易者不需要太多思考，只需要按系统的指示行事就可以了，最多只需要期望他的系统是一套优秀的系统。

期待既有趋势发展到永远

期待不只适用于亏损头寸，也适用于交易者对既有趋势产生不切实际的乐观看法。对于所持有的头寸，交易者期待得到的可能远超过市场将要给予的。当既有趋势显然已经结束时，你可能不愿意承认，继续希望"永远过着幸福快乐的日子"。请注意，交易的对象是市场，不是你的看法。如果你认为市场应该出现某种走势，但实际上并没有出现。然后你开始期待，因为你想多赚一点，那你就不是根据市场状况的发展进行交易了，你是按照自己的看法在交易。如果能够留意行情发展，保证务实的态度，就能在该退出时退出，从而保障更多的利润。

顽固

顽固也是一种很糟的态度。顽固的交易者不愿意承担自己的错误，经常会持有头寸太久，尤其是亏损头寸。他永远自以为是，不愿听取别人的建议。对于这个问题，除了强调交易需要灵活应对以外，我实在没有什么好说的。如果行情发展出现变化，交易者的看法也需要随之调整。如果对于既有头寸太过执著，肯定会有损长期绩效。不要固守某种看法，要跟随市场的脚步。

顽固也会造成前文讨论的报复性交易。交易者太顽固而不愿意承认自己根本不可能赢，但他认为判断正确的重要性远超过赚钱。如果你发现在某支股票上很难获利，某一天或某个时期的交易非常不顺利，那就放手，另外寻找机会重新来过。上个星期在IBM的交易中亏损5000美元，那又该怎么办？这已经是历史事实了，你没有必要继续交易IBM以证明自己的能力。反之，应该挑选那些你最擅长交易的股票。

贪婪

有部电影叫做《华尔街》，麦克·道格拉斯扮演的角色名叫戈登·盖格，他说："贪婪是好的"。这句话在电影中显得很有个性。但在现实世界中，贪婪则是交易者最需要避免的习性之一。关于这个问题，最恰当的评论是：熊（空头）能赚钱，牛（多头）也能赚钱，贪吃的笨猪只能等着挨宰。对获利头寸继续持有是一回事，贪婪则是另一回事。趋势不会永远发展下去，天下没有不散的筵席。贪婪会导致过度交易、纪律涣散、忽略资金管理。如果交易者因为贪婪而想从头寸中榨取最后一滴油水，通常会得不偿失。贪婪使交易者为了多赚一点而去承担不成比例的风险。如果原本都是交易两手合约，贪婪会让你交易四手或五手合约。承担过高风险，通常会导致失败。

如果交易者继续赚一笔钱支付账单或房屋贷款时，他就很可能变得贪婪，不再把市场看成是交易场所，而是提款机。他会尝试夺取市场不愿给予的，继续持有头寸，直到该头寸赚到他想要的钱。行情已经反转,但交易者却因为还没有赚够而不愿退出。如果这位交易者把市场看成交易场所,只取市场所愿意给予的,他原本可以成功,但贪婪却阻止了他的成功。

只要人们想要立即致富,就会存在贪婪的问题。贪婪不是什么新玩意儿,自从远古时代以来,就有很多人因为贪婪而赔钱。从17世纪的荷兰郁金香狂热,到20世纪90年代的纳斯达克牛市,贪婪造成人们无法理性思考,因为他们只在乎能赚多少钱。

17世纪的荷兰郁金香狂热

如果各位还没有看过查理斯·麦基的《非同寻常的大众幻想与全民疯狂》,应该找时间读一读,这是一本仅次于《股票大作手回忆录》的交易圣经。这本书提到历史上的几个案例,说明人们如何因为贪心与愚蠢而赔钱。其中最著名的一个案例就是17世纪的荷兰郁金香狂热。人们之所以买进郁金香,是因为其价格不断上涨,想转手赚取差价。由于价格每天都会出现暴涨,而且整个上涨似乎看不到尽头,所以人们不断抢进,根本不考虑行情发展是否合理。因为只要价格继续上涨,他们就能赚钱。甚至有人借钱投资于郁金香,使得投机风气犹如火上浇油。三年之内,郁金香的价格疯长了6000%。可是突然之间,行情突然崩塌,价格在三个月内就跌掉了90%,而且再也没有反弹。由于很多人都借钱投资,所以整个经济也受到拖累而随之崩溃。这与纳斯达克交易者在2000年遇到的情况非常相似,但这发生在17世纪30年代。所以人性是不会随着历史的演变而变化的。只要有机会赚钱,就会有贪婪的问题。

趋势终究会结束

某笔交易已经取得不错的获利,但因为贪婪的缘故,交易者不愿意了结,而希望取得更多利润。何时应该结束头寸,这是很重要的交易课题。打个比方，这不像是结婚，而更像是约会：找到约会对象，掌握进场机会，尽量取得所能够得到的，然后放手，不再回头。没错，你曾经答应电话联系，但此时你已经迷上了另一支股票。

不论多么强劲的走势，终究还是有结束的一天，因为当全世界的人都买进之后，还能靠谁来继续推动股票走势呢？有些时候行情看起来似乎只有一个发展方向。所有的消息都是好消息，价格每天都会创出新高，大家不断买进。可是，发展到某种程度之后，已经没有后续买盘，精明资金开始退场。有些人是在行情开始上涨之前买进，他们造成行情启动。当普通交易者纷纷投入市场时，这些人知道，这就是退场信号。如果你想在金融市场中获得成功，就不要跳上贪婪的列车。

20世纪90年代末期，在贪婪欲望的驱动下，纳斯达克股票大涨。人们看到亲朋好友都在赚钱，所以也想进场分一杯羹，因为赚钱看起来实在太容易了。各行各业的人都纷纷转行从事股票交易。不论是医生、律师、音乐家、家庭主妇，还是水电工，大家都报名参加3小时的交易讲座，然后就想通过交易赚钱。他们通过雨后春笋般成立的证券公司，把辛苦赚来的钱都投入股票市场。有些人辞掉工作，在家里通过网络进行短线交易。人们不断买进，股票成交量增长到正常水平的10倍。他们梦想自己能够在三年内带着200万美元的雅虎股票提前退休。因为贪心，他们不但持股过久，而且还不断投入新资金买进。最后，这些人都吐回了先前所赚的钱，甚至更多。当行情开始反转时，我也损失惨重，因为我也因为贪心而持有过多的头寸。我为什么会贪心呢？因为不久之前我在S&P和纳斯达克期货上赚了不少钱。我认为这种钱实在太容易赚了，绝对不应该错失这种机会。于是我开始扩大头寸规模，把资金尽可能地投入交易。在行情逆转的第一波跌势中，我就把之前几个月的获利全部还给了市场。

以下是我通过亲身经历获得的感悟：不要草率地扩大头寸规模，不要被市场的疯狂发展冲昏了头脑，不要被卷入激情之中。趋势终有结束的一天，价格最终还是会回到正常水平。而且当行情开始反转的时候，走势往往更激烈。如果你不想受到伤害，就必须在大家都疯狂的时候保持清醒。不要扩大头寸规模，随时准备应对看起来不太可能发生的事情，预先设定退场位置。

不要试图从岩石中挤出水分

千万不要试图捕捉价格的最后一点走势。尽量多赚点钱，这无可厚非，但不要坚持某个数字，或变得太勉强。经常会发生以下这种情况：持有多头头寸，行情上涨到36.75，然后稍微回调，交易者认为这也许时退出的适当时机。可是他没有立即退场，而是认为应该还有另一波行情，他想在最高价附近退出，所以将限价单设定在36.74。不久之后，行情确实反弹，交易者继续等待，希望限价卖单能够被撮合。他不想放弃曾经得到的东西，所以没有调降卖单。最后，反弹结束，价格又恢复跌势，但交易者的限价卖单没有成交。这位交易者没有及时获利了结，因为他变得贪心，想要多赚几点。现在价格越跌越低，交易者更不愿意退场了，因为在这时候退出，等于要回吐30美分的获利。最后，头寸转盈为亏，一切只因为他想要多赚几分钱。当你想要退场而得不到想要的价钱时，应该立即退场。不要继续妄想榨取最后一点利润；万一行情反转，不但赚不到最后一点利润，甚至会反胜为败。趋势结束时，将有很多人抢着退场，所以你最好早点行动。真正的大钱，不是由最后一点利润积累而来，它们通常来自于大行情的中间段。另外，如果你想赚大钱，及时认赔也是成功的关键之一。有些人会抱着很奇怪的心理，当他们赚了900美元之后，就想凑整成1000美元。你认为只要再涨一点就可以成功了。可是，等行情真的发展到那里，你又想多赚点，结果还是不会退出。行情毕竟会结束的，那时你可能变得一无所有。应该改掉这种贪小失大的习性，只要行情看起来可能停顿或反转，就应该马上获利了结。

如果涨势看起来即将停顿，这时抛出限价卖单，应该会成交，因为总有一些最后赶上宴会的市价买单。可是，万一限价卖单没有成交，而行情已经要反转了，最好立刻改用市价单卖出。拿我自己来说，如果我当时持有10支股票，我会全部抛空。当我持有很多头寸时，绝不希望看到反向行情。采用市价单或许会让你少赚一点，但总比稍后变成亏损好得多。

贪婪如何造成伤害

我的交易生涯一直处于贪婪的阴影中。我总是想多赚一点。如果某天我已经赚了1000美元，就想继续赚到2000美元；如果赚了2000美元，就想赚3000美元。为了多赚点，我会增加交易量。有时这样做的结果还可以，但大多时候都不理想。虽然我已经有了12年的交易经验，但每当交易顺利时，我就很难抵挡扩大交易规模的诱惑。很多情况下，当我因获利而加码时，其实都应该获利了结。可是，我的耳边总会出现一个声音：再买一点，今天可以大捞一笔。

交易者因为贪婪，于是不再交易一手合约，而开始交易三手、五手或十手合约。对于他们来说，每天赚几百块钱太无聊了，他们想赚几千块，结果就发生了过度交易。这种情况也容易造成账户破产。我自己经历的几次账户破产就是因为过度交易而造成的。即使我对行情判断错误，但如果能维持正常的交易规模，也不至于造成太大的伤害。可是，如果头寸规模太大，任何亏损都会造成致命伤害。没有人愿意接受重大亏损，所以交易者都想挽回损失。结果呢，亏损越来越多。你可能认为同时建立很多头寸可以分散风险，但这些头寸一旦发生亏损，就会演变成一场灾难。头寸太多，通常会使获利交易变成亏损，亏损交易完全失控。如果专心于一两个市场，应该认赔的头寸比较能够及早认赔，不至于造成重大损失。我发现，那些安于接受正常获利的人，长期的操作绩效通常好于那些常想大赢一笔的人。一年之内，你最多能也就能掌握几波大行情。所以，一般来说，你都只能接受小额盈利。另外，只要不贪心，也比较容易及时认赔。

克制贪念

同任何纪律规范一样，克制贪念并不简单，但你必须努力做到。交易者想要成功，关键不在于大赚一笔，而在于维持稳定的操作绩效。

克制贪念的具体做法包括：制定资金管理计划并严格遵守，设定切实可行的目标，使用止损。预先设定获利目标才不至于无限期地持有头寸。可是，当达到目标而退场后，如果行情继续发展，你可能会很后悔。如果行情朝有利的方向发展，我坚信应该继续持有获利头寸。但只要看到行情已经有结束的信号，我也会毫不犹豫地退出。当价格创新高或新低时，很难判断行情会发展到什么地步。价格没有什么最高或最低限度。一旦价格创新高而上部有很大发展空间，你就必须要小心了。一定要设定切实可行的盈利目标，并且要考虑最近的平均价格波动幅度。如果价格波动幅度只有2.15美元，就不要指望在短线交易中赚2美元，而合理的目标应该是0.75至1.5美元之间。如果目标高于这个水准，或许就有些贪心了。如果行情已经发展到平均价格波动幅度的水平，无论获利多少，都应该立即退场。让我再强调一次，不要试图赚取行情尾部的一点残余利润，要想方设法抓住中间一段行情。

过度自信

这个问题可能会发生在交易开始之前以及交易非常顺利之后。开始交易前，每个人都认为自己是最好的，对于困难的操作结果过于乐观，想法不切合实际。这种情况下，过度自信可能使交易者不能适应实际的发展。其最大的问题是交易者会因此产生无所不能的感觉。当交易很顺利，积累丰厚的获利后，交易者可能变得过度自信、自我膨胀，甚至认为自己已经完全征服市场，已经不可能再犯错。于是，他相信自己有点石成金的能力，态度趋向积极，承担过高的风险。这往往就是失败的开始。当交易者变得过于自信时就会开始犯错，那些先前让他得以连续获利的行为也因此变形。他会开始追价，不再等待价格回调，不再做应做的准备工作，甚至忽略交易计划。这一切都是因为贪婪和过度自信，因为他相信自己可以加快步伐。最大的打击往往发生在连续获利之后，因为交易者过度自信将导致纪律规范的松懈。请记住，如果你扩大头寸规模，只要一两笔交易发生问题，就会把先前的获利全部抵消。

我遭遇的最重大的打击，很多都发生在连续获利之后。1992年夏天，我在外汇市场从事交易，当时的趋势很好，我赚了很多，于是不断扩大头寸规模。由原来的1手德国马克合约增加到3手德国马克、3手英镑、5手瑞士法郎和几手日元。几个星期内，我的账户规模从8000美元增加到2万美元。一切都顺风顺水，我甚至都开始盘算如何庆祝了。我实在太自信了，所赚的钱都用来扩大头寸规模。可是，就像平地惊雷一样，整个行情突然垮塌。两天内，我的账户萎缩到7000美元。由于保证金不足，我必须对很多头寸认赔退出。但我对自己的看法仍然很有信心，继续持有剩余头寸。一周后，只剩下2000美元。除了过度自信之外，我在账户净值只增加一倍的情况下，就把头寸扩大了10倍。我曾经发誓不会这么做。可是，当一切都进行得很顺利的时候，我开始变得贪婪和过度自信，不再遵守资金管理计划。如果你也会因为几笔顺利的交易而自我膨胀，那就要小心了。随时检讨风险参数，严格遵守资金管理计划，态度谦虚一点，把目标设定的务实一点，就可以避免受伤。

恐惧

贪婪和恐惧是交易中最重要的两种心理因素，而且两者都会产生严重的负面影响。与贪婪一样，恐惧也可能导致交易的失败。虽然恐惧会促使交易者及时认赔，始终保持警戒，但也会让交易者设定过于紧密的止损，过早地获利了结，甚至会因为担心亏损而放弃好机会。有些交易者实在太害怕扣动扳机，所以只能在场外观望，不敢实际介入。这显然不是好现象，如果你害怕交易，就不应该进行交易。

不敢扣动扳机

有些交易者太害怕亏损，以至于不敢采取实际行动进场交易。他们为了等待一些从来不会出现的事情而不断错过机会。这些人的个性或许不适合从事金融交易。有些人可能是害怕成功，所以才放弃每个好机会。请注意，等待机会与不敢交易之间存在明显差异。有些交易者在场外观望，等待最佳的进场条件，但他们就是不能采取实际行动。他们会觉得情况不对，于是变得犹豫不决。其实最初的判断往往是正确的，但不敢采取行动。我们办公室里就有这种人。他经常会提出很好的交易想法，同事们大多会采用他的想法。当大家问他的情况时，他说他还没有进场，但办公室里的每个人都已经通过他的想法赚了钱。他表示自己还在等待更好的条件，然后才会积极地进场。而实际上呢？他根本不敢迈出这一步，所以总是错过机会。几年前，他曾经惨遭失败，从那以后就变得很胆怯。我想这种心态并不适合交易。如果你因为太害怕而不敢交易，为什么还要勉强自己交易呢？不妨另外寻找一些更适合自己风险偏好的职业，比如会计。金融交易并不适合每个人，你必须非常大胆，才可能成为优秀的交易者。很少有人愿意投入一个不知能够养家糊口的行业。多数人不喜欢收入非常不稳定的行业，那些太过于胆怯的人显然不属于这个领域。

接受亏损

有些交易者很难面对亏损：他们认为这是一种对于个人的侮辱。可是优秀的交易者大约有半数的交易是以亏损收场的。如果你不知道如何在最适当的情况下认赔，就不应该进行交易。首先，你必须勇于接受小额亏损。如果不愿意接受小额亏损，亏损就可能变得很严重。当一笔交易进展不顺利时，你应该理所当然地认赔出场。交易者不应该认为别人会为他的认赔行为而轻视他。祈祷行情反转而获利是毫无意义的。从长远的角度考虑，一笔小亏损或小获利根本不足以影响整体操作绩效。

真正难以处理的是大额亏损，因为大额的亏损才会造成实质伤害。如果你掉以轻心，小亏损就可能变成大亏损。当亏损变得太大时，交易者就不敢认赔了，因为他们不敢想像亏损造成的冲击。交易最困难的方面就是承认自己的错误，然后认赔出场。可是，看着亏损演变成一场灾难，这是毫无意义的。你不能因为恐惧而不敢退场。只要发现自己判断错误，就必须及时了结，越快越好。

止损设定得太紧

有些人因为担心亏损而采用过于紧密的止损。他们过于忠实地遵循及时止损的原则。而实际上，交易者应该给头寸施展拳脚的空间。如果过分害怕亏损，就很难真正成功，因为大多数机会在充分发展之前就已经被止损了。当然，如果头寸的成功机会已经非常渺茫，就应该尽快退场。但你仍然要找到一个平衡点，让头寸有足够的时间发展。

担心回吐获利

有些人不愿牺牲任何既有获利，结果导致过早地获利了结。这种情况有些类似于前一节讨论的止损太紧的问题。交易者需要给头寸适当的发展空间和时间。长期来看，过早退场绝对有损操作绩效。对于一般交易者来说，操作绩效非常依赖大行情，所以你必须让头寸有机会捕捉到大行情。当然，如果交易目标本来就设定为"积少成多"，那么尽快获利了结是没有问题的。可是，如果最初就打算捕捉大行情，那就不要随便获利了结。要记住，行情是呈波浪状发展的，你必须预先决定逆向走势是值得交易还是应该退出。对于原本潜力很大的头寸，绝对不要让它演变为亏损。由小额盈利转为小额亏损不是什么大不了的事情，但如果每股获利3美元，就不该让这样的头寸演变为亏损，否则你就触犯了金融交易的大戒。

担心错失机会

交易者担心的，莫过于行情发动时自己没有在场内。至少我是如此。害怕错失大好机会通常是让我进场交易的重要原因。我会觉得如果行情发动而我没有在场内是天理不容的事情。由于我认为自己必须抓住所有大行情，所以经常遭遇失败。同样的道理，由于我不想错过任何可能的机会，所以经常太迟退场。

有些交易者不放过任何进场机会，总是把些许特征看成是天大的好机会。他们太担心错失机会，结果出现很多迫不及待的行为，如追价、在不该进场的地方进场或在信号还没有发出之前就提早进场。这不但会造成时效掌握不当，还会造成过度交易。交易者必须要了解一点，即使错过机会也没有问题，稍后进场还是可以接受的。如果你错失了某个机会，随后还会有另一个机会。如果没有及时赶上某个行情，你可以等待价格拉回。等待行情回稳后再进场的胜算肯定高于追价的胜算。只要你能说服自己，允许自己错过一些机会，操作绩效就能大幅提升。当然，在你回顾过去的操作时，会希望自己介入了某个走势。但是，如果这个操作没有列在交易计划之中，就不要随便介入，宁可等待其他机会。

愤怒

前面已经讨论过这个话题，我再次强调一点：优秀的交易者不会生气。他们永远都会保持冷静，不会把亏损的责任归咎于他人。愤怒是完全没有必要的，而且会让你远离最佳状态。当然，有时候发泄一下情绪是有好处的，但你没有必要摔鼠标或咒骂报价商，因为他们根本听不见你的咒骂。你可以到健身房去发泄，效果会更好一点。我认为，发脾气完全没有意义。你只是因为一些已经发生的事情浪费精力，完全于事无补。如果你能够把发脾气的精力用到其他更有意义的地方，不只交易绩效会改善，生活的很多层面也会提升。

回归正轨

很多交易者遇到连续亏损时会觉得精疲力尽，因为他们不知道怎么处理。不论做什么，结果总是错的。所以，不论他们多么努力，结果还是继续亏损。碰到这种情况时，最正确的做法就是暂时停止交易。不妨趁机休息几天，做些与金融交易无关的事情，让自己暂时忘掉交易。在这么多年我只有少数几次主动暂停交易。可是每当我这么做时，都能让自己恢复正常状态。我休息了一个月用来完成本书。当我重新回到正轨后，希望能有最好的表现。

我采用的另一种办法就是诉诸交易的一些最基本因素。每当陷入低潮时，我会把交易量降到最低程度，并开始留意一些我可能忽略的交易规则，直到自己脱离低潮为止。这段时间，我也会检视交易系统、风险参数和交易计划。我并不是检视其效力，而是检讨自己有没有严格遵守。如果这些东西在过去都行之有效，我就相信它们现在仍然有效，而且应该严格遵守，或许做些小的调整。总之，问题通常都出在自己身上，而不是交易计划。

成为更优秀的交易者

如果想成为更优秀的交易者，就必须控制自己的情绪、调和内心的矛盾、革除不好的习性，从而保持最清醒的头脑。在交易中保持清醒的头脑是成功的最基本条件。交易会耗费大量心神，如果心有旁骛，结果就会反映在交易绩效中。不论你是因为前一笔交易的亏损而忧虑，还是受到个人问题的干扰，交易表现都会受到影响，所以不能让这些东西分心。优秀的交易者不会让这种情况发生，否则就会暂停交易，直到一切恢复正常为止。如果交易者知道如何调和内心的冲突，操作绩效就能够慢慢提高。不要把精力浪费在没有意义的东西上，尽量从积极的角度思考，设想自己是最顶尖的交易者。不妨问问自己：碰到这种情况，优秀的交易者会如何处理？你必须诚实面对自己，做正确的事情。

如果你发现自己变得顽固，期待某个头寸能够成功，或从已持头寸的立场评估行情，你就应该假装自己完全没有任何头寸，从客观的角度判断行情发展。这么做以后，如果你认为应该做空，但实际上却持有多头头寸，就应该立即了结头寸。不论你如何期待，都不可能扭转市场的走势。有些东西是你必须特别注意的，包括期望、贪婪、恐惧、顽固、懒惰和愤怒。这些都是造成交易失败的主要原因，让你无法保持清醒的头脑。很多人都会把失败的责任推卸给别人，认为老天特别喜欢找他们的麻烦。而实际上交易者自己才是造成亏损的罪魁祸首。不要再耍小孩子脾气，自己的责任应该自己扛。自己造成的错误，必须自己想办法解决。如果总是责怪别人，就永远不能取得进步。

如果表现不理想，不妨考虑暂停交易，让自己冷静下来，思考究竟发生了什么问题。是否因为你没有好好遵守行动计划？或者是行动计划本身有问题？不论是哪种情况，如果陷入低潮，就没有必要勉强自己继续交易。休息几天或尽可能减少交易量，直到你找到原因，恢复清醒的头脑为止。

可能造成伤害的心理问题：

1. 出现内心矛盾

2. 交易时头脑不够清醒

3. 认为"他们"在找你麻烦

4. 期待行情会永远持续下去

5. 期待行情会反转

6. 固执

7. 从自己持有的头寸来思考行情

8. 无法控制脾气

9. 基于报复心理进行交易

10. 贪心

11. 贪多

12. 害怕自己错失机会

13. 害怕吐回既有获利

14. 害怕亏损太严重

15. 无法认赔

16. 无法扣动扳机

保持头脑清醒的办法：

1. 暂停交易

2. 外出走走

3. 从全新的立场来观察行情

4. 认赔后重新出场

5. 设想自己遨游于市场

6. 回归到最根本的层面

7. 检讨交易计划

8. 务必要准备资金管理计划

9. 严格遵守计划

10. 像专业交易者一样思考

11. 不要再期待，采取实际行动

12. 设定务实的目标

13. 寻求专业人士的帮助

14. 采用催眠方法

15. 瑜伽运动

16. 到健身房运动

值得反思的一些问题：

- 如果没有任何头寸，我会怎么做？
- 我是否很容易发脾气？
- 我是否会变得情绪化？
- 我是否让个人问题影响交易？
- 我如何应付连续亏损？

舵手证券图书，智引未来

　　1994 年，舵手证券图书品牌成立，旨在整合中外资源，传播最有价值的投资思想。

　　历经 30 余年的发展，舵手证券图书已累计出版中外投资类图书上千种，发展成为投资类出版领域的头部品牌，是证券投教领域当之无愧的先行者与领军者。

　　30 年来，在"一流交易者创一流作品"理念的指引下，我们坚持引进世界投资大师名著，翻译出版了"舵手大师"系列、"舵手白金"系列、"舵手经典"系列图书，这些图书的作者皆为世界证券交易界享有盛誉的大师，他们的投资理念和操盘策略经受了数十年来世界各地职业操盘手的实战检验。

　　30 年来，我们在国内培育了一大批极具影响力的本土优秀投资人士，像只铁、孟洪涛、徐小明、空空道人、林园、花荣、温程、晋源等都在其列，策划推出了一系列优秀的原创作品。这些作者深耕国内市场，他们所构建的交易体系和秉持的交易理念，更能精准契合国内市场的特点与需求，从而为 A 股市场的中小投资者提供更贴合实际的服务与支持。

　　我们将以更积极的姿态、更开放的态度、更贴近读者的方式为交易者赋能，**为每一位交易者注入澎湃动能！**我们愿做交易者的守护天使，**以全维度赋能之力**，让交易者一站式学会投资，**让财富梦想在时代浪潮中完美实现**，书写属于自己的交易传奇。

即刻扫码，获取最新活动参与资格

通过"年度证券投资峰会""交易者俱乐部"等品牌项目搭建三大核心场景：

知识进化场：覆盖投资入门到高阶的体系化学习闭环；

价值创造场：基于大数据洞见推动行业方法论迭代升级；

资源交互场：深度连接作者 - 读者 - 机构的立体化合作生态。